호메로스부터 톨스토이까지

인문지혜총서 · 024

권해성 지음
호메로스부터 톨스토이까지

인쇄 2025년 11월 20일
발행 2025년 11월 25일

지은이 권해성
발행인 서정환
펴낸곳 인간과문학사
주소 서울특별시 종로구 삼일대로 30길 21. 종로오피스텔 714호
전화 (02) 742-5875, (063) 275-4000, (063) 251-3885
팩스 (063) 274-3131
이메일 sina321@hanmail.net
출판등록 제300-2013-133호
인쇄 · 제본 신아문예사

*저자와 협의하여, 인지는 생략합니다.
*잘못된 책은 바꿔 드립니다.

ISBN 979-11-6084-267-8 04810
     979-11-85512-04-4 세트

값 20,000원

Printed in KOREA

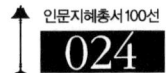
인문지혜총서100선
024

호메로스부터 톨스토이까지

권해성 지음

인간과문학사

작가의 말

글 숲을 거닐며

책 속에 빠져들 때는 언제나 글 숲으로 걸어 들어가는 기분이 들었다. 숲속을 거닐며 청량함을 들이마시고 녹색 숲에 시력을 회복하듯이, 글 숲을 걷다 보면 주인공의 속삭임에 무언가로 재충전되는 뿌듯함과 신선함을 느꼈다. 최근의 도서를 읽는 것보다 고전을 읽으면서 새로움을 더 깨닫는 듯했다.

2000년 어느 날 틈을 내서 책을 읽어야겠다는 생각이 문득 들었다. 무엇을 읽어야 할지 갈피를 잡을 수 없었다. 서가를 둘러보던 중 김구 선생의 《백범일지》가 눈에 띄어 읽었다. 그 책을 읽으면서 읽고 싶은 책들이 하나둘 머리를 내밀었다. 책을 읽지 않을 때는 읽을 만한 책이 없었는데, 읽기 시작하니 읽어야 할 책들이 더 많이 발견되었다.

그렇게 10여 년 정도 이것저것 닥치는 대로 읽으면서도 무언가 채워지지 않는 심한 갈증을 느꼈다. 그즈음 선배의 소개로 〈파이데이아〉라는 서양 고전을 읽는 독서 모임에 가입했다. 2012년 선배는 입회 기념으로 베르길리우스의 《아이네이스》를 선물로 주었다.

〈파이데이아〉는 그리스어로 '교육', '교양'이라는 의미였다. 1930년부터 시카고 대학의 총장이었던 허친스와 아들러가 대학생들이 읽어야 할 서양 고전을 선정하여 〈위대한 저서(Great Book) 읽기 프로그램〉

을 만들어 시행했다. 〈파이데이아〉는 〈위대한 저서〉 중 과학이나 수학 영역의 도서를 제외한 50여 권의 도서를 선정하여 연대순으로 읽고 있었다.

그 후 다시 《아이네이스》를 읽으면서, 그간 잊고 지냈던 선배의 메모를 발견하고 감사한 마음을 되새겼다. 책의 여백에 '새로운 인생의 지평을 여신 것을 환영합니다.'라고 썼다. 아마 '새로운 독서의 세계' 즉 '서양고전의 세계'에 입문한 것을 환영한다는 의미로 해석했다.

호메로스와 베르길리우스를 읽으면서 그리스·로마의 정신세계에 대한 발판이 놓이는 듯했고, 선배의 메모에 남긴 말 중 '새로운 지평'이 펼쳐지는 느낌이 들었다. 그렇게 시작해서 서양 고전을 수년간 읽다 보니, 소감문 형식의 글을 써보고 싶은 마음이 스멀거려 〈아이네이스의 시학적 음미〉라는 글을 썼다.

2021년 수필집을 발간하면서 〈아이네이스의 시학적 음미〉라는 소감문을 실었다. 계간 문예지인 '인간과 문학'의 주간인 유한근 교수가 소감문을 읽었고, 그 후 고전을 에세이 형식으로 소개하는 글을 써보는 건 어떻겠느냐고 제의했다.

그동안 서양 고전을 읽은 소감을 글로 써볼까 하고 막연하게 마음을 먹고 있었지만, 막상 그런 제의를 받으니 망설여졌다. 그 소감을 연재하기에는 부족한 점이 많았지만, 용기를 내어 일단 쓰기로 작정했다. 문예지에 연재를 시작해 3년 동안 쉬엄쉬엄 썼던 것이 12편이 되었다.

서사시로는 호메로스의 《일리아스》와 《오디세이아》, 베르길리우스의 《아이네이스》, 비극으로는 아이스킬로스의 《오레스테이아》, 역사 도서인 헤로도토스의 《역사》, 투키디데스의 《펠로폰네소스 전쟁사》, 카이사르의 《갈리아 전쟁기》, 에드워드 기번의 《로마 제국 쇠망사》, 소설로는 세르반테스의 《돈키호테》, 조나단 스위프트의 《걸리버 여행기》, 허먼 멜빌의 《모비 딕》, 톨스토이의 《전쟁과 평화》로 모두 12편이었다.

이 명작들을 소개한 에세이를 책으로 묶고 싶었다. 서사시와 비극, 역사, 소설이라는 세 영역으로 나누고, 영역별로 연대순으로 편집했다. 그리고 소개하고 싶은 책을 '텍스트'로, 그 외 에세이에서 인용한 도서는 '참고도서'로 분류했다. 텍스트의 주요내용을 소개하기 위해 재구성하면서 텍스트의 원문을 많이 인용했다. 텍스트에서 인용한 내용은 각주를 달지 않았고, 참고도서에서 인용했거나, 텍스트 중 옮긴이가 쓴 해제에서 인용한 경우는 각주를 달아 인용 출처를 밝혔다.

서양 고전을 읽으면서 비로소 독서의 맛과 멋을 새로 깨닫게 되었다. 서사시와 비극을 읽으면서 잔상처럼 남겨진 신과 영웅, 그리고 죄와 죽음을 통해 신과 인간에 대한 철학에 관심을 가지게 되었고, 역사가가 들려준 역사 이야기와 청량한 통찰에서 비롯된 용기와 지혜로 고무되기도 했다. 그리고 소설가들이 파헤친 인간본성의 양면성을 깨닫고, 그들이 좌절했던 삶의 아픔을 공유하면서 커다란 위안을 얻었다. 이제 고전을 읽고, 그 소감을 글로 옮겨보는 것이 삶의 의미로 정착되어 가고 있다.

십여 년 동안 서양고전을 함께 읽었던 〈파이데이아〉의 허정임 교수님을 비롯한 회원님들과 독서모임으로 안내해준 정정기 선배님께 감사드립니다. 그리고 '에세이로 읽는 서양고전' 코너를 만들어 글을 쓸 수 있도록 배려하고 격려해준 유한근 교수님께 감사드립니다. 끝으로 에세이가 연재될 때마다 글을 읽고, 그 소감과 함께 격려해준 선배님들과 후배님들, 친구들, 문우들께도 감사드립니다.

2025년 12월

권해성 識

CONTENTS

작가의 말 • 4

1부

서사시/비극 고대의 발원,《일리아스》• 12

오디세우스의 귀향 노래,《오디세이아》• 33

아가멤논 家의 비극,《오레스테이아》• 55

《아이네이스》의 시학적 음미 • 78

2부

역사
최초의 역사 이야기, 《역사》 • 114

헬라스의 비극, 《펠로폰네소스 전쟁사》 • 142

카이사르, 루비콘강을 건너다! • 172

도전과 응전의 역사, 《로마 제국 쇠망사》 • 204

3부

소설

세르반테스의 자화상, 《돈키호테》 • 238

정치 풍자의 백미, 《걸리버 여행기》 • 262

인간과 고래의 사투, 《모비 딕》 • 287

인간과 삶의 대서사大敍事, 《전쟁과 평화》 • 319

[추천의 글]

유한근 | 서양고전문학에 대한 본격적인 비평문 • 350

1부

서사시 / 비극

개별적인 죽음은 공포와 슬픔의 원천이었지만,
만인이 벗어날 수 없는 보편적인 죽음은
신과 철학의 근원이 되었다.

– 서양고전의 발원, 《일리아스》 중에서

고대의 발원, 《일리아스》

《일리아스》로의 초대

독서 모임 '파이데이아'에서 서양 고전을 읽었는데, 처음 접하게 된 책이 호메로스의 《일리아스》였다. 일리아스는 '일리오스의 노래'란 뜻이며, 일리오스는 트로이의 또 다른 이름이었다. 일리오스란 도시명은 일로스 왕으로부터 유래된 것이고, 트로이는 트로스 왕으로부터 유래된 이름이었다. 일로스 왕은 트로스 왕의 아들이었다.

책을 펼치는 순간부터 읽기가 부담스러웠다. 우선 등장인물과 종족의 이름, 지명까지 그리스어로 되어 있어서 생소하고 기억하기 만만치 않았다. 영웅들만 등장하는 것이 아니라, 여러 신들도 수시로 등장해서 그 이름과 별칭들을 이해하는 데도 얼마간의 노력이 필요했다.

또한 영웅들이 전투 중에 상대를 잔혹하게 죽이는 장면을 리얼하게 묘사함으로써 언짢은 기분이 들기도 했다. '우리 역사와 관계없는 이런 책을 굳이 읽어야 되는가?'하는 회의가 들기도 했다.

《일리아스》는 전체 24권으로 구성되어 있었다. 1권부터 3권까지는 전투 이전의 상황을, 4권부터 22권까지는 나흘간의 전투 상황을, 23권과 24권은 전투 이후의 상황을 노래했다.[1]

처음부터 끝까지 인내심을 가지고 읽어보니 영웅들의 이름에 익숙해지게 되고, 《일리아스》의 맛을 조금씩 느낄 수 있었다. 《일리아스》를 통해 새로운 세계를 발견하게 되는 듯 했고, 서양 고전에 접근하는 발판이 내려지는 느낌이 들었다.

《일리아스》는 고대 그리스에서 문자로 기록된 최초의 서사시로서 서양고전의 발원이라 할 수 있었다. 영웅들의 정신적 맥락이나 이야기 소재가 다른 고전으로 이어져 서양고전 전체를 이룬다고 생각하기 때문이었다. 《일리아스》 이후의 서양고전에는 호메로스를 인용한 사례를 많이 찾아 볼 수 있었다.

낙동강의 발원지는 태백의 황지黃池다. 까마득한 옛날부터 지금까지 끊임없이 샘솟아 흐르고 흘러 낙동강이라는 1,300리의 물길을 이루었다. 황지를 모르고 낙동강을 안다고 할 수 있겠는가? 고전의 발원도 마찬가지였다. 《일리아스》는 2,800여 년 전에 쓰인 책으로 추측되지만, 늘 새로운 샘물이 치솟기 때문에 고전이라 할 수 있었다.

그리스 연합군으로 참전했던 오디세우스의 귀향을 모티프로 잡은 서사시가 호메로스의 《오디세이아》였고, 그리스 연합군의 총지휘관이었던 아가멤논의 불행한 최후를 다룬 작품이 아이스킬로스의 《오레스테이아》였다. 베르길리우스는 트로이의 장수였던 아이네이아스가 트로이 멸망 후 이탈리아 반도로 건너가 로마를 건국했다는 내용의 서사시인

---

[1] 강대진, 호메로스의 《일리아스》 읽기, 그린비, 2020, p43

《아이네이스》를 노래했다. 오디세우스, 아가멤논, 아이네이아스는 모두 《일리아스》에 등장하는 영웅들이었다.

이와 같이 《일리아스》에 등장하는 영웅마다 각자 여러 작품에서 이야기의 소재가 되었다. 오늘날에도 그 영웅들은 인용이나 비유의 대상이 되기도 했다. 이런 의미에서 《일리아스》를 고전의 발원이라 하고, 현대에도 살아 숨 쉰다고 할 수 있었다.

《일리아스》는 어떻게 탄생했을까?

고대 그리스의 '트로이 서사시권敍事詩圈(Epic Cycle)'은 첫 번째 《키프리아》, 두 번째 《일리아스》, 세 번째 《아이티오피스》, 네 번째 《소小 일리아스》, 다섯 번째 《일리오스의 함락》, 여섯 번째 《귀향》, 일곱 번째 《오디세이아》, 여덟 번째 《텔레고노스 이야기》로 이루어져 있다. 이들의 제목과 대강의 내용은 《일리아스》의 필사본에 보존되어 왔다.[2]

이 여덟 편의 서사시들은 산맥의 봉우리들처럼 능선으로 이어져, 통일된 전체로 이루어졌다. 그 중 《일리아스》와 《오디세이아》만이 온전히 전해지고 있었다. 두 서사시는 호메로스의 작품으로 알려져 있지만, 나머지 여섯 작품은 대강의 내용만 정리되었다고 했다. 그 여섯 작품을 호메로스 아닌 다른 사람들이 정리했다면, 어떻게 전체적으로 통일성을 유지할 수 있었을까? 여러 가지 의문이 들었다.

볼프는 《일리아스》와 《오디세이아》가 서로 다른 사람들의 작품들을 누덕누덕 기워 놓은 것일 뿐이라고 주장했다. 나아가 호메로스는 하나

---

2) 호메로스(천병희 옮김), 일리아스(해설), 숲(2010), p.752

의 관념이며 집합 명사이자 개념일 뿐이라고 주장했다.[3] 그만큼 호메로스를 둘러싼 불확실성이 컸다고 볼 수 있었다.

이러한 논란에도 불구하고 로베르트 쿠르티우스는 '호메로스는 유럽문학의 토대를 세운 영웅'이라고 주장했다. 오늘날 이 작품의 작가는 호메로스라는데 대체로 의견이 일치하고 있었다. 헤로도토스도 《역사》에서 헤시오도스와 호메로스가 자신보다 기껏해야 400년 전에 살았던 것으로 생각했다.[4]

다만 호메로스가 처음으로 《일리아스》를 쓴 후 음유시인들이 서사시를 낭송했는지, 아니면 음유시인들이 낭송했던 이야기들을 집대성한 것인지에 대해서 논란이 완전히 사라졌다고 보기는 어려웠다. 후자의 견해가 더 타당해 보였다.

호메로스가 그 많은 영웅들과 신들의 이름을 직접 지어서 이야기를 엮었다고 보기 어려웠다. 천병희도 《일리아스》가 트로이 전쟁이라는 핵심적 사건에 문학적 허구와 시대와 장소를 달리하는 여러 전설들이 상당수 첨가됨으로써 세월이 흐르면서 그 규모와 분량이 점점 방대해진 것만은 확실해 보인다고 했다.[5] 《일리아스》는 음유시인들 사이에 전해져 내려오던 '트로이 전쟁 이야기'를 호메로스가 정리하여 문자로 고정시킨 것으로 보였다.

그리스 신화에는 여러 신들이 등장하는 데 이러한 신들의 계보도 한 사람이 만든 것이 아니라, 먼저 만들어진 신의 작은 계보에다 음유시인들이 이야기를 덧붙이면서 새로운 신들을 차츰 추가하게 되어 전체적인

---

3) 알베르토 망구엘(김헌 옮김), 일리아스와 오디세이아, 전북대학교(2015), pp225~226
4) 헤로도토스(천병희 옮김), 역사, 숲(2015), p194
5) 호메로스(천병희 옮김), 앞의 책(해설), p763

'신의 계보'가 완성된 것으로 볼 수도 있었다.

이와 같이 구전되어 오던 '트로이 전쟁 이야기'를 호메로스가 《일리아스》로 정리하여 문자로 고정시킨 것으로 추측되었으며, 이것이 호메로스의 큰 공적이었다. 이로써 《일리아스》가 2,800년이 지난 지금도 수많은 사람들에게 읽혀지게 되었고, 서양 고전의 발원으로 자리매김하게 되었다.

《일리아스》는 역사인가?

흔히들 《일리아스》는 詩라기에는 그 내용이 역사적 사실을 많이 포함하고 있었고, 역사서라기에는 너무 시적이었다. 따라서 《일리아스》는 역사를 소재로 한 시로서 서사시라고 일컬어졌다.

《일리아스》의 주 무대는 소아시아의 트로이인데, 독일인 슐리만이 트로이의 유적을 발굴하면서 그 역사성을 인정받게 되었다.[6] 이로써 서사시에 등장하는 영웅들이 역사적인 인물이 아닐까하는 얼마간의 근거가 마련되었다.

고대 그리스에는 여러 민족들이 각자 도시국가라는 작은 왕국을 이루었다. 그 인접한 왕국과 동맹을 맺기도 하고, 전쟁을 벌이기도 했다. 《일리아스》는 그리스 연합군이 트로이를 침공하여 벌어진 전쟁을 노래한 서사시였다.

'트로이 서사시권'의 1편인 《키프리아》에 그리스 연합군이 트로이에 도착하기까지의 과정이 서술되었다고 전해지지만, 《키프리아》를 구할

---

6) 호메로스(천병희 옮김), 앞의 책(해설), p763

수 없으니 그 과정을 알 수 없었다. 《일리아스》를 읽으면서, 그리스 연합군이 어디서 출발하여 어떻게 트로이에 도착했는지 궁금했다.

고대 그리스 신화나 아이스킬로스의 비극에 의하면, 그리스 연합군의 총사령관인 아가멤논이 아울리스 항에서 출항하기 전 순풍을 얻기 위해 자신의 딸 이피게네이아를 제물로 바쳤다.

아울리스 항은 그리스의 보이오티아 지방에 위치하고 있으며, 인접한 에우보이아 섬의 칼카스 항과 해협을 사이에 두고 마주 보고 있었다. 따라서 그리스 연합군이 아울리스 항에 집결하여 출발했다고 볼 수 있었다.

그리스 연합군은 30개의 도시국가에서 보낸 전사들로 구성되었으며, 모두 약10만 명 정도였다. 이들은 1,186척의 함선에 부족별로 나누어 타고 출항했다. 전사와 함선의 수가 정확한지는 알 수가 없었다. 이들의 바닷길을 2가지로 추측해 보았다.

먼저 《오디세이아》에서 밝혀진 그리스 연합군이 귀향했던 반대 방향으로 항해했을 가능성을 검토해보았다.

아울리스 항에서 남쪽으로 항해하여 에우보이아 섬의 게라이스토스 곶에 정박해서 휴식을 취하고, 이곳에서 지중해의 난바다를 통해 동쪽으로 항해하여 소아시아 해안의 키오스 섬에 도착한 후, 그곳에서 해안선을 따라 북쪽으로 항해하여 레스보스 섬을 거쳐 트로이 해변에 당도했을 가능성이다.

당시 선원들은 난바다로 항해하는 것을 두려워했다. 게라이스토스 곶에서 키오스 섬까지 항해하는 데 시간이 많이 걸렸고, 날씨에 따라 해상의 파고가 높아지면 대부대가 이동하기에는 위험 부담이 컸을 것이다.

두 번째 진로는 아울리스 항에서 북상하여 트라케 지방의 해안선을 따라 트로이로 항해하는 것이다. 이 경우 함선들이 항구에 정박하여 식재료나 식수를 구하기 쉬웠을 것이다. 또한 기상 악화로 파고가 높아지면 뭍으로 대피하기 용이했을 것이다. 특히 투키디데스의 지적대로 케르소네소스 반도에 농사를 지을 군인들을 미리 배치하고, 트로이로 떠날 수 있었다. 이 경우 전체적인 항해 거리가 조금 더 길어지게 된다.

투키디데스는 막강한 그리스 연합군이 상대적으로 약체였던 트로이 동맹군을 함락시키는 데 10년이나 걸렸다는 것은 그리스 연합군이 전부 투입되지 않았기 때문이라고 했다. 그리스 연합군 중 일부는 트로이의 건너편에 있는 케르소네소스 반도에서 농사를 짓거나, 해적질을 하여 군량을 조달했을 가능성이 높다고 했다.[7]

네스토르가 아가멤논에게 "그대의 막사에는 포도주가 그득하오. 아카이오이족의 함선들이 매일같이 트라케에서 넓은 바다 위로 싣고 오기 때문이오."라고 말했다. 이는 그리스 연합군의 일부가 트로이의 서쪽 건너편 트라케 지방에서 농사를 지어 군량을 조달하고 있었음을 나타낸 말이었다.

서사시에는 아가멤논이 아킬레우스의 여자인 브리세이스를 빼앗아 아킬레우스가 아가멤논에게 분노하게 되었다. 두 영웅들의 사이가 틀어짐으로써 막강한 전투력을 지닌 아킬레우스가 전투에 참여하지 않았다. 이로써 그리스 연합군은 전투력이 약화되어 결정적인 전과를 올리지 못하고, 9년 동안이나 트로이 바닷가에 머물러 있게 되었다. 그리스 연합군이 고국을 떠난 지 10년째 되던 해에 양측이 진퇴를 거듭하며 공방전을 벌였다.

---

7) 투키디데스(천병희 옮김), 펠로폰네소스 전쟁사, 숲(2014), p36

《일리아스》는 트로이의 파리스 왕자가 스파르타의 헬레네를 유혹하여 납치함으로써 전쟁이 벌어지는 것으로 이야기는 구성되었다. 하지만 헬레네 납치가 민족의 명운을 건 전쟁의 원인이 되기에는 시적이기는 하나 개연성이 낮아 보였다.

당시 그리스 도시국가들은 해상무역이 활발했고, 트로이는 지중해에서 흑해로 들어가는 길목인 다르다넬스 해협 즉 해상무역의 요충지에 위치했다. 트로이는 빈번하게 통행하는 무역선들로부터 통행세를 받아 부를 축적했거나, 그들을 대상으로 해적질을 했을 수도 있었다. 이런 과정에 트로이는 그리스 여러 도시국가들부터 원성을 샀을 것이고, 이런 경제적 갈등이 전쟁을 촉발시켰다고 보는 것이 합리적으로 보였다.

이런 서사시를 통해 전쟁의 양상, 영웅의 무공, 민족의 흥망성쇠를 읽을 수 있었다. 그 전쟁에 참전했던 전사의 무공은 개인의 영광으로 그치는 것이 아니라, 가문의 영광으로 기록되는 가문의 이야기로 이어졌다.

《일리아스》는 신의 이야기인가, 인간의 이야기인가?

하늘을 다스리는 제우스는 크로노스의 아들이고, 바다를 지배하는 포세이돈과 지하세계를 다스리는 하데스와 형제이다. 신들에게는 자녀들이 많았다. 신도 인간의 가계도처럼 계보를 이루고 있었다. 어쩌면 신의 계보를 본떠서 인간의 가계도를 만들었는지도 모를 일이었다.

고대 그리스 세계에는 곳곳에 신이 존재했다. 결혼과 출산의 여신 헤라, 전쟁의 여신 아테네, 역병과 치유의 신 아폴론, 불의 신 헤파이스토스 등이 대표적인 신이고, 강에도 하신河神이 있다고 믿었다. 고대 그리스의 신들은 각각 맡고 있는 고유한 역할이 있었다. 고대 그리스인들은 태어나서, 병들고, 죽는 것 등이 모두 신에 의해 정해져 있는 이른바 '운명론'을 믿었다.

제우스는 '아킬레우스의 친구인 파트로클로스는 헥토르의 창에 찔려 죽고, 아킬레우스가 헥토르를 죽이는 것'으로 계획을 세웠다. 필멸의 인간인 파트로클로스는 헥토르의 손에 죽었고, 헥토르는 아킬레우스의 손에 죽음으로써 신이 정한 운명대로 죽었다. 신이 인간을 완벽하게 지배했다.

《일리아스》의 1권에서 신들이 트로이아인들을 보호하는 신들과 아카이오이족을 지원하는 신들로 나뉘어 서로 다투었는데, 그게 선뜻 이해되지 않았다. 신들이 인간들의 좁은 속마음을 닮았다는 게 생소했을 뿐만 아니라, 무슨 이유로 편이 나누어졌는지 알 수 없었다. 그건 '트로이 서사시권'의 1편인 《키프리아》에 담겨있는 '파리스의 심판'이란 이야기를 몰랐기 때문이었다.

불화의 여신인 에리스가 테티스와 펠레우스의 결혼식에 초대받지 못하자 '가장 아름다운 여신에게'라고 새긴 황금 사과를 잔칫상에 던졌는데, 헤라와 아테네, 아프로디테가 서로 자기 것이라고 주장했다.

이들은 인간들 중 제일 미남인 파리스에게 판결을 맡기자며 그를 찾아갔다. 헤라와 아테네, 아프로디테는 각자 자신을 선택하면 선물을 주겠다고 약속했다. 트로이의 왕자인 파리스는 '절세미인을 아내로 주겠다.'고 약속한 아프로디테에게 황금사과를 주었다.[8]

파리스는 아프로디테의 도움으로 메넬라오스의 아내 헬레네를 고향 트로이로 데려가 조국을 전쟁과 파멸 속으로 끌어들였다. 이에 헤라와

---

8) 위키 백과, 파리스의 심판

아테네는 트로이를 미워하며 그리스군의 편에 섰고, 아프로디테는 트로이군을 도왔다. 그리하여 트로이 전쟁은 신들이 아끼는 인간을 편들면서, 미워하는 인간을 편드는 신과 다투는 신들의 전쟁이 되었다.

그리스인들은 모든 행사에 신에게 제물을 바치고 제를 올렸다. 신들은 인간들이 어떤 제물을 올리는가를 보고 흐뭇해하거나, 제우스가 주재하는 신들의 회의에서 서로 다투거나 삐지기도 하는 인간적인 모습을 보였다. 더구나 자신이 마음에 드는 인간과 동침함으로써 반신半神을 생산하기도 했다. 여신 테티스와 인간 펠레우스 사이에서 태어난 아킬레우스는 신과 인간의 경계에 있는 반신이었다. 이는 신을 닮고 싶어 하는 인간의 열망을 반영한 것 같기도 했다.

신은 전조를 일으켜 자신의 의지를 인간들에게 암시하거나, 사제나 점쟁이를 통해 인간에게 전달하기도 하고, 사람의 음성을 빌어 사람들에게 자신의 뜻을 전달하기도 했다. 또한 신이 직접 전사를 보호하는 장면도 등장했다.

신이 인간들의 전쟁에 직접 개입하여 전투를 벌이기도 했다. 여신 아테네는 돌덩이로 전쟁의 신 아레스의 목을 쳤다. 여신 아프로디테는 전투 중 영웅 디오메데스의 창에 찔려 영액을 흘리기도 했다. 아카이오이족을 편드는 신이 트로이 백성들을 편드는 신을 직접 공격했다. 또한 신과 인간이 싸움을 벌여 신이 부상당하는 모습에 혼란스러웠다. 인간들의 전쟁이 신들의 전쟁으로 돌변했다. 신과 인간의 경계가 모호해지는 느낌이 들었다.

제우스와 헤라 사이에 헤파이스토스가 태어났으나, 태어날 때부터 절름발이였다. 어머니 헤라가 아들 헤파이스토스를 올림포스에서 내던졌으나, 바다의 여신인 테티스가 받아 돌보아주었다. 또한 신들은 편을 나누어 서로 이간질하고 질투하며 미워하기도 했다. 고대 그리스 철학자들은 이러한 신들의 폭력성이나 질투 등과 같은 부도덕성을 비판하기도 했다.

《일리아스》는 인간의 이야기에 신들을 끌어들인 것 같기도 했고, 신들의 계획에 의해 인간의 운명이 그려지는 것 같기도 했다. 고대 그리스의 정신세계는 신이 지배하는 세계였는데, 《일리아스》는 신이 자아놓은 운명에 순응하는 영웅들의 모습을 그렸다.

《일리아스》의 시적인 표현들

《일리아스》에서 상투적인 표현이 많이 발견되었다. 서사시의 첫머리에 "노래하소서, 여신이여! 펠레우스의 아들 아킬레우스의 분노를"이라고 노래했다.

무사여신에게 노래하도록 기도하는 모습에서 시인이 자신의 창작력을 최대한 발현할 수 있도록 무사여신의 도움을 받아 영감을 얻으려는 간절함이 묻어났다. 또한 독자들은 《일리아스》를 여신의 노래로 기억하게 될지도 모른다.

서사시에서 영웅들이 등장할 때마다 '펠레우스의 아들 아킬레우스'와 같이 표현했다. '아트레우스의 아들 아가멤논', '프리아모스의 아들 헥토르' 등은 그 예라 할 수 있었다. 고대 그리스에는 이름에 성이 없었다. 그래서 아버지나 할아버지 이름을 덧붙여서 성 대신 사용했다. 이런 표현법으로 시의 운율도 맞추어졌다. 아마도 두 가지 효과를 동시에 의도했을 것으로 보였다.

사물이나 대상의 본질을 꿰뚫어 보는 말을 반복적으로 사용하여 시의 운율을 맞추는 경우인데, '추수할 수 없는 바다', '빛나는 눈의 아테네', '정강이받이를 댄 아카이오이족' 등이 그 사례였다. 바다나 아테네, 아카이오이족의 특징을 쉽게 떠올릴 수 있었고, 시의 운율을 맞추는 데도 도움이 되었다.

전투 중에 전사들이 무구에 맞아 죽는 장면이 해부학적으로 리얼하게 묘사되는 경우가 많았다. "창으로 그의 배꼽 옆을 찌르자 창자가 모두 땅 위로 쏟아졌고" "창으로 그의 오른 쪽 엉덩이를 치자, 창끝이 곧장 방광을 지나 치골 밑을 뚫고 나왔다" 등이 그 예였다. 이러한 묘사는 그 폭력성이 두드러져 거부감이 느껴졌다.

전선에서 치열한 전투가 벌어지고, 전사들이 창에 찔리거나 칼에 맞아 숨졌다. 이러한 죽음도 시적으로 상황에 따라 다양하게 표현되었다. "이빨로 흙을 깨물었다." "그의 뼈를 그의 씩씩한 기상이 떠났다." "그의 사지를 풀었다." "어둠이 그의 두 눈을 덮었다." "목숨이 그를 떠났다." 등이 그 예였다. 죽음을 '죽었다'라는 한 마디로 표현하지 않고, 그 때 상황에 맞게 다양하게 시적인 비유로 표현했다.

서사시의 곳곳에서 '부정을 부정하는' 즉 이중 부정의 형태를 많이 발견할 수 있었다. 예를 들면, '아폴론이 아버지의 말을 알아듣고'라고 하면 될 것을 '아폴론이 아버지의 말을 못 들은 체하지 않고'라고 표현했다. 이는 '알아들었음'을 강조하기도 하고, 시의 운율을 맞추는 효과도 있었다.

《일리아스》는 무엇을 노래한 것인가?

《일리아스》에는 수많은 영웅들과 전사들이 등장했다. 아킬레우스, 아가멤논, 헥토르의 무훈을, 네스토르의 무용담을 노래했다. 그들의 용기와 전우애를 노래했으며, 그들의 명예와 영광을 노래했다. 영웅의 무훈은 민족의 자랑거리가 되었고, 가문의 영광으로 이어졌다. 헥토르는 "아버지의 위대한 명성과 내 자신의 명성을 지키도록 배웠기 때문이오."라고 말했다. 그들은 조상의 명예를 자랑스럽게 여겼으며, 자신도 그 명예를 지키고자 했다.

늙은 영웅 네스토르는 전장에서 빛나는 지혜를 발휘했다. 영웅들이 전장에서 거친 의견대립을 보일 때 네스토르는 뛰어난 언변으로 그들을 중재해서 부대의 결속력이 와해되지 않도록 했다. 호메로스는 네스토르를 두고 "그의 혀에서 흘러나오는 말은 꿀보다 더 감미로웠다."고 표현했다. 또한 적과 싸워야 할 때와 영웅들이 전의를 상실한 경우 네스토르는 영웅들의 역할을 깨우쳐주며, 전사들의 사기를 고취시켰다. 전장의 휴식 시간에는 자신의 과거 무용담을 잔잔하게 들려주어 전사들이 전의를 불사르게 했다.

제우스가 올림포스 산의 정상에서 신들의 회의를 소집했듯이 전장에서도 영웅들이 회의를 열고 치열하게 논쟁을 벌이는 모습을 볼 수 있었다. 인간들의 왕인 아가멤논에게 반대의견을 거침없이 쏟아내는 아킬레우스를 그렸다. 호메로스는 "전쟁의 결말은 손에 있고, 말의 결말은 회의에 있소"라고 표현했다. 신이나 왕의 절대 권력도 여러 신이나 영웅들의 의견을 들어보았다. 그 회의라는 것이 그리스 도시국가들의 민주주의로 싹트지 않았을까 추측했다.

포이닉스 노인이 아킬레우스에게 "그대가 말도 잘 하고 일도 잘 처리하는 인물이 되도록 말이오."라며 그를 설득했다. 누구나 자기가 한 말에 책임지는 행동(일)을 취해야 된다는 의미가 담겨있었다. 이런 표현들이 서사시 곳곳에 등장하는 데, 이는 인간은 말과 행동이 일치되어야 한다는 교훈을 담고 있었다. 호메로스는 영웅 이야기를 통해 언행일치를 강조하고 있었다. 이와 같이 언행이 일치하는 인물을 '호메릭 맨Homeric man'으로 불렀다. 오늘날 사회 지도층 인사들이 말과 행동이 달라서 지탄을 받는 경우가 얼마나 많은가? 이는 고대의 이야기였지만, 오늘날에도 교훈으로 다가왔다.

사르페돈은 글라우코스에게 "대체 무엇 때문에 우리 두 사람은 리키아에서 남달리 존경 받으며, 모든 이들이 우리를 신처럼 우러러보는가? (중략) 지금 마땅히 리키아인들의 선두대열에 서서 치열한 전투 속으로 뛰어들어야 할 것이오."라고 일갈했다. 그는 '지도자는 자신에게 주어진 책임(노블리스 오블리주)을 다해 백성들로부터 존경받을 때 진정한 영웅'이란 것을 일깨워주었다.

호메로스는 영웅을 '백성들의 목자'라고 호칭하는 경우가 많았다. 목자牧者는 양치기로 백성들을 양에 비유하고, 이들을 다스리는 영웅(왕)을 양치기에 비유했다. 양치기는 양떼가 포식자들의 공격을 피하게 하고, 풀이 많은 곳으로 양떼들을 인도해야 했다. 이와 같이 영웅은 백성들의 안전을 지켜주고, 의식주를 잘 해결할 수 있는 여건을 만들어 주어야 했다. 이런 것이 영웅의 리더십이라 할 수 있었다.

호메로스는 '영웅은 지혜와 뛰어난 언변으로 백성들을 바른 길로 인도하고, 백성들에게 약속한 것을 실천하며, 자신의 뛰어난 무공으로 백성들의 안위를 지키는 일에는 선두대열에 서야 된다.'는 것이 영웅의 리더십이라고 정리한 셈이었다.

영웅들의 거친 숨결이 느껴지는 전장에서 수많은 전사들이 쓰러지고, 그 가족들이 얼마나 비탄에 잠겼든가? 양치기를 잃어버린 트로이 백성들은 공황상태에 빠졌다. 트로이는 헥토르를 잃음으로써 페르가몬 성이 먹구름으로 뒤덮인 듯했다.

프리아모스는 아킬레우스에게 몸값을 치르고 아들의 시신을 찾아와 장례를 치렀다. 헥토르의 아내인 안드로마케의 만가와 어머니 헤카베의 호곡 소리가 뼛속으로 파고드는 듯했다. 슬픔은 영웅의 죽음에서 비롯되었고, 노래는 슬픔에서 터져 나왔다. 《일리아스》는 전쟁의 결말이 얼마나 비참한가를 보여주었다.

죽음이란 무엇인가?

호메로스를 읽으면서 신과 영웅, 죽음이란 키워드가 잔상처럼 따라다녔다. 신이 인간과 구별되는 점은 인간은 필멸하지만, 신은 영생한다는 점이었다. 즉 인간과 신은 죽음의 유무로 분별되는 것이었다.

호메로스의 신들은 우주나 자연현상, 인간 활동의 곳곳에 존재하면서, 이들을 관장했다. 또한 여러 신들은 각자의 역할이 있었으며, 제우스를 중심으로 한 신들만의 질서를 구축하고 있었다. 인간 세상이 어지러울 때 신들은 올림포스 정상에 모여 '신들의 회의'를 통해 인간 세상의 질서를 잡아나갔다.

태양신인 헬리오스가 동쪽 오케아노스 강에서 떠올라 대지를 비추어 곡식을 여물게 하고, 온갖 물고기가 노니는 바다를 비추다가 서쪽 오케아노스 강에 잠겼다. 호메로스는 대지와 바다를 종횡 무진하는 인간 세상을 그렸고, 하늘을 상징하는 올림포스 정상에 제우스의 세계를, 지하에 죽음으로 상징되는 하데스의 세계를 구축했다. 하늘이나 인간 세상, 지하 세계의 어디든 여러 신들이 존재했다. 호메로스의 가상 세계인 올림포스와 저승은 2,800여년이나 이어져온 신성한 영역으로, 인간에게는 두려움과 공포의 대상인 금제의 영역이었다.

아무리 무공이 출중한 영웅이라도 필멸의 인간에게 닥치는 죽음의 운명을 맞이할 수밖에 없었다. 호메로스는 사자死者들이 저승의 스틱스 강을 건너 에레보스에 모여 있다고 여겼다. 그는 오디세우스가 저승으로 가서 사자들을 만나는 상상력을 발휘했다.

《일리아스》를 통해 전사戰士가 전사를 죽이고 죽는 장면을 수없이 마주하면서, 죽음에 대한 의미를 되새겨 보았다. 전사들이 죽음에 이르는 과정은 개별적으로 다양했지만, 죽음의 상태는 '어둠이 눈을 덮었다', '사지가 풀렸다' 등과 같이 보편적으로 완곡하게 표현되었다.

아킬레우스의 문경지교인 파트로클로스의 죽음과 트로이의 버팀목인 헥토르의 죽음은 극적이었다. 트로이 전사들을 수없이 도륙한 파트로클로스는 헥토르의 창에 아랫배를 찔려 쓰러졌다. 그의 죽음은 아킬레우스를 격렬한 슬픔에 빠지게 했고, 그를 분노케 했다. 아킬레우스의 분노는 전투를 격렬하게 몰아가는 태풍의 눈이 되었다. 아킬레우스는 헥토르에게 복수하고자 아가멤논과 화해하고 창을 들고 일어섰다.

결국 아킬레우스는 창으로 헥토르의 목을 찔러 그의 사지를 풀었다. 아킬레우스는 헥토르의 시신을 전차에 매달아 끌고 감으로써 그를 모욕했다. 헥토르의 죽음은 프리아모스 성채를 비탄과 슬픔의 먹구름으로 뒤덮었다. 그의 죽음은 트로이의 멸망을 예고했다. 영웅의 죽음은 격한 슬픔을 자아냈고, 그 슬픔은 가슴을 울리는 노래로 쏟아졌다.

아킬레우스의 미르미도네스족은 파트로클로스의 죽음을 애도했다. 호메로스는 "모래도 눈물에 젖고, 전사들의 무구들도 눈물에 젖었다."고 묘사했다. 아킬레우스는 파트로클로스의 죽음을 애도한 후 장례경기를 제의했다. 전사의 죽음이 슬픔을 자아냈고, 그 슬픔은 장례경기라는 살아있는 자들의 축제로 승화되었다. 이로써 파트로클로스는 헥토르에게 패배한 자에서 동료들 속에서 승자로 승화되었다는 생각이 들었다.

결국 헥토르의 창에 쓰러졌던 파트로클로스는 친구인 아킬레우스에 의해 승자가 되었고, 헥토르는 파트로클로스를 쓰러뜨렸지만, 아킬레우스에 의해 패자가 되고 말았다.

트로이의 늙은 왕 프리아모스는 아들 헥토르의 시신을 되돌려 받기 위해 아킬레우스를 찾아갔다. 그는 아킬레우스에게 몸값을 받고 아들의 시신을 돌려줄 것을 간청했다. "아킬레우스여! 신을 두려워하고 그대의 아버지를 생각하여 나를 동정하시오." 프리아모스는 아킬레우스의 발 앞에 쓰러져 아들을 위해 울었고, 아킬레우스는 자신의 아버지를 위해 울었다. 아킬레우스는 프리아모스에게 "우리의 슬픔은 마음속에 누워 있도록 내버려둡시다."라고 했다.

프리아모스와 아킬레우스의 울음은 같은 슬픔을 앞에 두고 아버지와 자식이 함께 우는 모습을 연상시켰다. 아버지와 자식이라는 관계는 어떤 의미인가? 아버지와 자식은 피를 나눈 사이 이상의 것이었다. 자식은 아버지에게 자신의 분신이었고, 아버지는 아들의 삶의 토양이었다.

전사의 죽음은 개별적이나, 수많은 죽음들이 모이면 죽음이 그 보편성을 갖게 되었다. 개별적인 죽음은 공포와 슬픔의 원천이었지만, 만인이 벗어날 수 없는 보편적인 죽음은 신과 철학의 원천이 되었다.

《일리아스》의 강물은 어디로 흘러가는가?

낙동강의 발원지인 황지에 간 적이 있었는데, 그 곳은 마치 작은 신전처럼 꾸며져 있었다. 아마 큰 강의 발원지라는 그 의미 때문일 것이었다. 황지에서 발원된 물이 낙동강으로 흘러들지만, 그 물만으로 낙동강을 채울 수는 없었다. 하지만 황지에서 비롯된 물줄기가 낙동강의 근본을 이룬 것만은 부정할 수 없었다.

그처럼 《일리아스》는 서양 고전의 원류라 할 수 있었고, 서양 고전의 근본을 이룬다고 볼 수 있었다. 지금도 황지에서 맑은 샘물이 솟아오르듯 《일리아스》에서도 새로운 생각들이 솟아오르기 때문에 고전의 원류라고 해석하고 싶었다.

프리아모스가 아킬레우스 막사를 찾아가 아들인 헥토르의 시신을 인계받아 장례식을 치르는 이야기로 《일리아스》는 끝났다. 페르가몬 성채는 아직 함락되지 않았다.

테티스가 아들 아킬레우스가 화살에 맞아 전사함으로써 단명할 것이라고 예언했는데, 《일리아스》와 《오디세이아》에서 아킬레우스가 어떻게 전사했는지 알 수 없었다. 이는 독자들에게 궁금증을 불러일으켰.

'트로이아 서사시권'의 하나인 《아이티오피스》에서 아킬레우스가 파리스의 화살을 맞고 죽는 장면이 그려졌다. 아킬레우스는 프리아모스의 아들 파리스가 쏜 화살에 발뒤꿈치를 맞고 숨졌다.

이에 관한 아킬레우스의 신화적 이야기가 전해졌다. 테티스가 아킬레우스를 낳아 어린 아들을 저승의 스틱스 강물에 담갔다. 남편 펠레우스의 방해로 테티스가 쥐었던 발뒤꿈치는 강물에 닿지 않았는데, 강물에 담겨졌던 신체 부위는 부상당하지 않지만 발뒤꿈치는 유일한 약점으로 남게 되었다. 아킬레우스는 그 부위에 파리스의 화살을 맞고 죽었다.[9]

---

9) 나무 위키, 아킬레우스 이야기

오늘날 발뒤꿈치 인대를 의학적으로 '아킬레스건'이라 하고, 사람들의 결정적인 약점을 비유적으로 '아킬레스건'이라고도 한다.

중세 유럽에서 독일의 《니벨룽겐의 노래》, 프랑스의 《롤랑의 노래》와 같은 기사도 소설이 유행했다. 특히 《니벨룽겐의 노래》의 주인공인 지크프리트는 용과 격투를 벌여 용의 피에 목욕을 하여 불사신의 몸이 되었다. 그가 용의 피에 목욕할 때 큰 보리수 이파리가 그의 등 즉 양 어깨죽지 사이에 떨어져 용의 피가 닿지 않아서, 그곳이 치명적인 약점으로 남았다. 그는 사냥터 샘에서 물을 마실 때, 하겐이 던진 창에 급소를 맞고 쓰러졌다.[10]

이 이야기는 명백히 아킬레우스 이야기를 모방한 것이었다. 이런 기사도 소설에 등장하는 기사의 원형은 무공이 절륜하고 철갑피를 둘렀으나, 급소를 지닌 아킬레우스라는 생각이 들었다.

《오디세이아》에서 트로이는 아카이오이족이 거대한 목마를 성채 안에 들여놓았는데, 거기서 쏟아져 나온 전사들이 성문을 열면서 페르가몬 성채가 함락되었고, 아가멤논은 가족의 손에 살해되었다는 것이 간단하게 소개되었다. 또한 트로이를 멸망시킨 전사들은 각기 고향으로 돌아가게 되었는데, 그 귀향길이 참전하기 위해 전쟁터로 나아가는 것보다 더 위험한 일이었음을 호메로스는 《오디세이아》를 통해 그렸다.

아이스킬로스는 아가멤논이 그의 아내인 클리타임네스트라와 그녀의 정부인 아이기스토스에 의해 살해된 이야기를 소재로 비극 작품을 썼다.

《일리아스》에서 포세이돈이 "프리아모스의 집안이 이미 크로노스의

---

10) 바르취/드 보어 판(허창운 옮김), 니벨룽겐의 노래, 범우(2021), p38, 219, 237

아들의 미움을 샀으니, 이제는 아이네이아스의 힘과 앞으로 태어날 그의 자손들이 대대로 트로이인들을 다스리게 될 것이오."라고 예언했다.

이러한 포세이돈의 예언을 모티프로 해서 베르길리우스는 《아이네이스》에서 아이네이아스가 트로이 유민들을 이끌고 이탈리아 반도에 정착하여 알바롱가를 건설했고, 이를 모태로 로물루스가 로마를 건국했다는 신화를 만들어 노래했다.

괴테는 《파우스트》에서 트로이 전쟁의 원인이었던 헬레네를 저승에서 이승으로 소환했다. 헬레네는 파리스에게 납치당해 그와 가정을 꾸리게 된 데 대해 온갖 비난을 감수한 자신의 심경을 밝혔다. 심지어 헬레네를 파우스트와 결혼시켜서 아이를 낳게 하는 상상까지 했다.[11] 괴테의 이러한 독창적인 상상력은 《일리아스》에서 솟아오른 것이었다.

호메로스는 '헤파이스토스가 지팡이를 들고 절룩거리며 걸어 나오자, 황금으로 만든 하녀들이 주인을 부축해 주었다. 이들은 살아있는 소녀들과 똑 같아 보였는데, 가슴속에 이해력과 음성과 힘도 가졌으며 불사신에게 수공예도 배워 알고 있었다.'라고 썼다. 그 '황금으로 만든 하녀'는 오늘날의 AI 로봇을 연상시키지 않는가? 어떻게 이런 상상을 할 수 있었을까? 고전 속의 황당한 상상이 2,800여 년이 지나 현실화되고 있다는 데, 놀랍지 않는가?

이와 같이 《일리아스》의 물줄기는 끊임없이 이어져 왔다. 그 정신적 맥락이 오늘날에도 살아 숨 쉬고 있다고 생각지 않는가? 그 정신적 광맥을 찾아 수많은 사람들이 수없이 읽고 또 읽고, 해석하고 재해석하기 때문에 고전일 것이다.

---

11) 괴테(이인웅 옮김), 파우스트, 문학동네(2019), pp245~338

※ 텍스트
- 호메로스(천병희 역), 일리아스, 숲, 2011

※ 참고문헌
- 강대진, 호메로스의 《일리아스》 읽기, 그린비, 2020
- 괴테(이인웅 역), 파우스트, 문학동네, 2019
- 바르취/드 보어 판(허창운 옮김), 니벨룽겐의 노래, 범우, 2021
- 베르길리우스(천병희 역), 아이네이스, 숲, 2011
- 알베르토 망구엘(김헌 옮김), 일리아스와 오디세이아, 전북대학교, 2015
- 헤로도토스(천병희 옮김), 역사, 숲, 2015
- 투키디데스(천병희 옮김), 펠로폰네소스 전쟁사, 숲, 2014

오디세우스의 귀향 노래, 《오디세이아》

《오디세이아》, 《일리아스》를 잇다

　《일리아스》에서는 아킬레우스가 트로이의 버팀목인 헥토르를 죽여 그 시신을 전차에 매달아 아카이오이족 진영으로 끌고 갔고, 프리아모스 왕이 아킬레우스를 찾아가 아들 헥토르의 시신을 찾아가는 것으로 이야기는 끝났다. 그 전투로 트로이가 멸망할 것이라는 정황만 드러났을 뿐 그 결말을 직접적으로 서술하지 않았다.
　《일리아스》에서는 트로이의 성채가 어떻게 무너졌는지, 트로이 전쟁에 참전했던 아가멤논과 아킬레우스를 비롯한 그리스 연합군의 영웅들이 어떻게 되었는지, 그 결말이 모호한 채 이야기는 끝났다. 아마 연속극이었다면 그 후속편이 궁금했을 상황이었다.
　《일리아스》의 말미에서 궁금했던 이야기들이 《오디세이아》에서 네스토르나 메넬라오스의 회상으로, 가인 데모도코스의 노래로, 오디세우스가 저승에서 만난 전우들의 혼백에 의해 소개되었다. 따라서 《일리아스》의 다음 이야기가 툭 끊어진 듯《오디세이아》로 이어졌다.《오디세이아》는《일리아스》의 후속편이었다.

고대 그리스의 '서사시권敍事詩圈'은 '트로이 서사시권'과 '테바이 서사시권'으로 이루어졌다. '트로이 서사시권'은《키프리아》,《일리아스》,《아이티오피스》,《소小 일리아스》,《일리아스의 함락》,《귀향》,《오디세이아》,《텔레고노스 이야기》의 8편으로 구성되었다. 그 중《일리아스》와《오디세이아》만 온전히 남았다.[12]

'트로이 서사시권'이라는 산맥은 8개의 봉우리로 이어져 있었다. 그 중《오디세이아》는 '트로이 서사시권'의 일곱 번째 이야기로서 두 번째 이야기인《일리아스》와 함께 호메로스의 양대 봉우리였다.《오디세이아》는 '오디세우스의 노래'라는 의미로, 내용면에서《일리아스》와 사뭇 달랐다.

《일리아스》는 그리스 연합군이 트로이를 침공해서 벌어진 전투에서 영웅들의 무용담을 담은 전쟁 이야기였다. 이에 반해《오디세이아》는 오디세우스가 귀향 도중 바다를 떠돌면서 온갖 고난을 겪게 되는 모험 이야기이면서, 결국 고향으로 돌아가 가족의 품에 안기는 가족애를 그린 이야기였다.

《일리아스》는 그리스 연합군이 트로이 원정을 위한 출정으로 '나아감'이었다면,《오디세이아》는 트로이 전쟁을 마치고 귀향하는 '물러남'이었다. 그것은 바다의 밀물과 썰물 같은 자연현상을 닮았다.

그리스 연합군의 귀향길은 트로이에서 소아시아 앞바다에 있는 레스보스 섬을 거쳐 키오스 섬으로 이동했고, 거기서 에우보이아 섬의 게라

---

12) 호메로스(천병희 옮김), 오디세이아(역자해설), 숲(2013), p.617

이스토스 곶을 향해 항해했다. 그곳에서 각자의 고향으로 돌아갔다. 그 과정에 순조롭게 귀향한 부족들이 있었고, 오디세우스와 메넬라오스는 각각 난바다에서 헤매게 되었다.

오디세우스는 귀향 도중 키클롭스 동굴에서 포세이돈의 아들 폴리페모스의 외눈을 실명시켰다. 그에 대해 포세이돈은 분노했고, 그로 인해 오디세우스는 바다를 항해하면서 온갖 고초를 겪었다. 그 귀향길이 10년이나 걸렸다. 결국 오디세우스는 전우들을 모두 잃고 천신만고 끝에 고향 이타케에 닿았다.

오디세우스는 트로이 전쟁에서 맹활약한 영웅이었고, 그 외 아킬레우스, 아가멤논, 네스토르, 메넬라오스도 《일리아스》에 등장했던 영웅들이었다. 《오디세이아》의 등장인물들이 낯설지 않았다.

'트로이 서사시권'을 둘러싼 의문들

'트로이 서사시권'은 하나의 통일된 전체를 이루는 여덟 편의 서사시들로, 그 사건이 시간 순서대로 구성되었다. 따라서 두 번째 이야기인 《일리아스》에서 일곱 번째 이야기인 《오디세이아》로 건너뛰어 내용의 간격이 너무 커서 이야기가 툭 끊어졌다가 이어지는 느낌이 들 수밖에 없었다.

이 '트로이 서사시권' 여덟 편의 내용은 간략하게 알려져 있다고 했다. 1편인 《키프리아》는 '파리스의 심판'에서부터 그리스군이 트로이에 도착하기까지를 노래했고, 2편은 《일리아스》였다. 3편인 《아이티오피스》에는 아킬레우스가 아폴론 또는 파리스가 쏜 화살에 맞아 죽는 장면이 그려졌다. 4편인 《소 일리아스》에는 아킬레우스의 무구들을 두고 오디세우스와 아이아스가 서로 경합한 이야기가 그려졌다. 5편인 《일리아스의 함락》은 목마의 계략에 의해 트로이가 함락된 이야기를 노래했다. 6편인 《귀향》은 오디세우스를 제외한 다른 그리스군 장수들의 귀국을 노래했고, 7편이 《오디세이아》였다. 8편인 《텔레고노스 이야기》는 오디세우스가 여행한 일과 그가 아들 텔레고노스에게 살해된 이야기를 노래했다.

위 여덟 편의 서사시 내용이 전체적으로 통일되어 있는 것으로 보아, 1편부터 순서대로 쓰였을 가능성이 높아 보였다. 호메로스가 2편인 《일리아스》와 7편인 《오디세이아》를 썼는데, 나머지 6편은 누가 썼을까? 호메로스가 '트로이 서사시권' 여덟 편을 모두 썼을까? 한 사람이 쓰기에는 방대한 분량이었다.

《일리아스》와 《오디세이아》는 호메로스가 창작한 것일까? 당시 수많은 음유시인들이 트로이 전쟁과 오디세우스의 귀향에 대한 노래를 낭송했을 것으로 보였다. 《오디세이아》에 등장하는 세이렌, 키클롭스 동굴, 칼립소 동굴, 카립디스 등과 같은 기담들이 선원들 사이에서 떠돌고 있었을 가능성이 높았다. 음유시인들은 저마다 내용이 조금씩 다른 기담들을 노래했을 것으로 보였다.

호메로스가 내용이 조금씩 다른 기담들을 전체적으로 정리했을 것으로 보였다. 따라서 호메로스는 서사시 내용을 모두 창작한 것이 아니라, 선원들이나 음유시인들에 의해 떠돌던 파편적인 이야기들을 전체적인 맥락을 갖추어 하나의 서사시로 재구성한 것으로 보였다.

호메로스는 실존 인물이었을까? 초기의 음유시인이나 방랑시인들의 많은 수가 장님이었다. 호메로스는 인간이 아닌, 하나의 상징이라고 주장하는 학자들이 많았다. 볼프는 호메로스가 하나의 관념이며 집합명사이자 개념일 뿐이라고 주장했다. 이런 견해에 따르면 호메로스가 '트로이 서사시권' 여덟 편을 모두 썼다고 해도 이상할 게 없었다.

헤로도토스는 '호메로스와 헤시오도스는 동시대인으로서 자기보다 400년 전인 기원전 9세기에 살았다'고[13] 기술했다. 오늘날 호메로스라는 이름을 굳이 조작된 총칭으로 볼 이유가 없는 만큼 개인의 이름으로 보는 것이 타당하다는 의견으로 정리되었다. 이러한 호메로스에 대한 단일론에도 불구하고 분석론자들의 의구심이 완전히 해소되었다고 보기는 어려웠다.

《오디세이아》는 어떻게 구성되었나?

《오디세이아》는 크게 세 부분으로 나눌 수 있었다. 첫 부분은 오디세우스가 트로이로 떠난 후 고향집에서 일어난 일들에 대한 이야기였다. 둘째 부분은 오디세우스가 트로이에서 고향으로 돌아오는 과정에서 겪었던 모험이었고, 셋째 부분은 오디세우스가 고향에 도착해서 일어난 일들이었다.

첫 부분은 《오디세이아》의 1권부터 4권까지로 나눌 수 있었다.

오디세우스가 트로이로 떠나 20년 동안 집을 비웠다. 그 사이 아내 페넬로페에 대한 구혼자들의 무도한 행패로 가산이 탕진되었고, 아들인 텔레마코스의 안전마저 위협받았다.

텔레마코스는 청년이 되어 아테네의 부추김으로 아버지 소식을 수소문하기 위해 필로스와 스파르테로 떠났다. 그가 전우들을 모아 처음으

---

13) 헤로도토스(천병희 옮김), 역사, 숲(2015), p194

로 집을 떠나 바닷길로 나섰는데, 그것은 일종의 성장 모험이었다.

그는 아테네의 권유대로 아버지의 전우인 네스토르와 메넬라오스를 만났다. 네스토르에게서 트로이 성채가 함락된 후 아킬레우스와 아이아스가 전사했다는 소식을 들었다. 메넬라오스는 바다 노인에게서 들은 오디세우스의 행방에 대해 이야기해주었다.

오디세우스가 요정 칼립소의 궁전에서 눈물을 뚝뚝 흘리고 있는 것을 보았다는 이야기였다. 그는 배도 없고, 노를 저을 전우도 없었다고 했다. 오디세우스에 대한 실낱같은 소식이 5권으로 이어지는 단서가 되었다.

둘째 부분은 5권부터 12권까지로 나눌 수 있었다.

오디세우스가 전우들과 함께 배를 타고 귀향하는 도중에 폭풍에 떠밀려 바다 이곳저곳을 떠돌다 여러 섬들에 닿았고, 그 곳에 사는 사람들이나 괴물들을 만나 온갖 고초를 겪었다.

그는 전쟁이 끝난 후 귀향하기 위해 일리오스에서 이스마로스, 키테라, 로토파고이족의 나라, 키클롭스의 나라, 아이올리에 섬, 텔레필로스, 아이아이에 섬, 킴메리오족의 나라, 저승, 아이아이에 섬, 스킬라 동굴과 카립디스, 트리나키에 섬, 카립디스, 오기기에 섬, 스케리아를 거쳐 이타케에 닿았다.

이러한 지명들이 어디를 가리키는지 모호하거나, 전설적인 지명인 경우도 있었지만, 실제 지명에 바탕을 두고 있는 경우도 있었다. 키테라와 이타케는 실제 지명이었고, 트리나키에와 스케리아는 각각 시칠리아와 케르키라의 옛 이름이었다. 또한 카립디스는 이탈리아 반도와 시칠리아 섬 사이의 해협에 위치했다.

둘째 부분의 이야기는 오디세우스가 오기기에 섬에 거처하는 칼립소의 도움으로 파이아케스족의 나라인 스케리아에 닿는 것으로 시작되었다. 그는 알키노오스 왕의 권유로 파이아케스족의 나라에 오기 전까지 겪었던 모험들을 회상했다.

오디세우스가 머물렀던 알키노오스 왕국의 스케리아는 현재의 케르키라 섬이었다. 그 섬은 펠레폰네소스 반도의 북쪽에 위치한 에페이로스 지역의 해안에 있었다. 케르키라 섬에서 해안을 따라 남쪽으로 내려가면 오디세우스의 고향인 이타케 섬이 있었다.

알키노오스 왕은 오디세우스를 환대하기 위해 가인을 불렀다. 회의장에서 가인 데모도코스가 '오디세우스와 아킬레우스의 말다툼'에 대해 노래하면서, 오디세우스의 지혜와 아킬레우스의 용기를 찬양했다. 그는 트로이 성채에 들여놓았던 '목마'에 대해서도 노래했다.

알키노오스의 요청으로 오디세우스는 그 동안 겪은 일들을 회상했다. 그는 오기기에 섬에서 요정 칼립소와 사랑을 나누었고, 배와 전우가 없어서 7년 동안 그 섬에 갇혀있었다. 제우스의 사자인 헤르메스의 도움으로 칼립소에서 벗어날 수 있었다. 아이아이에 섬에서 요정 키르케와도 사랑을 나누었다. 괴물 키클롭스, 세이렌의 유혹, 괴물 스킬라와 카립디스로 전우들을 모두 잃었다고 했다.

카립디스는 바닷물이 거대한 소용돌이를 이루는 곳이었다. 이탈리아 남부의 서쪽 끝 해안과 시칠리아 섬 사이의 해협에서 발생하는 거대한 바닷물의 소용돌이였다. 넓은 바다에서 밀려온 조수가 좁은 해협을 통과하면서 물살이 빨라지고 뒤엉켜 물살이 아래로 빨려 들어가기도 하고, 밑에서 솟구쳐 오르면서 흰 거품을 튀기며 거대한 소용돌이를 일으켰다. 마치 전라남도 남쪽 해안의 서쪽 끝 육지와 진도 사이의 해협과 닮았다. 이른바 '바닷물이 운다.'는 울돌목을 연상시켰다.

오디세우스는 키르케의 안내로 오케아노스의 경계에 있는 킴메리오 족의 나라로 갔다. 거기서 저승으로 가서 옛 전우들의 혼백을 만났다. 특히 어머니의 혼백을 만나 가족들의 안부를 물었는데, 아내가 재혼을 하지 않고 자신의 궁전에 머물러 있다는 것을 알게 되었다.

그는 알키노오스 왕으로부터 많은 선물을 받았을 뿐만 아니라, 배와 선원들을 내주어서 고향인 이타케에 무사히 도착했다. 이타케는 펠레폰네소스 반도의 북쪽에 위치한 아카르나니아 지방 연안에 있는 작은 섬이었다.

셋째 부분은 13권부터 마지막 24권까지로 나누었다.

오디세우스가 20년 만에 고향 이타케에 도착했다. 늙은 거지로 변장한 오디세우스가 자신의 집에 도착했지만, 아무도 자신을 알아보지 못했다. 오직 늙고 병든 개 아르고스만이 주인을 알아보고 꼬리를 흔들었다.

페넬로페는 시아버지인 라에르테스의 수의를 짠다는 구실로 오디세우스를 그리워하며 낮에는 베를 짜고, 밤이면 짠 베의 실을 도로 풀었다. 이렇게 구혼자들의 구애를 물리치고 마지막 3년을 버텼다.

페넬로페의 부탁으로 늙은 유모 에우리클레이아는 나그네의 발을 씻었다. 그녀는 다리를 씻어 내리면서 흉터를 감촉으로 발견하고, 그가 오디세우스인 것을 알아차리고 깜짝 놀랐다. 오디세우스가 소년시절 사냥하다 멧돼지의 엄니에 찢겼던 흉터였다. 오디세우스는 유모에게 입단속을 시켰다.

페넬로페는 나그네(오디세우스)에게 구혼자들에게 활쏘기 시합을 시키겠다는 계획을 밝혔다. 오디세우스가 사용했던 활을 사용해서 열두 자루의 도끼 구멍을 모두 꿰뚫는 자를 따라 가겠다고 선언했다.

오디세우스는 활 시합하는 날 구혼자들을 응징하기로 마음먹었다. 소치기와 돼지치기를 불러내어 흉터를 보여주며 자신이 오디세우스임을 밝혔다. 그들과 텔레마코스에게 행동계획을 알려주었다.

텔레마코스는 활과 화살을 준비하고, 도끼 열두 자루를 줄지어 세웠다. 구혼자들은 순서를 정해 레오데스가 처음으로 활을 들었으나 시위조차 얹지 못했다. 다른 구혼자들은 꽁무니를 빼며 내일로 미루려하자 나그네가 활에 시위를 얹어 화살을 날려 보냈다. 그가 열두 자루 도끼의 구멍을 모두 꿰뚫자 구혼자들은 그 자리에서 모두 대경실색했다.

오디세우스(나그네)는 구혼자 우두머리인 안티노오스의 식도를 겨냥해서 화살을 날리자, 그는 술잔을 떨어뜨리며 쓰러졌다. 이를 시작으로 오디세우스는 아들, 돼지치기, 소치기와 함께 구혼자들을 죽였다. 주인을 배신하고 구혼자들과 내통한 하녀와 염소치기를 응징했다. 홀에 그득하게 쌓인 시신들을 치우고 집안을 유황으로 정화했다.

페넬로페는 오디세우스가 돌아와 구혼자들을 모두 죽였다는 이야기를 듣고 마당으로 나와 오디세우스를 확인하고, 그의 이마에 입 맞추었다.

《오디세이아》를 통해 무엇을 알 수 있는가?

호메로스의 두 작품을 통해 그의 우주관이나 생사관을 엿볼 수 있었다. 지구는 대지와 바다로 이루어져 있고, 대지의 끝자락에는 생과 사를 가르는 오케아노스 강물이 커다란 원을 그리며 흐른다고 생각했다. 해가 지는 것은 태양신인 헬리오스가 별 많은 하늘나라로 올라간 것이라 여겼고, 해가 뜨는 것은 헬리오스가 하늘에서 다시 대지로 내려오는 것이라 여겼다. 천동설에 기초한 우주관으로 보기도 어려웠고, 천동설이나 지동설이라는 개념 자체가 없었던 것으로 보였다.

　호메로스는 '엘리시온 들판'이라는 이상향을 그렸다. 그곳은 대지의 서쪽 끝 오케아노스 강변 옆에 있는 곳으로 폭풍도 없고, 비도 눈도 없는 상춘常春의 나라였다. 소수의 선택된 인간들이 죽지 않고 신들에 의해 옮겨져 행복한 삶을 누리는 곳으로 에덴동산을 연상시켰다.

　이에 비해 호메로스는 대지의 서쪽 끝 오케아노스의 흐름 옆에서 안개와 어둠에 싸인 채 살고 있는 전설상의 부족인 킴메리오족을 그렸다. 그들은 생사를 가르는 오케아노스 강의 이쪽에 사는 가장 불행한 족속이었다. 호메로스는 '그 비참한 인간들 위에 사악한 밤이 펼쳐져 있다'고 표현했다. 그곳은 저승으로 가는 길목에 위치한 어둠의 땅이었다.

　오디세우스는 오케아노스를 건너 키르케가 일러준 대로 저승으로 내려간 혼백들을 만났다. 어머니, 아가멤논과 아킬레우스의 혼백들을 만났다. 그들이 죽은 후 이승에서 어떤 일들이 벌어지고 있는지에 관심을 가졌고, 자신에 대한 평판이나 명예에 관심을 기울였다. 사람이 죽어도 그 혼백은 가족이나 친구들 주위를 배회하며, 그들과 연緣이 완전히 끊어지는 것은 아니라고 생각했던 것 같았다.

　제우스의 아들 미노스가 사자死者에게 판결을 내린다고 생각했다. 오디세우스는 저승에서 티튀오스를 보았는데, 독수리들이 땅 위에 누워있는 그의 간을 쪼아 먹고 있었다. 그는 제우스의 소실인 레토를 납치하려 한 죄과를 치르고 있었다. 탄탈로스는 연못 안에 서 있었는데, 목이 말라 물을 마시고 싶어도 마실 수 없는 고통을 당하고 있었다. 시시포스는 거대한 돌덩이를 산꼭대기까지 밀어 올리자 그 돌덩이는 다시 아래로 굴러 떨어졌고, 비지땀을 비 오듯 쏟으면서 다시 밀어 올리고 있었다.

이들은 이승에서 지은 죄업으로 큰 벌을 받고 있었다. 사람은 죄를 지으면 죽어서도 벌을 받게 된다고 생각했다. 이들이 형벌을 받는 장면은 지옥을 연상시켰지만, 호메로스는 지옥이라는 개념을 직접적으로 서술하진 않았다.

알키노오스는 오디세우스에게 "사실 검은 대지는 아무도 그 출처를 알 수 없는 거짓말들을 엮어대는 그런 인간들을 씨앗만큼이나 많이 기르고 있지요."라고 했다. 당시 저승에 대한 이야기는 확인할 수 없기 때문에 뭇사람들이 저승 이야기를 했을 것으로 짐작되었다. 이렇게 떠도는 저승 이야기들을 호메로스가 《오디세이아》에서 정리했다고 보는 것이 타당할 것 같았다.

《오디세이아》를 통해 고대 그리스인들의 생활상을 알 수 있었다. 그들은 펠레폰네소스 반도와 지중해에 흩어져 있는 수많은 크고 작은 섬들에 거주했다. 그들은 도시로 여행할 때 걷는 것보다 배로 이동하는 것이 훨씬 빠르고 편리했다. 섬으로 갈 때 배를 이용하지 않고는 갈 수 없었다. 그들이 처음 만나는 사람들과 인사할 때 "그대는 인간들 중에 뉘시며 어디서 오셨소? 어떤 종류의 배를 타고 오셨나요? (중략) 그대는 결코 걸어서는 이리로 오지 못했을 테니 말이오."라고 물었다.

그들이 배를 만들어 바다에 띄워 노를 젓는 것은 일상이었다. 해양민족으로서 육지보다 지중해를 통해 무역을 하거나 전쟁을 하는 경우가 많았다. 이 시기엔 나침반이 없어서 육지의 해안선을 따라 항해하든지, 밤하늘의 별자리를 보고 방향을 잡아 바닷길을 드나들었는데, 배로 항해하는 것 자체가 하나의 모험이었다. 항해를 자주 하다보면 폭풍우를 만나 큰 파도에 배가 난파되어 표류한 경험도 많았을 것이다.

이런 험난한 항해 이야기가 전설처럼 구전되었을 것으로 추측되었다. 키클롭스나 세이렌 이야기도 당시 떠돌던 기담이었을 것으로 보였다. 《오디세이아》에는 항해 중 폭풍에 떠밀려 배가 난파되는 등 극한 상황을 맞았거나, 엉뚱한 섬에 표류해서 요정이나 괴물들을 만났던 기담이 포함되어 있었다.

육지에서 늘 생활하던 사람은 항구를 '육지에서 바다로 빠져나가는 출구'로 여겼고, 여러 날 바다를 떠돌면서 고초를 겪었던 오디세우스는 섬의 뭍을 '바다를 빠져나가는 출구'로 생각했다. 그는 바다를 떠돌다 이타케에 닿아 대지에 입 맞추었다. 당시 뱃사람들은 바다 위를 떠돌다 섬에 닿으면, 그곳 대지에 입 맞추는 것이 하나의 의식인 듯 보였다. 대지가 얼마나 반갑고 고마웠겠는가?

아카이오이족에겐 배가 집만큼이나 소중했다. 배의 구조와 관련한 용어들이 자주 등장했다. 이물, 고물, 용골 등이 그 예이다. 키, 돛, 노, 활대, 상앗대, 밧줄 등은 그와 관련한 선구들이었다. 이 함선들은 나무판자를 붙여서 만들었는데, 판자 이음새 사이로 물이 들어올 수 없도록 대팻밥 등으로 틈새를 메웠다. 이 대팻밥을 뱃밥이라 했다.

또한 선재로 사용한 판자의 부식을 방지하고, 방수를 위해 판자의 표면에 역청을 발랐던 것으로 추측되었다. 역청은 가소성과 접착성이 뛰어나 방수나 방염의 효과가 컸다. 역청은 검은 아스팔트와 같은 것으로 역청을 발랐던 함선은 검은 색이었다. 호메로스는 《일리아스》와 《오디세이아》에서 '검은 함선'이란 표현을 자주 사용했다.

함선이 항구나 섬에 닿으면 닻을 내려 배를 정박시켰다. 또한 가급적 배를 뭍으로 끌어올려 선재를 햇볕에 말렸다. 선재가 바짝 마르면 배가 가벼워져 노를 젓는데 힘을 적게 들이고도 잘 달릴 수 있었다.

이들은 배를 타고 바다를 항해해야 했기 때문에 기후에 민감했다. 폭풍으로 큰 파도가 뱃전을 때리면 배가 부서지거나 가라앉을 수 있었다. 바람을 일으켜 바다 물결을 치솟게 할 수 있는 해신 포세이돈에 대한 두려움이 커서 뱃사람들은 신에게 제를 지내고 항해하는 것이 일상적인 일이었다.

스케리아의 파이아케스족 회의장에서 방문객을 환대하는 잔치가 벌어졌다. 그들은 음식을 먹으며 포도주를 마셨다. 여흥을 즐기기 위해 포르밍크스를 연주하는 가운데 눈먼 가인 데모도코스가 음송하는 서사시를 감상했다. 고대 그리스인들의 잔치는 이런 모습이었다.

눈먼 호메로스가 눈먼 가인 데모도코스를 소환했는데, 그는 호메로스의 분신이었다. 데모도코스란 '백성들에게 존경받는 자'란 뜻으로 호메로스 자신이 음유시인으로서 존경받는다는 자부심을 가졌다. 그는 "무사여신은 가인을 사랑하시어 선과 악의 두 가지를 주셨으니, 시력을 빼앗고 달콤한 노래를 주셨다."고 노래했다.

《오디세이아》에는 음유시인들이 노래한 이야기를 글로 옮겨 썼다는 흔적이 남아있었다. "에우마이오스여, 그대는 그에게 이렇게 대답했도다."와 같은 정형화된 구절들이 수시로 사용되었다. 이런 구절은 가인이 음송한 것을 받아썼다는 증거로 여겨졌다.

가인은 시를 낭송하기만 한 것이 아니라, 관객의 호응을 이끌어내기 위해 "자, 여기 있는 우리 모두 오디세우스가 집으로 돌아갈 수 있도록 그의 귀향에 대해 궁리해 봅시다."라며 관객들의 참여를 유도했다.

이런 잔치 날 권투, 레슬링, 멀리뛰기, 달리기 등의 경기가 열리기도 했다. 이런 것들이 발전하여 고대 그리스 올림픽 경기의 시원이 되었을 것으로 추측했다.

이들은 상품이나 선물로 세발솥, 가마솥, 희석용동이, 옷, 무구, 황금, 장신구 등을 주고받았다. 당시 이러한 물건들은 매우 값비싼 것이었다.

세발솥은 쇠로 만들어졌을 것인데, 먼 곳으로 여행할 때 세발솥을 가지고 다닌 것으로 보였다. 야영을 하면서 음식을 조리할 때 세발솥을 사용했을 것이다.

또한 식사할 때 포도주를 마셨다. 여행할 때 포도주 원액을 가지고 다니다가 희석용 동이에 원액을 부어 물로 희석해서 마셨다. 포도주 원액을 가지고 다니면 부피가 작고 가벼워 보관하거나 운반하기 쉬웠을 것이다.

먼 여행길에 나설 때는 보릿가루를 휴대했던 것으로 보였다. 보릿가루에 올리브유나 포도주를 부어 개어 먹었다. 보릿가루는 여행 중에 간편하게 먹을 수 있는 길양식이었다. 우리도 보리를 볶아 가루로 만든 '미숫가루'를 물에 타서 먹는다.

아킬레우스가 전사하자 오디세우스와 아이아스가 그의 무구를 서로 차지하기 위해 다투었다. 무구재판에서 오디세우스가 그것을 차지하는 것으로 결정되자, 자존심이 크게 상한 아이아스는 자신의 칼을 모래밭에 세워두고 온몸으로 칼을 덮쳐 자살했다.

아킬레우스의 방패는 명장名匠 헤파이스토스가 만든 방패로 튼튼할 뿐만 아니라 아름다웠다. 전사들은 좋은 무구를 갖고 싶어 했다. 특히 영웅의 무구를 물려받는 것을 큰 영예로 생각했다. 당시 전투가 벌어지면 승리한 쪽이 전사자들의 무구를 챙기는 것이 상례였다.

이 서사시에는 12라는 숫자가 자주 등장했다. '열두 개의 도끼', '하녀 열두 명', '열두 척의 함선' 등이 그 예인데, 당시에 12진법을 사용했을 것으로 짐작되었다. 고대 그리스엔 수많은 신들이 있지만, 그 중 주요한 신을 '올림포스 12신'이라 했다. 로마에서 1년을 열두 달로 나누었던 것도 우연은 아닌 듯 했다.

영국에서는 12진법을 사용했던 흔적이 오늘날에도 남아 있다. 연필 한 다스는 12자루, 1피트는 12인치, 1파운드는 12온스, 1실링은 12펜스 등이 그 예다. 오늘날 흔히 '랭킹 10위 안에 든다.'라는 말을 사용하는데, 이는 우리가 10진법에 익숙하기 때문이라고 생각했다.

《오디세이아》는 무엇을 노래했는가?

호메로스는 서사시의 첫머리에 "들려주소서. 무사 여신이여!"라고 노래했다. 무사 여신은 제우스의 딸로 시가詩歌의 여신이었다. 이런 기도는 가인이 무사 여신으로부터 시적 영감을 얻고자 하는 간절함이 묻어 있었다. 그리고 서사시의 전체 내용을 일깨우기 위해 가인의 기억 저장소 뚜껑을 여는 역할을 했다. 또한 관객들로 하여금 경건한 분위기에 젖어들게 하여 가인의 노래에 집중하게 하는 효과도 있었다.

고대 그리스인들은 신의 울타리 안에서 살았고, 신을 인간의 삶 속에서 찾으려 했다. 그들은 신이 자아준 운명 속에서 살았고, 삶 속에서 신에 의지하려 했다. 죽음의 막다른 골목으로 쫓기는 자들은 신전으로 들어가 신상을 부여잡고 탄원했다. 죽이려고 달려온 자도 함부로 신전 안으로 들어가서 사람을 죽이는 것을 꺼렸다. 언제 닥칠지 모를 죽음에 대한 두려운 마음만큼이나 신을 두려워했고, 죽은 후 저승으로 간다고 굳게 믿었다.

고대 그리스인들은 신을 숭배하는 생활이 일상적이었다. 수많은 신들이 계보를 이루며, 역할을 분담하고 있었다. 하늘, 바다, 지하를 관장하는 신이 있었고, 새벽이나 바람, 불 등과 같은 자연현상에도, 전쟁이나 추수, 포도주 등과 같은 인간생활과 관련된 것에도 그것들을 관장하는 신이 있었다.

그 신들은 역할이 분담되어 있었기 때문에 신들마다 재주와 특징이 있었다. 제우스는 번개로 온 세상을 다스렸고, 아이올로스는 바람을 불러일으키는 재주가 있었다. 헤파이스토스는 절름발이지만 불을 잘 다루는 대장장이로 공예 솜씨가 뛰어났다. 이는 인간도 저마다 재주가 다르고 특징이 있다는 점에서 인간이 신과 닮은 모습이라 할 수 있었다.

신이 모든 것을 마음대로 할 수 있는 것도 아닌 듯했다. 제우스는 오레스테스의 손에 죽은 아이기스토스를 떠올렸다. 인간들은 재앙이 신들에게서 비롯된다고 하지만 자신들의 못된 짓으로 정해진 몫 이상의 고통을 당한다고 했다. 제우스는 헤르메스를 보내 아이기스토스에게 아가멤논을 살해하지도 말고, 그의 아내인 클리타임네스트라에게 구혼하지도 말라고 일러두었다. 그런데 아이기스토스는 마음을 돌리지 않았고, 그는 결국 모든 것을 잃었다고 했다.

오디세우스는 키클롭스 동굴에서 식인 괴물 폴리페모스의 하나 뿐인 눈을 찔러 실명시켰다. 그 괴물은 해신 포세이돈의 아들이었다. 포세이돈의 노여움으로 오디세우스는 폭풍을 만나 큰 너울에 밀려 검푸른 바다를 떠돌았다. 온갖 고초를 겪고도 천신만고 끝에 고향 이타케에 닿을 수 있었던 것은 여신 아테네가 지켜주었기 때문이었다. 인간의 불행은 신의 노여움을 산 것에서 비롯되었고, 행복은 신의 도움이 있었던 것으로 여겼다. 인간의 불행과 행복은 신과의 인과관계에서 비롯된 것이었다.

신들이 올림포스 정상에서 회의를 하는 모습은 진기했다. 헤라는 제우스와 언쟁을 벌이기도 했다. 회의를 주재하는 제우스가 결정을 내리면 모든 신들이 그에 따랐다. 전쟁터에서 영웅들이 회의를 열어 전략을 세우고, 가족들이 회의를 여는 모습도 볼 수 있었다. 이러한 '회의 문화'가 발전되어 고대 그리스의 민주주의를 태동시킨 시발점이 되지 않았을까 하고 생각해보았다.

그들은 여러 신들에 걸맞은 신전들을 곳곳에 지어놓고, 제물을 바쳤다. 제물을 선택하는 데 규칙이 있었으며, 제를 올리는 데도 절차가 있었다. 특정 시기에 신에게 제물과 제주를 바치는 아테나이 제祭나 디오니소스 제와 같은 축제가 열렸다.

그들은 신의 품안에서 살고 삶 속에서 신을 찾았다. 그들은 인간을 '신을 두려워하는 사람'과 '신을 두려워하지 않는 사람'으로 구분했다. '신을 두려워하지 않는 사람'은 무자비하고, 믿을 수 없는 사람으로 여겼다.

그들은 "모든 나그네와 걸인들은 제우스께서 보내신 것이니까, 작은 보시라도 소중한 법이지."라는 믿음을 가지고 있었다. 인간이 신들의 아버지인 제우스를 두려워하는 것처럼 자신의 집을 찾은 사람이 걸인일지라도 무시하지 않고 따뜻하게 대접해야 된다는 생활 수칙이 있었던 셈이었다.

《일리아스》에 등장하는 주인공들은 외모가 준수하고, 언변이 좋으며, 무술에도 뛰어난 영웅들로 인간보다 신을 더 닮은 듯했다. 그들은 모두 용맹했고, 명예를 목숨만큼이나 소중하게 여겼다.

《오디세이아》에서는 오디세우스가 늙은 나그네로 변장했다. 유모나 돼지치기는 비록 하인의 신분이었지만, 은혜를 잊지 않았을 뿐만 아니라 그 언행이 사려 깊은 노인들이었다. 구혼자 무리들은 이타케에서 상류층에 속하는 젊은이들이었지만 정의롭지 못할 뿐만 아니라, 남의 재산을 갉아먹고 무위도식하는 지질한 인간들이었다. 배은망덕하고 비루한 모습의 하인들도 등장했다.

　신분이 높은 사람이라 해서 미덕을 가졌다고 볼 수 없으며, 천한 신분이라도 은혜를 잊지 않고, 언행이 사려 깊은 사람도 많았다. 인간의 미덕은 신분의 귀천에 따라 체득된 것이 아니고, 개인의 품성에 따라 달랐다.

　《오디세이아》에서는 노인, 유모나 하인, 하녀, 늙은 개가 등장했다. 평범한 서민들이 많이 등장했다는 점에서 영웅 중심의 이야기인 《일리아스》와 대비되었다. 호메로스는 '영웅들의 서사시적인 무용담에서 평범한 인간들의 삶으로' 관객들의 관심을 이동시킨 것처럼 느껴졌.

　특히 아이깁티오스, 할리테르세스, 에케네오스, 네스토르, 라에르테스, 늙은 유모 에우리클레이아 등과 같은 노인들이 등장했다. 이들은 늙어서 쓸모없는 사람이 아니라, 경험이 많고 생각이 깊어 분별력이 뛰어나고 언변이 좋은 인물들로 묘사되었다. 이들이 젊은 구혼자들의 무도함과 대비되면서 그 분별력은 더욱 빛났다. 이런 노인들을 어찌 공경하지 않을 수 있겠는가?

　《일리아스》는 영웅들의 무용담을 담은 전쟁 이야기였지만, 《오디세이아》는 가족애와 효孝, 가문의 명예를 소중히 여기는 가족 이야기였다.

　오디세우스가 트로이 전쟁을 위해 집을 떠난 지 20년이 지나도록 돌아오지 않았다. 아내인 페넬로페가 상류층 남자들의 구혼을 뿌리치고 남편을 그리워하며 정절을 지킨 부덕婦德은 아가멤논의 아내인 클리타임네스트라가 정부情夫와 함께 남편을 살해한 악덕과 극명하게 대비되었다.

그의 아들인 텔레마코스가 청년이 되어 아버지 소식을 수소문하기 위해 구혼자들의 위협을 따돌리고 집을 나선 것도 아버지를 그리워하는 마음과 가문을 지키고, 아버지의 명예를 지키기 위한 깊은 속마음이 깃든 것으로 보였다.

오디세우스는 배도 없고, 전우도 없이 7년 동안이나 요정 칼립소의 동굴에 갇혀있었다. 요정은 그와 사랑을 나누며 함께 살자고 유혹했다. 그는 '고향 땅과 부모보다 달콤한 것은 아무것도 없는 법'이라고 생각했다. 요정의 유혹에도 그는 고향과 가족을 잊을 수 없었다. 결국 요정은 그가 뗏목을 만들어 떠날 수 있도록 도와주었다.

오디세우스는 알키노오스 왕의 딸인 나우시카아에게 "부부가 한마음 한뜻이 되어 금실 좋게 살림을 살 때만큼 강력하고 고귀한 것은 없다."고 말했다. 금실지락琴瑟之樂은 행복한 가정을 이루는 근간이라 여겼다.

유모는 오디세우스가 집에 도착해서 구혼자들을 모두 죽였다는 소식을 페넬로페에게 알렸다. 그녀는 나그네가 오디세우스임을 확인한 후 그의 목을 끌어안고 머리에 입을 맞추었다. 오디세우스는 정원을 가꾸고 있는 늙은 아버지 라에르테스를 찾아갔다. 노인은 사랑하는 아들을 끌어안았다. 눈먼 테이레시아스의 혼백이 오디세우스의 노령은 행복할 것이라고 예언했다.

오디세우스 이야기는 어디로 흘러가는가?

고대 그리스인들은 신이 자아준 운명대로 살다가 죽는 것으로 여겼다. 죽음도 삶의 한 단면이었다. 사람들이 죽으면 저승으로 가서 지내게 된다고 생각했다.

오디세우스는 키르케와 테이레시아스 혼백의 도움으로 저승으로 내려가 어머니와 전우들을 만났다. 저승에서 아킬레우스 혼백 주위로 전우들의 혼백들이 모여드는 것을 보았다고 서술했다. 그들은 이승에서 같이 지냈던 가족이나 친구들은 저승에서도 같이 모여 지낸다고 여겼던 것은 아닐까? 저승을 이승의 연장으로 여겼다.

이러한 저승 이야기는 베르길리우스, 단테로 이어지면서 저승은 지옥, 연옥, 천국으로 더욱 구체화되었다.

아가멤논 혼백이 오디세우스의 아내인 페넬로페의 부덕婦德을 찬양하며 부러워했다. 자신은 아내 클리타임네스트라와 정부 아이기스토스에 의해 살해되었으며, 인간들 사이에서 가증스런 노래거리가 될 것이라고 한탄했다.

이는 아이스킬로스의 비극《오레스테이아》의 모티프가 되었다. 클리타임네스트라는 아가멤논이 딸 이피게네이아를 제물로 바친 것을 용서할 수 없었다고 했다. 아이스킬로스는 〈제주를 바치는 여인들〉에서 아가멤논의 아들 오레스테스가 살부지수殺父之讐인 아이기스토스와 어머니를 살해한다는 이야기를 그렸다. 그는 원수를 갚게 되어 효자가 되었지만, 동시에 모친 살해자로 낙인찍히게 되는 비극의 주인공이 되고 말았다. 비극이 비극을 불렀다.

이러한 비극은 트로이 전쟁에서 비롯되었다. 투키디데스는 그리스 연합군의 일부가 트로이아의 건너편에 있는 케르소네소스 반도에서 농사를 짓고, 해적질을 하면서 군량을 조달했을 것으로 추측했다.[14] 이로써 트로이와의 전쟁이 10년까지 길어져 그리스 군의 귀국이 늦어졌다. 그

---

14) 투키디데스(천병희 옮김), 펠로폰네소스 전쟁사, 숲(2014), p.37

사이 대부분의 도시에서 왕이 없는 틈을 타서 정치적으로 당파싸움이 벌어져 많은 혼란이 야기되었다. 아가멤논 가家의 비극도 여기에서 비롯된 것이라 여겨졌다.

《오디세이아》에는 세이렌 자매에 관한 기담奇談이 있었다. 세이렌 자매는 매혹적인 노래로 지나가는 선원들을 유혹하여 배를 난파시켰다. 이 바다를 지날 때 오디세우스는 전우들에겐 밀랍으로 귀를 봉해 소리를 들을 수 없도록 한 후 노를 젓도록 하고, 자신은 돛대에 몸을 묶어 움직일 수 없도록 하여 세이렌 자매의 아름다운 노래 소리를 들었다.

이 이야기를 소재로 한 그림이 '적상 도기'에 새겨져 있었다. 기원전 5세기경의 작품으로 알려져 있는 이 도기는 영국 대영박물관에 전시되어 있었다. 호메로스의 서사시가 이런 조형미술의 소재가 되기도 했다. 이 외에도 《오디세이아》를 소재로 한 조형 작품들이 많았다.

《오디세이아》의 저승 이야기는 당시 떠돌던 저승 이야기들을 모아서 정리한 것으로 보였다. 이는 베르길리우스에게 모티프를 제공했다. 그는 《아이네이스》에서 아이네이아스가 저승으로 내려가 로마의 미래를 짊어질 후손들을 만나는 장면을 그렸다. 그는 저승의 풍경을 좀 더 세세히 묘사했다.[15] 그리고 단테는 《신곡》의 첫머리에 '베르길리우스의 안내를 받아 저승 여행길을 떠난다.'라고 적었다.[16] 그는 저승을 지옥, 연옥, 천국으로 확대하여 더욱 구체적으로 묘사했다.

오디세우스가 트로이 전쟁에 나서기 전에 친구 멘토르에게 어린 아들 텔레마코스와 가사를 돌봐줄 것을 부탁했다. 멘토르는 오디세우스가 돌

---

15) 베르길리우스(천병희 옮김), 아이네이스, 숲(2010), pp186~222
16) 단테(김운찬 옮김), 신곡, 열린책들(2011), p7

아올 때까지 그와의 약속을 지켰다. 오늘날 자신의 삶에 대해 조언하는 사람을 일러 '멘토'라 부르는데, 이는 멘토르에서 유래되었다.

　강물이 쉬지 않고 흐르듯《오디세이아》도 작가들의 창작 욕구를 불러 일으켜, 그 내용을 모티프로 해서 여러 장르의 작품들이 탄생했다. 작품에 등장하는 신이나 영웅, 지명까지도 새로운 작품의 모티프가 되었다. 그 뿐만 아니라, 그 이름들이 어떤 현상 등을 나타내는 비유적인 용어로 현대에도 사용되는 예들을 많이 찾을 수 있었다.

　고전이란 다시 읽을 때마다 처음 읽는 것처럼 무언가를 발견하다는 느낌을 갖게 해주고, 그것을 둘러싼 비평 담론이라는 구름을 끊임없이 만들어 내는 작품이다.[17] 고전은 현대에도 살아 숨 쉬고 있다고 생각지 않는가!

※ 텍스트
- 호메로스(천병희 역), 오디세이아, 숲, 2013

※ 참고도서
- 단테(김운찬 역), 신곡, 열린 책들, 2011
- 베르길리우스(천병희 역), 아이네이스, 숲, 2011
- 이탈로 칼비노(이소연 옮김), 왜 고전을 읽는가, 민음사, 2019
- 투키디데스(천병희 역), 펠로폰네소스 전쟁사, 숲, 2014
- 헤로도토스(천병희 옮김), 역사, 숲, 2015

---

17) 이탈로 칼비노(이소연 옮김), 왜 고전을 읽는가, 민음사(2019), pp12~14

아가멤논 家의 비극, 《오레스테이아》

고대 그리스 비극의 발전

고대 그리스는 헬라스라 불리기도 했는데, 오늘날의 '그리스'와는 그 개념이 달랐다. 고대 그리스는 '그리스 세계'라는 의미와 가까웠다.[18] 이는 그리스 반도, 지중해의 연안과 섬들에 분포한 수많은 도시국가로 이루어져 있었다. 이들은 각자 고유한 정치체제와 법률을 가지고 있었으나, 그리스어를 공통으로 사용하며 서로 협력하거나 경쟁하는 관계였다. 이들은 같은 언어를 사용함으로써 서로 문화적인 동질성을 유지했다. 이들 중 아테네, 스파르타, 코린토스 등의 세력이 가장 강력했다.

오늘날 그리스 아테네를 여행하는 사람들이 꼭 찾게 되는 명승지가 아크로폴리스 중앙에 자리한 파르테논 신전이었다. 아크로폴리스는 '높은 언덕 위의 도시'란 뜻으로 신전이 세워져 있는 성역이자 도시 방위의

---

[18] 그레고리 나지(우진하 옮김), 고대 그리스의 영웅들, 시그마 북스(2015), p. 22

요충지였다. 이 신전은 전체적으로 직육면체 모양이었고, 10m 높이의 대리석 기둥들이 웅장하게 지붕을 떠받치고 있었다. 아테네의 수호신인 아테네에 봉헌한 신전으로 기원전 438년에 완공되었다.

매년 시민들은 아테네 여신에게 제를 올려 도시의 번영과 시민들의 평안을 기원했다. 신전은 외세와의 전쟁이나 내란 등으로 궁지에 몰린 사람들이 자신의 목숨을 구원받기 위해 다급하게 찾아가는 막다른 피신처이기도 했다.

《오레스테이아》에서 오레스테스가 모친을 살해한 죄로 궁지에 몰리자, 아폴론이 그에게 아테네 신상을 끌어안으라고 조언했다. 이 신전은 도시의 번영과 시민들의 안전을 기원하고, 적에게 쫓기는 자들이 자신의 구원을 위해 마지막 희망을 안고 찾게 되는 성스러운 곳이었다.

신전의 남쪽 비탈진 곳에 디오니소스 야외극장이 내려다보였다. 전체적으로 반원 모양이었고, 비탈진 곳에 반원 모양의 계단식 좌석이 층층이 배치되어 있었다. 당시 약 1만5천 명의 관객을 수용할 수 있었던 큰 극장이라고 했다. 그 맞은편에는 객석을 향해 무대를 설치할 수 있는 시설이 마련되어 있었다.

당시 아테네인들은 디오니소스祭와 같은 축제가 있을 때 야외극장에서 비극 공연을 즐겼다. 사흘 동안 하루 세 편의 비극, 사티로스극과 희극이 각각 한 편씩 공연되었다. 이 축제는 모든 그리스인에게 개방되어 있었고, 이웃 도시의 사람들이 돈과 향락을 찾아 사방에서 아테네로 몰려들었다.[19] 이를 통해 아테네인들은 자신들의 문화적인 통솔력뿐만 아니라 부와 권력과 시민정신을 과시했다.

---

19) 그레고리 나지, 앞의 책, p.720

당시 아테네의 비극에는 배우 외에도 코러스를 하는 사람들이 있었는데, 코러스는 연극에서 이루어지는 합창이었다. 도시는 유력인사를 코레고스(Choregos)로 지정했다. 이는 '코러스를 인도하는 사람'이란 뜻이었다. 이 코레고스는 작품과 공연 모두를 구성하고 이끌어 나가는 역할을 했다. 그는 비극 공연을 위한 의상비와 훈련비용을 사비로 부담했다. 아테네의 유력한 정치인이었던 페리클레스, 테미스토클레스 등이 대표적인 코레고스였다.[20] 이런 지원으로 대회가 더욱 활성화되었고, 이를 통해 작가들의 창작열은 경쟁적으로 고취되어 최고조에 이르렀던 것으로 보였다.

아이스킬로스(BC 525년~BC 456년)도 이 대회에서 입상하면서 비극 작가로 등단했다. 그는 묘비에 마라톤 전투의 전사였음을 기록했다.[21]

이는 아이스킬로스가 삶의 가치를 어디에 두고 있었는지를 분명히 밝힌 것으로 보였고, 이런 신념이 자신의 비극 작품에 영향을 미쳤을 것으로 짐작해보았다. 그는 소포클레스(BC 497년~BC 406년), 에우리피데스(BC 480년~BC 406년)와 함께 그리스의 3대 비극 작가로 널리 알려졌다. 이들이 비극 경연대회에서 우승, 준우승을 다투며 경쟁했다.

그 비극이란 장르가 갑자기 등장한 것은 아니라고 생각했다. 호메로스 시대 가인들은 포르밍크스의 선율에 맞추어 서사시를 낭송했다. 그들은 목소리의 고저와 장단으로 낭송의 효과를 높였을 것으로 추측되었다. 그뿐만 아니라 흥에 겨워 손짓이나 몸동작, 표정으로 각 장면의 분위기를 살렸을 것으로 보였다. 이렇게 낭송하면서 동작으로 표현하는

---

20) 천병희, 그리스 비극의 이해, 문예출판사(2019), p.31
21) 천병희, 앞의 책, P.36

것은 배우가 대사하면서 연기하는 것과 매우 흡사했을 것이다. 가인의 서사시 낭송이 비극으로 발전한 것으로 추측해보았다.

아이스킬로스 이전에도 덜 다듬어진 비극 작품들이 있었던 것으로 보였다. 그 비극 작품들은 배우가 한 명으로 한정되었고, 코러스 중심으로 단순했다. 아리스토텔레스에 의하면 아이스킬로스는 배우의 수를 한 명에서 두 명으로 늘리고, 코러스의 역할을 줄여 대화가 드라마의 중심이 되게 했다고 지적했다. 이는 연극의 방법과 내용을 더욱 발전시켰다.[22] 이런 의미에서 길버트 머리는 아이스킬로스를 '비극의 창조자'라 했다.

그 후 소포클레스는 배우의 수를 두 명에서 세 명까지 늘렸다. 이를 공연하기 위해 배우들이 분장하고, 대사를 하고, 코러스가 노래하고, 춤을 추는 등 다양한 볼거리를 관객들에게 제공했다. 이러한 과정을 거치면서 비극 공연은 종합예술로서의 면모를 갖추어 나갔다.[23]

이러한 공연도 비극 중심에서 희극으로 외연이 확장되었다. 그리스의 대표적인 희극 작가인 아리스토파네스(BC 445년~BC 385년)는 인간의 위선적인 모습과 사회의 부조리를 예리하게 파헤친 풍자적인 작품들을 썼다. 그는 아테네 민중에게 절박한 이슈였던 '전쟁과 평화' '소피스트의 사고방식'에 지대한 관심을 가졌다.[24] 이런 비극과 희극 공연을 관람하기 위해 이웃 도시에서도 관중들이 몰려들면서 연극 공연은 성황을 이루었고, 이에 발맞추어 다양한 비극 작품들과 희극 작품들이 쏟아졌다. 그리스어를 사용하던 도시국가들의 시민들이 연극 관람을 통해 언어적인 동질성을 공고히 하고, 문화적인 동질성을 획득하는 계기

---

22) 아리스토텔레스(천병희 옮김), 수사학/시학, 숲(2019), p.354
23) 아리스토텔레스, 앞의 책, p.354
24) 아리스토파네스(천병희 옮김), 아리스토파네스 희극 전집, 숲(2021), p.7

가 되었다. 이런 문화적인 동질성은 고대 그리스인들의 자의식을 형성하는 데 크게 기여했다.

《오레스테이아》는 어떻게 구성되었나?

아이스킬로스 비극 전집에 수록된 〈아가멤논〉, 〈제주를 바치는 여인들〉, 〈자비로운 여신들〉은 '아가멤논家의 비극'을 주제로 한 작품들로 스토리가 연결되어 있었다. 이 3부작을 묶어서 아가멤논의 아들인 오레스테스의 이름을 따서 흔히 《오레스테이아》라 했고, 이는 '오레스테스의 이야기'라는 뜻이었다. 아이스킬로스는 인생의 황혼기인 68세에 《오레스테이아》를 비극대회에 출품하여 우승했다. 괴테는 《오레스테이아》 중 〈아가멤논〉을 '예술품 중의 예술품'이라고 극찬했다.

1부 〈아가멤논〉

아가멤논이 10년이나 걸린 트로이 전쟁에서 승리하고 귀향했다. 그는 고향으로 돌아가면 아내와 자식들에게 환영받으며 대문을 들어설 줄 알았다. 그를 기다리고 있었던 것은 아내인 클리타임네스트라와 그녀의 정부인 아이기스토스의 덫이었다.

그는 자신의 궁전으로 들어가 욕조에 몸을 담그고 있을 때 아내가 내려치는 무쇠에 치명상을 입고 비명을 지르며 쓰러졌다. 그의 시신은 큰 옷에 덮인 채 욕조에 그대로 누워있었다.

클리타임네스트라는 남편이 딸 이피게네이아를 제물로 바친 데 대해 응분의 벌로 남편을 살해했다고 주장했다. 아이기스토스는 "아가멤논의 아버지인 아트레우스가 자신의 아버지에게 그 분의 친자식들의 살점으로 잔치를 베풀었다."고 말하며, 복수는 정당했다고 주장했다. 그녀와 아이기스토스가 아가멤논을 살해한 것은 피의 복수였다.

그녀는 아이기스토스에게 "나와 당신은 이 집의 주인으로서 만사를 잘 꾸려나가야 한다."고 했다. 그들은 권력과 재산을 쟁취했음을 확신했다.

2부 〈제주를 바치는 여인들〉

아가멤논이 귀향하기 전부터 동맹국 포키스에 머물렀던 아들 오레스테스가 청년이 되어 돌아왔다. 그는 친구와 함께 아가멤논의 무덤가에 나타났다. 그는 자신의 머리털 두 타래를 아버지 무덤에 바치며 애도했다.

그때 멀리서 검은 옷을 입은 여인들의 무리가 무덤을 향해 걸어오자, 오레스테스는 친구와 함께 몸을 숨겼다.

엘렉트라 일행은 아버지 무덤에 제주를 바쳤다. 그녀는 머리털을 발견했는데, 그것이 자신의 것과 결이 같았다. 무덤가 주위에 발자국들이 보였는데, 자신의 발자국 모양과 같았다. 이 발자국과 머리털이 오레스테스의 것이라는 걸 직감했다. 이때 무덤 뒤에서 오레스테스가 불쑥 나타났다.

오레스테스가 엘렉트라에게 자신이 오라비임을 밝히자, 엘렉트라는 오레스테스를 열렬히 포옹했다. 그녀는 오레스테스에게 "눈물로 기다리던 희망이여, 구원의 씨앗이여."라며 외쳤다. 그녀는 "똑같이 집에서 쫓겨난 우리 남매 의지할 곳은 오직 당신의 무덤뿐"이라며 탄식했다.

오레스테스는 나그네로 변장한 다음 동맹자 행세를 하며 궁전으로 들어갔다. 그는 클리타임네스트라에게 자신이 동맹국 포키스에서 온 나그네라고 소개했다. 나그네(오레스테스)는 그녀에게 포키스 사람이 "오레스테스는 이미 죽었다."고 전해달라는 부탁을 받았다고 말했다.

클리타임네스트라는 "이 가련한 여인에게서 사랑하는 사람들을 모조리 앗아 가는구나! 이젠 오레스테스마저 가버렸구나."라며 탄식했다. 그녀는 하인에게 나그네 일행을 객실로 안내해서 접대하라고 명령했다.

아이기스토스가 혼자 나타나 독백했다. "오레스테스가 죽었다니. 이 소식을 살아 있는 진실이라고 믿어야 하나?"라며 망설이자, 코러스장이 안으로 들어가서 나그네에게 직접 물어보라고 했다.

그가 안으로 들어가자 "아이쿠, 사람 살려!"하는 그의 비명이 들렸다. 하인이 주인 나리가 세상을 떠났다고 외쳤다. 클리타임네스트라는 죽었다던 오레스테스의 간계에 아이기스토스가 죽었다는 것을 알아차렸다.

클리타임네스트라는 아들의 칼 앞에 섰다. "멈춰라, 내 아들아, 얘야, 너는 이 젖가슴이 두렵지도 않으냐?"라고 외쳤다. 오레스테스는 어머니를 죽이기가 두려워 망설였다. 그러자 친구인 필라데스가 "만인을 적으로 만들지언정 신들을 적으로 만들지는 말게."라고 충고했다.

오레스테스는 어머니에게 "그자가 살았을 때도 아버지보다 그자를 더 사랑했으니, 죽어서도 그자 곁에 잠드시오."라며 그녀의 애원을 단호하게 거부했다. 오레스테스는 칼을 들고 두 시신 옆에 서 있었다.

3부 〈자비로운 여신들〉

오레스테스는 어머니를 살해한 죄로 법정에 섰다. 아폴론은 두려워하는 오레스테스에게 "나는 결코 그대를 버리지 않을 것이니라."라며, 어머니를 죽이도록 설득한 자신의 할 일을 잊지 않고 있었다.

코러스장은 아폴론 왕에게 "그대는 이 신전을 오염시킨 단독 정범이니, 모든 책임은 그대에게 있어요."라며 아폴론의 책임을 추궁했다. 코러스장은 오레스테스가 어머니를 죽인 것은 혈족살해이고, 클리타임네스트라가 남편을 죽인 것은 혈족에 대한 살인이라고 할 수 없다고 말했다. 아폴론은 "이 일들에 대한 재판은 아테네 여신이 지켜볼 것이오."라고 선언했다.

아테네 여신의 법정에 아폴론이 오레스테스 옆에 나타났다. 아폴론은 "나는 증인으로 왔을 뿐 아니라 (중략) 이 사람이 어머니를 살해한 것은 내 책임이기도 하다."고 말했다. 코러스장과 오레스테스의 일문일답이 이어졌고, 아폴론이 오레스테스의 행위는 정당했다고 주장했다.

아테네는 배심원들에게 선서를 두려워하는 마음으로 투표석投票石으로 시비를 가리도록 명했다. 항아리에서 돌을 쏟아놓고 세어보니 투표석은 가부동수였다. 아테네가 마지막 판결로 "이 사람은 살인죄를 벗었노라."고 선언했다.

오레스테스는 아테네와 아폴론, 제우스에게 감사했다. 이제 고향으로 돌아가서 영원한 미래를 위해 이 나라와 그대의 백성들을 위하겠다고 맹세했다. 오레스테스는 아폴론과 함께 법정에서 퇴장했다.

아테네는 모욕당했다며 분노로 날뛰는 복수의 여신들을 달랬다. 아테네는 판결이 가부동수였기 때문에 복수의 여신들에게 치욕이 아니었다고 설득했다. 아테네는 복수의 여신들에게 온갖 고통에서 자유로운 처소를 주겠다고 약속했다. 복수의 여신들은 아테네와의 동거를 받아들이고, 결코 이 도시를 모욕하지 않겠다고 약속했다.

아테네는 "선을 위한 우리의 노력은 언제나 승리하리로다."라고 선언했다. "시민들은 선을 선으로 갚고. 우정에 있어서도 결연히 뭉치되, 증오에 있어서도 한마음 한뜻이 되기를!"이라며 코러스가 울려 퍼졌다.

《오레스테이아》의 시학적 음미

아리스토텔레스는 《시학》에서 '시인이 행동하는 인간을 모방하는데, 모방은 인간의 타고난 본성'이라 했다.[25] 서사시와 비극은 고매한 인물을 모방한다는 점에서 공통점[26]이 있다고도 했다. 나아가 '비극은 인간의 행동을 모방한 것으로, 그 행동의 원인은 필연적으로 성격과 사상에서 특정한 성질을 지니기 마련이다. 성격은 인간의 본성을, 사상은 발언의 의미를 파악할 수 있게 한다.'[27]고 했다.

그는 '플롯은 사건의 짜임으로 비극의 제1원리이며, 비극의 혼으로 핵심적이며, 이는 급반전과 발견을 포함하는 것으로 이 부분이 관객을 가장 감동시킨다.'고 했다. 두 번째로 중요한 것은 성격으로 인간의 본성을 판단할 수 있게 해주었고, 세 번째로 중요한 것은 사상이었다.[28] 이러한 등장인물의 성격과 사상은 그들의 행동이나 발언을 통해 나타났다.

비극은 등장인물의 상호관계에서 필연성 또는 개연성 있는 사건으로 연민과 공포를 불러일으킬 때 최대의 효과를 거둘 수 있다고 했다. 관객들은 이러한 드라마를 보고 '감정의 카타르시스'를 실현했다. 비극의 등장인물은 기존 인명을 내세웠는데, 그에 대한 기존 이미지를 활용할 경우 개연성이 높아 설득력을 높일 수 있었다.

호메로스 이후에 비극 작품이 많이 쏟아져 나왔던 것도 시인들이 모방 대상을 호메로스 작품에서 많이 발견했기 때문이었다. 《일리아스》, 《오디세이아》는 모방 대상의 보고寶庫였다.

---

25) 아리스토텔레스, 앞의 도서, p.350
26) 아리스토텔레스, 앞의 도서, p.359
27) 아리스토텔레스, 앞의 도서, p.362
28) 아리스토텔레스, 앞의 도서, p.364~365

《일리아스》에서 아가멤논은 그리스 연합군의 총사령관으로 '영웅 중의 영웅'이었다. 트로이 전쟁이 끝난 후 아가멤논이 어떻게 되었는지 알 수 없었다. 《오디세이아》에서 아가멤논의 죽음이 밝혀졌다. 오디세우스가 저승으로 가서 아가멤논의 혼백을 만났는데, 자신이 아내와 그녀의 정부에 의해 살해되었다며 자신의 불운을 한탄했다. 아들 오레스테스가 어딘가 살아 있다는 말을 듣지 못했느냐고 물었다.

오디세우스의 아들 텔레마코스는 아버지의 행방을 수소문하기 위해 노老 영웅 네스토르를 만났다. 네스토르는 오레스테스가 자신의 아버지를 살해한 아이기스토스에게 복수한 이야기를 하면서, 텔레마코스에게 용기를 내라고 격려했다. 이에 텔레마코스도 "아카이오이족은 후세 사람들에게 오레스테스의 응징에 대한 노래를 지어 그의 명성을 널리 퍼뜨리겠지요."라고 응답했다.

아이스킬로스는 이를 모티브로 비극 《오레스테이아》를 창작했고, 결과적으로 오레스테스의 명성을 널리 알리는 역할을 했다. 아가멤논과 같이 출중한 인물이 아내와 정부에 의해 살해되었다는 것은 관객들에게 공포와 연민을 자아내기에 충분했다. 오레스테스가 어머니인 클리타임네스트라와 그녀의 정부인 아이기스토스를 살해하는 장면은 극의 절정이었다.

《오레스테이아》의 주인공인 아가멤논, 클리타임네스트라, 아이기스토스, 오레스테스는 《오디세이아》에 소개되었던 인물들로, 아이스킬로스는 그들의 원형을 그대로 모방했다. 비극의 첫머리에 서술된 '별이 총총한 밤에 궁전의 지붕 위에서 파수병이 망을 보는 장면'도 《오디세이아》에 묘사된 대로 모방했다. 아이스킬로스는 《오레스테이아》를 《오디세이아》의 내용과 연결시켜 사건의 연속성을 유지함으로써 비극의 개연성을 높였다.

그리스 비극은 프로로고스, 등장가, 에피소드, 정립가, 엑소도스로 구성되었다.[29] 프로로고스는 코러스가 오케스트라에 등장하기 이전 부분으로 드라마의 주제와 상황을 제시했다. 등장가는 코러스가 오케스트라에 등장하며 부르는 노래였고, 에피소드는 코러스와 코러스 사이에 삽입된 대화 장면이었다. 정립가는 오케스트라에 자리 잡고 서서 부르는 노래였고, 엑소도스는 코러스가 오케스트라를 떠나며 부르는 노래였다.

여기서 프로로고스와 에피소드를 제외한 등장가나 정립가, 엑소도스는 모두 코러스의 역할로 구성되었다. 코러스가 노래로 관객들에게 드라마의 메시지를 전달하는 중요한 역할을 했다. 그리고 신의 의지를 관객들에게 전달하는 신과 인간 사이의 중개자 역할도 했다. 때로는 코러스長이 배우와 대사를 주고받기도 했다.

〈아가멤논〉의 프로로고스는 '별이 총총한 밤, 파수병이 아가멤논 궁전의 지붕 위에서 망을 보는 장면'으로 시작했다. 멀리 트로이의 이데산에서 수많은 봉수대를 거쳐 이어져온 봉화가 보이자 파수병은 아가멤논의 승리에 기뻐서 날뛰었다. 이어서 그는 독백했다. "아아, 돌아오시는 주인님의 다정하신 손을 내 이 손으로 잡아볼 수 있다면 좋으련만!"이라고. 아가멤논의 승리를 알리는 환희의 봉화가 아가멤논의 재앙으로 이어질 것이라는 예고였다. 파수병의 독백은 아가멤논家를 덮칠 피비린내 속으로 관객들을 서서히 몰고 들어갔다.

클리타임네스트라는 아가멤논이 전쟁터에서 돌아온다는 소식을 접

---

29) 아리스토텔레스, 앞의 도서, p.381

하고, "전장에서 무사 귀환하는 남편을 위해 문을 열어주는 날보다 아내 된 자에게 더 달콤한 날이 또 어디 있겠소?"라며, 남편의 귀환을 반기는 척했다. 아가멤논이 궁전에 도착해서도 그녀는 반가운 척하며 자신의 음모를 감추었다.

아가멤논은 전리품으로 자신에게 주어진 프로아모스의 딸 카산드라를 데리고 왔다. 그녀는 예언녀로 아가멤논의 궁전에서 수많은 악행이 저질러졌다는 것을 감지했고, 아가멤논과 자신의 죽음을 예감했다.

아가멤논이 귀환하자 곧바로 음모자들에 의해 살해되었다면, 드라마의 구성이 단조로울 뿐만 아니라 뜬금없는 죽음처럼 여겨져 관객들에게 별다른 연민과 공포를 느낄 계제가 없었을 것이다.

아이스킬로스는 아가멤논의 귀환과 죽음 사이에 카산드라의 예언을 삽입했다. 카산드라는 아가멤논 가에 번져 있는 살육의 그림자를 감지했고, 아가멤논의 죽음을 예언했다. 그녀의 예언대로 아가멤논과 자신이 살해되었다. 카산드라의 예언은 관객들에게 인과의 사슬을 짐작하게 했을 뿐만 아니라, 점차 공포감에 젖게 만들었다.

동맹국 포키스에 머물렀던 오레스테스는 친구와 함께 아버지의 무덤을 찾았다. 그는 부친의 혼을 추모하기 위해 머리카락을 잘라 바쳤다. 그때 멀리서 제주를 바치기 위해 엘렉트라가 하인들과 함께 무덤으로 다가오자 오레스테스는 몸을 숨겼다.

엘렉트라는 무덤에 바쳐진 머리카락을 발견했다. 그 머리카락의 결이 자신의 것과 같고, 주변의 발자국 모양도 자신의 것과 같음을 알고, 오빠인 오레스테스가 다녀갔음을 알아챘다. 그 근처에 숨어있던 오레스테스가 나타남으로써 두 남매가 만났다.

제주를 바치는 여인과 오레스테스가 직접적인 관련이 없는 것으로 여겨졌는데, 머리카락과 발자국을 통해 남매간이라는 사실이 발견되면서 이야기의 흐름이 빨라졌다. 이는 사건의 전개 과정에서 생겨난 발견과 반전으로 복합적이면서 자연스러웠다.

오레스테스가 강한 적을 맞닥뜨리기 전에 누이 엘렉트라를 극적으로 만나 서로 의지하는 모습은 관객들에게 연민을 자아내게 했다. 엘렉트라는 "똑같이 집에서 쫓겨난 우리 남매, 의지할 곳은 오직 당신의 무덤뿐"이라며 독백했다.

코러스가 복수할 것을 부추기는 합창 소리가 울려 퍼졌다. 오누이가 부친 살해에 대해 복수할 것이라는 예감을 더욱 짙게 함으로써 공포의 먹구름이 무대를 뒤덮었다. 오레스테스도 사악하고 뻔뻔스러운 어머니에게 복수할 수 있게 해 달라고 신에게 빌었다. "땅에 쏟아진 피는 또 다른 피를 부르는 법"이라며 코러스가 울려 퍼졌다.

오누이는 아버지를 살해한 자들에게 복수하기로 하고, 엘렉트라는 먼저 궁전으로 들어갔다. 오레스테스는 나그네로 변장하여 친구와 함께 궁전에 들어갔다. 그는 클리타임네스트라를 만나 포키스 사람으로부터 "오레스테스는 이미 죽었다."는 소식을 전해달라는 부탁을 받았다고 속였다. 이 장면은 오디세우스가 나그네로 변장해서 고향 집을 찾은 것을 모방한 것처럼 보였다.

오레스테스의 소식을 듣기 위해 허겁지겁 등장한 아이기스토스를 오레스테스가 살해했다. 이 소식을 듣고 달려온 어머니를 보자, 오레스테스가 두려워 망설였다. 친구는 "만인을 적으로 만들지언정 신들을 적으로 만들지는 말라."고 충고했다. 그는 어머니에게 "당신이 당신을 죽이는 거지요."라고 대답했다. 재앙의 씨앗을 어머니 스스로 만들었다는 뜻이었다.

아이기스토스와 클리타임네스트라는 오레스테스의 손에 살해되었다. "그녀는 비참하게 죽임을 당하여 가고 없으나, 뒤에 남은 자에게도 고통의 꽃은 만발하리라."라는 코러스가 울려 퍼졌다. 오레스테스는 아버지를 살해한 자들을 살해하여 복수했으나, 혈육인 모친을 살해한 죄업의 사슬에 묶이게 되었다.

복수의 여신들은 모친 살해죄를 물어 오레스테스를 저주했다. 그는 생명의 위협을 느끼고 아폴론에게 매달렸다. 아폴론은 자신이 어머니를 죽이도록 설득했으니 그를 버리지 않겠다고 약속했다. 신은 그에게 탄원자로서 아테네 신상을 꼭 껴안으라고 시켰다.

복수의 여신들은 아폴론이 모친 살해범을 옹호한다면서 크게 반발하며, 거친 공방을 벌였다. 그들은 아폴론이 단독 정범으로 모든 책임이 아폴론에게 있다고 주장했다. 아폴론은 자신이 아버지의 원수를 갚으라고 명령했다고 밝혔다. 그는 탄원자를 도와주고 보호할 것이라고 선언했다.

여신 아테네가 배심원들을 이끌고 아레이오스 파고스 법정에 들어섰다. 여신은 피고로부터 모친 살해 경위를 들었다. 아폴론은 그의 행위가 정당했다고 변론했다. 복수의 여신들은 피고가 혈육인 모친을 살해한 것은 용서받을 수 없는 죄라고 주장했다. 아테네는 재판장으로서 원고와 피고의 주장을 듣고 배심원들에게 투표석投票石으로 투표하게 했다.

아테네는 항아리에 든 돌들을 쏟으라고 명령했다. 투표석을 확인한 결과 가부동수였다. 여신은 재판장의 자격으로 마지막 한 표를 던져 오레스테스가 살인죄를 벗었다고 선언했다.

이에 오레스테스는 구원의 손길을 보내준 재판정에 감사하고, 백성들과 나라의 영원한 미래를 위해 미력을 다하겠다고 밝혔다. 이와 반대로 복수의 여신들은 자신들이 모욕을 당했다며 격렬히 반발했다. 아테네 여신은 그들의 분노를 달랬다.

마지막으로 아테네는 선을 위한 우리의 노력은 언제나 승리할 것이라고 선언했다. 인간의 이성은 언제나 선을 갈구했다. 이러한 선을 지키기 위해 악을 응징했다. 비극의 메시지는 전체적으로 선을 권하고 악을 응징하는 권선징악의 구도였다.

《오레스테이아》는 무엇을 노래한 것인가?

아가멤논은 그리스 연합군이 보이오티아 지방의 아울리스항을 출항하기 전 여신 아르테미스의 노여움을 풀고 순풍을 얻기 위해 딸 이피게네이아를 제물로 바쳤다. 클리타임네스트라는 남편이 딸 이피게네이아를 제물로 바친 것에 대해 응분의 책임을 물어 살해했다고 주장했다.

아가멤논이 미망에 이끌려 딸을 제물로 바친 것이 죄악의 씨앗이 되었다. 코러스는 "죄지은 자는 신의 가혹한 노여움을 풀지 못하리라."라고 노래했다. 인간이 광기에 사로잡히면 미망에 이르고, 미망이야말로 모든 재앙의 시작이라고 했다. 뿌린 대로 거두는 것은 신의 섭리였다. 아이스킬로스 비극에는 인간이 거스를 수 없는 운명의 강물이 흐르고 있었다.

아가멤논은 딸을 제물로 바치는 미망에 이끌린 '일탈'로 인해 자신이 파멸하는 '재앙'을 맞이했다. 아테(Ate) 여신은 그 '일탈'과 '재앙'을 상징했다. 아테란 원인은 물론 손상에 대한 결과까지도 포함하는 개념이었다.³⁰⁾ 아이스킬로스 비극은 인간이 저지르는 행위는 아테를 벗어날 수 없어서 인과의 사슬에 얽히게 마련이라는 것을 깨닫게 했다.

아이기스토스가 아가멤논을 살해하게 된 동기는 더 복잡했다. 아가멤논의 할아버지인 펠롭스에게는 아트레우스와 티에스테스라는 쌍둥이 형제가 있었다. 이들은 미케네 왕국의 왕권을 차지하기 위해 서로 경쟁했다. 아가멤논의 아버지인 아트레우스가 동생인 티에스테스를 열렬히 환영하는 척하며, 동생의 친자식들을 살해한 후 그 살점으로 동생에게 잔치를 베푸는 악행을 저질렀다. 아가멤논은 아트레우스의 아들이었고, 아이기스토스는 그 후에 태어난 티에스테스의 아들이었다. 아가멤논과 아이기스토스는 사촌 간이었다.³¹⁾

클리타임네스트라가 딸 이피게네이아를 제물로 바친 당사자인 아가멤논에게 복수했다면, 아이기스토스는 악행을 저지른 큰아버지의 아들이자 사촌인 아가멤논에게 복수했다. 피의 복수는 악행을 저지른 당사자뿐만 아니라 그 후대에도 죄업의 사슬에서 벗어날 수 없다는 엄중한 경고였다.

투키디데스는 《펠로폰네소스 전쟁사》에서 트로이 전쟁으로 그리스 연합군의 지도자들이 10년간이나 출타하여 자신들의 도시를 비움으로써 곳곳에서 내분이 일어났음을 지적했다.³²⁾ 클리타임네스트라는 "당신도 트로이에서 어찌 될지 알 수 없는 일이고, 이곳도 백성들이 통치자가 없다고 민심이 동요될지 모른다."고 했다. 이는 투키디데스의 지적을 뒷받침해주었다.

---

30) 그레고리 나지, 앞의 도서, p.727
31) 그레고리 나지, 앞의 도서, p.731
32) 투키디데스(천병희 옮김), 펠로폰네소스 전쟁사, 숲(2014), p.37

트로이 전쟁에 참전했던 도시의 사정은 대부분 비슷했다. 내분이 일어난 도시가 많았던 것으로 짐작되었다. 내분이 일어난 계기가 다르고, 내분의 양상이 조금씩 달랐을 뿐이었다. 오디세우스가 이타케를 20년이나 비운 사이 무도한 구혼자들이 오디세우스의 집에서 잔치를 벌이며 농성했던 것도 그 사례였다.

클리타임네스트라는 "여자가 남편과 떨어져 독수공방한다는 것은 참으로 괴로운 일이라."고 했다. 자신은 남편 없이 욕정을 참기 어려웠다는 고백이나 다름없었다. 욕정은 인간의 본능이다. 그 욕망이 충족되지 않아서 농축되고, 그것이 극에 달할 때 이를 통제한다는 것은 자연법칙에 저항하는 것이나 마찬가지였을 것이다.

이러한 욕정을 견디지 못해 남편까지 살해하게 되는 극단적인 인물이 클리타임네스트라였다. 그녀는 악의 전형이 되었다. 이에 반해 페넬로페는 남편 오디세우스가 출전하고 귀향하기까지 20년이란 세월이 흘렀는데도 구혼자들의 구혼을 거절하고 정절을 지켰다. 호메로스는 페넬로페를 부덕婦德의 화신化身으로 조각했다. 모든 여성은 페넬로페의 미덕과 클리타임네스트라의 악덕 사이에 산재해 있을 것이다.

아가멤논과 같이 아무리 고매한 지도자라 하더라도, 클리타임네스트라가 자신의 악행에 대해 아무리 정당한 이유를 들이대더라도, 백성들이 원한을 품고 내뱉는 저주는 반드시 실현되기 때문에 무서웠다. '민심은 바다와 같아서 배를 띄우기도 하지만, 뒤엎기도 한다.'는 말은 동서고금의 지혜로 다가왔다. 인간들이 무지몽매해서 일이 터지고 난 후 고뇌를 통해 깨달은 지혜였다.

오레스테스는 아버지를 살해한 자들을 살해함으로써 원수를 갚았으나, 그 과정에 어머니를 살해하고 말았다. 그는 모친 살해라는 죄업의 사슬에 묶이게 되었다. 아무리 아폴론 신이 오레스테스를 변호해도 배심원들이 가부동수로 의결함으로써 그 죄업의 위중함을 보여주었다. 아테네 여신이 오레스테스의 손을 들어줌으로써 그는 가까스로 살인죄에서 벗어났다.

그리고 아폴론의 변호에도 불구하고, 복수의 여신들은 피고와 아폴론을 맹렬히 비난했다. 배심원들의 투표가 가부동수였을 정도로 모친 살해에 대한 논쟁은 격렬했다. 이는 그 판결이 인간 지혜의 한계를 뛰어넘었다는 것을 의미하는 것이었고, 정의를 구현하기 위한 격렬한 몸부림이기도 했다.

당시 '이에는 이, 눈에는 눈'이란 형벌의 원칙에 의해, 오레스테스가 부친의 복수를 위해 아이기스토스를 살해한 것은 허용되었던 것 같았다. 하지만 아들이 어머니를 살해한 것은 경우가 달랐다. 당시에도 혈육을 살해한 것은 일반적인 살인죄보다 더 위중한 죄업으로 여겼다. 당시 모친을 살해했는데도 오레스테스가 무죄 방면되었던 것에 대해 많은 논란이 있었을 것으로 짐작되었다.

아테네는 판결 이후 "선을 위한 우리의 노력은 언제나 승리하리라."라고 선언했다. 인간은 내부에 잠재된 선악의 갈등으로 미망에 빠지기도 하고, 분별력을 되찾기도 했다. 어느 시대나 선과 악은 존재했고, 양측의 다툼은 치열했다. 이런 틈바구니에서도 인간의 이성은 선을 추구한다는 것을 되새겼다. 인간사회에서 선을 추구하고, 악을 응징하는 것이 동서고금의 숙제였다.

아이스킬로스 비극의 저변에는 '신과 인간의 깊은 연관성, 국가와 개인 사이의 의미심장한 연대성 등이 깔려있었다.[33] '지나친 명성은 위험한 법'이라는 경고는 절제할 줄 모르는 인간의 욕망과 교만을 경계했다. 고대 그리스인들은 '제우스가 인간의 과도한 욕망이나 교만은 반드시 응징한다.'는 믿음을 갖고 있었다. 제우스는 신 중의 하나가 아니라, 신들을 지배하는 신으로 제우스의 의지가 곧 신의 섭리라 여겨졌다.

오레스테스가 어머니를 살해하길 망설이자, 그의 친구는 "만인을 적으로 만들지언정 신들을 적으로 만들지는 말게."라고 충고했다. 어머니를 죽이라는 것은 아폴론의 의지였다. 어차피 인간의 의지는 신의 의지를 넘어설 수 없었다. 그들은 신이 자아 준 실타래처럼 자신의 운명을 받아들였다.

오레스테스는 자신이 모친 살인죄에서 방면되자 나라와 백성들을 지키겠다고 맹세했다. 고대 그리스인들은 신을 숭배하고, 나라를 지키는 것을 최고의 가치로 여겼다. 특히 아이스킬로스는 마라톤 전투에 참전해서 조국의 승리를 몸소 체험했다. 그는 묘비명을 통해 시인으로서 보다 조국의 자유를 수호했던 전사로 후세에 기억되길 바랐다.

신이 나라와 백성을 보호하고, 국가가 백성의 자유와 안위를 지켜주며 정의를 실현한다고 여겼다. 아테네인들에게 자유와 정의는 삶의 등대와 같은 것이었다. 따라서 신과 국가는 필멸하는 인간의 운명과 연결된 삶의 터전이자 생명의 근원이었다.

---

33 천병희, 앞의 책, p.37

비극 창작의 물줄기는 어디로 흘러가는가?

아이스킬로스나 소포클레스, 에우리피데스는 비극을 통해 호메로스의 영웅들에 대한 미덕이나 본성을 더욱 구체적으로 탐구했다. 그런 탐구를 통해 잔상처럼 따라다녔던 영웅과 신, 죄와 벌, 죽음에 대해 좀 더 사유하는 계기가 되었다.

《오레스테이아》는 《일리아스》에 등장하는 영웅인 아가멤논 가문의 불운을 소재로 한 작품이었다. 아가멤논은 물론 아내인 클리타임네스트라, 두 딸 이피게네이아와 엘렉트라, 아들 오레스테스가 모두 비극의 주인공이 되었다.

오디세우스는 저승으로 가서 아가멤논의 혼백을 만났다. 그는 페넬로페의 부덕婦德을 칭송하면서, 시인들이 그녀를 위해 인간들에게 사랑스러운 노래를 지어줄 거라고 했다. 반면 자신은 아내와 정부의 손에 죽었으니, 인간들 사이에서 가증스러운 노래 거리가 될 것이라고 한탄했다. 아가멤논의 혼백이 예견했던 대로 그는 아이스킬로스에 의해 비극의 소재가 되었다.

아이아스가 아킬레우스의 무구들을 갖기 위해 오디세우스와 서로 다투다 죽었다는 이야기가 《오디세이아》에 서술되었다. 소포클레스는 이 이야기를 모티브로 삼아 비극 〈아이아스〉를 창작했다. 아이아스는 아킬레우스의 무구들이 그리스 장군들의 투표에 의해 오디세우스에게 주어지자 자존심에 큰 타격을 입었다. 그는 부끄럽고 참담한 심정으로 칼끝을 위로 가게 땅에 고정시키고 그 위를 덮쳐 자살했다.

에우리피데스는 《일리아스》에 등장하는 비운의 여인들인 헤카베, 안드로마케, 헬레네를 소재로 비극 〈헤카베〉, 〈안드로마케〉, 〈헬레네〉를 썼다. 헤카베는 트로이 왕인 프리아모스의 아내이자 헥토르의 어머니였고, 안드로마케는 헥토르의 아내였다. 메넬라오스의 부인이었던 헬레네는 파리스에게 납치되어 트로이 전쟁의 불씨가 되었다. 그 외 아가멤논의 자녀들인 이피게네이아, 엘렉트라와 프리아모스의 딸인 카산드라도 각각 비극 〈이피게네이아〉, 〈엘렉트라〉, 〈카산드라〉의 소재가 되었다.

아이스킬로스나 소포클레스, 에우리피데스는 《일리아스》에 등장하는 비운의 영웅들에서 비극의 소재를 찾았다. 특히 비극과 희극을 통해 그늘에 가려져 있던 여인들의 삶과 애환, 본성이 탐구되기 시작했다는 데 의미를 두고 싶었다. 작가들은 여성들의 삶과 애환을 탐구함으로써 베일에 가려졌던 여성의 본성에 대해 성찰했다.

호메로스의 여성들은 이미 잘 알려진 인물들로 그들의 삶에 대한 드라마는 필연성이나 개연성을 더 높일 수 있었고, 독자나 관객들에게 비극 내용에 대한 관심과 친근감을 불러일으킬 수 있었다. 그리고 여성들의 다양한 비운은 공포와 연민을 불러일으키기에 더욱 적합한 소재였다.

이같이 호메로스의 서사시는 고대 그리스 문학을 위한 소재와 주제의 보고寶庫였다. 이런 의미에서 고대 그리스의 비극이나 희극도 《일리아스》와 《오디세이아》의 맥을 이었다. 비극 작가들은 호메로스의 여성들에게 사실적인 성격이나 사상을 부여함으로써, 그들의 모습은 더욱 구체적으로 드러나기 시작했다.

호메로스 시대는 남성 중심 사회로서 여성은 남성의 소유물처럼 취급되었다. 호메로스는 주로 영웅의 용기와 명예에 관심을 쏟았다. 전시일 경우 여성은 빼앗고 빼앗기는 전리품이었다. 비극 작가들도 남성 중심의 사고에서 완전히 벗어나진 못했다. 하지만 그들은 여성들의 삶과 애환, 그 속에서 발견되는 미덕과 악덕에 대해 더 많은 관심을 가졌다.

호메로스는 《일리아스》에서 영웅들을 신과 닮은 고매한 모습으로 조각했는데, 《오디세이아》에서는 그 조각상들에 때가 묻고 흠집이 생겼다. 아이스킬로스 비극에서는 영웅들의 미덕들이 해체되어 영웅의 양면성이 드러났는데, 그 과정에 영웅이 자신의 불운에 고통스러워하는 모습을 보고 연민을 느꼈다.

아이스킬로스는 그 미덕들의 해체를 통해 영웅이 아닌 인간의 본성을 탐구했다. 그리고 인간의 절제되지 않은 욕망에서 비롯되는 미망이나 광기가 악행을 불러오고, 그것이 얼마나 무서운 결과를 초래하는지를 보여주었다. 인간의 악행은 악행을 부르고, 피가 피를 부르는 죄업의 사슬에 얽히게 되었다. 전체적으로 악을 징벌하고, 선을 권하는 권선징악의 구도였다.

아이스킬로스의 대표작인 《오레스테이아》는 학생들의 교육을 위한 교재로도 활용되었다. 시인들의 수많은 비극이나 희극 작품들과 그 공연들은 그리스 문학의 자양분이 되었음이 자명했다. 오늘날 많은 학자가 고대 그리스의 서사시나 비극 작품들이 공용어인 그리스어를 사용함으로써 그리스인들의 자의식을 형성시켰고, 나아가 서양 문학의 근간이 되었다고 주장했다.

※ 텍스트
- 아이스킬로스(천병희 역), 아이스킬로스 비극 전집, 숲, 2008

※ 참고문헌
- 그레고리 나지(우진하 역), 고대 그리스의 영웅들, 시그마북스, 2015
- 아리스토텔레스(천병희 옮김), 수사학/시학, 숲, 2019
- 천병희, 그리스 비극의 이해, 문예출판사, 2019
- 투키디데스(천병희 옮김), 펠로폰네소스 전쟁사, 숲, 2014

《아이네이스》의 시학적 음미

로마 건국신화의 두 갈래

몸젠에 의하면 로마의 기원사는 완전히 다른 두 판본이 존재했다. 이른바 민족 판본은 로마를 알바롱가에, 희랍판본은 로마를 트로이에 연결시켰다. 전자에 의하면 로마가 알바롱가의 왕손 로물루스에 의해, 후자에 의하면 로마가 트로이의 왕손 아이네이아스에 의해 세워졌다. 이 두 전설이 융합되어 알바롱가의 왕손 로물루스는 로마의 창건자인 동시에 아이네이아스의 외손자가 되었다.[34]

당시 언어나 문학에서 로마인들을 앞섰던 희랍인들은 희랍과 로마를 이야기나 문학 속에서 연결시키려고 했는데, 칼리아스는 로마 건국 465년경 로마의 탄생에 관한 저술에서 오디세우스 이야기, 아이네이아스 이야기, 로물루스 이야기를 서로 섞어놓았다. 트로이인들의 방랑 서사

---

[34] 테오도르 몸젠(김남우·성중모 옮김), 몸젠의 로마사(4권), 푸른역사(2019), p354

시를 완성한 사람은 티마이오스로 알려져 있으며, 그는 카르타고의 여왕 디도를 아이네이아스 전설에 편입시켰다. 로마의 '10월의 말'과 '트로이 목마'를 관련지은 것도 이 시기로 추정되었다. 로마인들이 트로이인들로부터 기원한다는 믿음도 이 시기에 확고해진 것으로 파악되었다.[35]

베르길리우스의 《아이네이스》는 트로이아의 영웅 '아이네이아스에 대한 이야기'로 로마 건국 과정을 그린 서사시였다. 그는 헥토르와 함께 트로이아를 지켰던 버팀목이었다. 트로이아가 함락되자 그는 트로이아의 유민들을 이끌고 이탈리아반도에 들어와 로마의 토대가 된 알바롱가를 건설했다.

포세이돈이 아킬레우스와 맞붙은 아이네이아스를 구출하면서, "아이네이아스의 힘과 앞으로 태어날 그의 자손들이 대대로 트로이인들을 다스리게 될 것"이라고 했다.[36] 베르길리우스는 이러한 신의 예언 혹은 신의神意를 모티브로 《아이네이스》를 썼다.

《아이네이스》에 등장하는 '트로이 목마' 이야기는 《트로이 서사시권》 다섯 번째인 《일리오스의 함락》에서 노래했다. 디도와 아이네이아스의 사랑 이야기나 아이네이아스의 방랑 이야기는 베르길리우스 이전에 떠돌던 이야기로 추정되며, 베르길리우스는 이런 이야기들을 모아서 로마의 융합된 기원사를 서사시로 정리했다.

베르길리우스는 로마를 대표하는 시인으로, 기원전 70년에 탄생하여 기원전 19년에 사망했다. 그는 《전원시》《농경시》《아이네이스》를 남겼다. 특히 《아이네이스》는 기원전 13세기에 함락한 트로이와 기원

---

35) 테오도르 몸젠, 앞의 책(2권), pp341~343
36) 호메로스(천병희 옮김), 일리아스, 숲(2011), p555

전 753년에 창건한 로마 사이의 5세기에 이르는 시간 간격을 메우는 서사시였다.

베르길리우스는 한니발과의 전쟁을 잘 알고 있었을 것이며, 율리우스 카이사르의 죽음과 악티움 해전에서 옥타비아누스가 안토니우스를 제압하고 승리한 것도 확인했다. 그는 아우구스투스 황제의 권고로 《아이네이스》를 집필한 것으로 추측되었다. 그는 《아이네이스》를 통해 로마 기원사의 시공간을 확장시켰을 뿐만 아니라, 황제의 업적에 대한 역사적 의의를 부각시켰다.

베르길리우스는 아리스토텔레스의 《시학》을 읽었을 것으로 추측해 보았다. 그의 《아이네이스》를 아리스토텔레스의 시학적 관점에서 음미해보았다.

《아이네이스》의 모방

아리스토텔레스는 '비극은 인간을 모방하는 것이 아니라 인간 행동을 모방하는 것'이라 했는데, 이 당시에는 비극이나 서사시가 모방으로 이루어지는 것을 자연스러운 것으로 생각했던 것 같았다.

베르길리우스의 《아이네이스》도 플롯 구성에 있어서 호메로스의 작품인 《일리아스》와 《오디세이아》를 모방한 작품이라 할 수 있다. 베르길리우스의 서사시에서 플롯뿐만 아니라, 표현에서도 호메로스를 모방한 사례들이 많이 발견되었다. 이러한 모방에 대해 구체적으로 파악해보고자 한다.

아이네이아스가 일행들과 함께 화염에 싸인 트로이 성채를 떠나 프로기아의 이다산 기슭에 있는 안탄드로스시(市)에서 출발하여 델로스, 악티움 해변, 크레타, 시킬리아, 리비아 해안(카르타고), 시킬리아로 전전하다 이탈리아반도의 쿠마이에 도착하여 라티움으로 들어갔다.

《아이네이스》는 아이네이아스가 방랑한 시간과 장소의 순서에 따라 이야기를 구성하지 않고, 리비아 해안에 표류한 것부터 노래했다. 리비아에서 시돈의 여왕인 디도의 환대를 받으며, 그녀의 간청에 따라 트로이 성채의 최후와 아이네이아스 일행의 방랑을 회상하며 지나간 이야기를 풀어나가는 형식을 취했다. 이러한 플롯 구성은 시간순서나 장소 순서에 따라 이야기를 구성하는 데서 오는 밋밋함에서 벗어날 수 있었다. 이러한 회상 방식의 이야기 구성은 《오디세이아》의 이야기 구성방식을 모방했다.

《아이네이스》는 전체 12권, 즉 〈아이네이아스 일행이 카르타고에 도착하다〉〈화염에 싸인 트로이〉〈신이 내린 방랑〉〈디도와 아이네이아스의 사랑〉〈장례식 경기〉〈저승으로 가서 아버지를 만나다〉〈예언의 땅 라티움〉〈아이네이아스가 로마에 가다〉〈니수스와 에우리알루스〉〈동맹군과 돌아온 아이네이아스〉〈여전사 카밀라〉〈운명의 결투〉로 이루어져 있다. 1권부터 6권까지는 호메로스의 《오디세이아》를, 7권부터 12권까지는 《일리아스》를 모방했다.

베르길리우스는 호메로스를 어떻게 모방해서 《아이네이스》를 썼는지, 좀 더 구체적으로 살펴보았다.

① 아이네이아스의 방랑

《아이네이스》의 전편(1권~6권)에서 그려지고 있는 아이네이아스의 방랑은 오디세우스가 귀향길에 오르면서 겪는 험난한 여정을 모방했다. 오디세우스는 해신 포세이돈의 노여움을 사서 커다란 풍랑을 겪었는데,

아이네이아스는 유노(헤라)의 저주로 바다를 떠돌게 되었다.

> 유노는 "아이올루스여, 그대의 바람으로 파도를 달래고 일으키는 권한을 주셨으니,
> 내가 싫어하는 민족의 함선들을 뒤집어 가라앉히거나
> 아니면 선원들을 흩어버리고 바다에 그들의 시신을 뿌리시오."라며
> 아이네이아스 일행에게 저주를 퍼붓는다.

유노가 바라는 바를 알아차린 아이올루스는 회오리바람을 일으켜 온 바다를 뒤집으며 해안들로 긴 파도를 굴렸다. 남자들의 비명과 밧줄들이 삐걱거리는 소리가 일었다.

이렇게 하여 트로이인들과 아이네이아스를 바다 위로 내동댕이쳐 라티움에서 반대쪽인 아프리카의 리비아 해안에 표류했고, 이들은 운명에 쫓겨 여러 해 동안 이 바다에서 저 바다로 여러 바다를 떠돌아다녔다.

오디세우스가 귀향길에 키클롭스 동굴에 들어가 곤욕을 치렀듯이 아이네이아스도 방랑길에 키클롭스 동굴에 들어가 오디세우스의 일행이었던 아카이메니데스를 만났다. 그를 통해 오디세우스가 키클롭스의 외눈을 어떻게 찔렀는지를 알게 되었다. 오디세우스의 일행이었던 아카이메니데스를 《아이네이스》에 등장시킴으로써 《아이네이스》가 《오디세이아》의 후속편처럼 느껴졌다. 베르길리우스는 호메로스를 모방하여 보다 발전적으로 이야기를 구성했다.

> 나의 전우들은 저 키클롭스의 넓은 동굴 안에다 나를 남겨두고 떠났소. (중략)
> 우리는 날카로운 말뚝으로 하나뿐인 그자의 거대한 눈을 찔렀소.(중략)

눈먼 괴물이 (중략) 아직도 눈에서 흘러내리는 피를 바닷물로 씻으며 이를 갈고 신음했습니다.

괴물은 '아직도 눈에서 흘러내리는 피를 바닷물로 씻으며 이를 갈고 신음했다.'고 하여 '오디세우스가 날카로운 말뚝으로 키클롭스의 하나뿐인 거대한 눈을 찔렀다.'는 사실과 그가 얼마나 고통스럽고 분노에 가득 차 있는지를 실감나게 묘사했다. 이미 잘 알려진 키클롭스와 오디세우스 이야기를 《아이네이스》에서 모방했다. 독자들에게 익숙한 이야기를 삽입함으로써, 기담에 친근감을 갖게 했다.

아이네이아스의 방랑 여정은 오디세우스의 험난한 여정과 닮았다. 오디세우스의 목적지는 고향 이타케로 명확했지만, 아이네이아스 일행은 약속의 땅인 헤스페리아로 가고 있었으나, 목적지를 정확히 몰라 신탁에 의지해서 목적지를 찾아가고 있었다. 아이네이아스는 트로이에서 델로스섬과 악티움 해변, 크레타, 시킬리아, 카르타고까지 갔다가, 다시 시킬리아로 돌아와서 이탈리아 해변인 약속의 땅에 도착했다.

아이네이아스는 시킬리아 섬에 두 번이나 들리게 되는데, 처음 시킬리아 섬에 도착했을 때는 풍랑에 지쳐 연로한 아버지 앙키세스가 숨을 거두었다. 시킬리아 섬에서 아버지의 장례를 치르고, 무덤을 만들어주었다.

두 번째 시킬리아 섬에 도착했을 때는 아버지의 무덤에 제(祭)를 올리고, 이를 기념하여 각종 경기대회를 열었다. 이는 《일리아스》의 '파트로클로스를 위한 장례 경기'를 모방한 것으로 보였다. 여러 경기 중 함선 경주는 《일리아스》의 전차 경주를 모방했다고 볼 수 있었다. 두 번이나 시킬리아 섬에 상륙하게 되었는데, 그 이야기 내용을 모두 아버지 앙키세스와 관련지으면서도 각각 장례와 경기대회를 설정하여 변화를 주었다. 이러한 이야기는 아버지에 대한 아이네이아스의 효심을 부각시켰다.

② 투르누스와의 전쟁

《아이네이스》의 후편(7권~12권)에서 그려지고 있는 아이네이아스와 투르누스의 전쟁은 호메로스의 《일리아스》를 모방하고 있다.

토로이의 파리스가 그리스 왕궁에 있던 헬레나를 꾀어내어 트로이로 데려옴으로써 전쟁의 불씨가 되었다. 라비누스가 투르누스의 약혼녀인 라비니아를 이방인인 아이네이아스와 결혼시키려 하자, 투르누스는 아이네이아스를 파멸시키고자 격렬한 전쟁을 일으켰다는 점에서 닮은 꼴 플롯 구성이었다.

유노가 전쟁의 씨앗을 뿌리자 투르누스는 전쟁을 선포했고, 유노가 손수 전쟁의 문을 활짝 열어젖혔다. 루툴리족의 투르누스와 함께 하고자 모여드는 동맹군을 소개하는 장면은 《일리아스》 중 동맹군의 지휘자를 소개하는 장면과 닮았다. 《일리아스》에서 동맹군의 지휘자는 아가멤논이었는데, 루툴리족과 함께 하기 위해 모여든 동맹군을 투르누스가 지휘했다.

투르누스는 아이네이아스가 없는 아이네이아스 진영을 포위하여 공성전을 벌였고, 투르누스가 성문이 열려진 틈을 타 테우케르 백성들의 성으로 들어가 수많은 전사를 살육하는 장면은 아킬레우스가 트로이 전사들을 도륙하는 모습을 연상시켰다.

그리고 아이네이아스가 동맹군을 이끌고 바다로 항해해 자신의 진영으로 들어오는데, 장수들의 이름과 함선의 수, 전사들의 수를 열거한 플롯 구성도 《일리아스》의 '함선 목록'을 모방했다.

③ 표현 방법의 모방

호메로스는 《일리아스》의 첫머리에 '노래하소서, 여신이여! 펠레우스의 아들 아킬레우스의 분노를'이라고 썼는데, 베르길리우스는 '무기들과 한 전사를 나는 노래하노라'로 《아이네이스》의 첫머리를 시작했다. 두 작품에서 등장한 '노래하소서'와 '노래하노라'는 닮은꼴의 표현이라 할 수 있다. 이런 상투적인 표현이 두 작품의 곳곳에서 나타났다.

호메로스는 《일리아스》에서 영웅과 전사들의 무구들이 서로 부딪히며, 승자와 패자로 갈릴 때 패자의 목숨이 생명의 기운을 잃는 것을 해부학적으로 다양하게 표현했다. 그리고 다양한 죽음을 은유적이고 시적으로 표현했다.

베르길리우스도 영웅이나 전사들의 죽음을 해부학적으로 묘사하거나, 죽음의 상황에 어울리게 시적으로 표현했다. 전사들이 창에 찔리거나 칼에 베이는 갖가지 형태를 해부학적으로 묘사함으로써 단말마의 고통이 피부에 스며드는 듯했다.

> 창이 그의 목구멍을 꿰뚫으며
> 아직도 무슨 말을 하고 있던 그에게서 말과 목숨을 동시에 빼앗았다.
> 그리하여 그는 이마로 땅을 치며 입에서 핏덩어리를 쏟아냈다.

위의 묘사에서 보는 것처럼 전사할 당시의 행동과 상황을 사실적으로 묘사하고 있으며, 죽음이 은유적으로 표현되어 있다. 그리고 목숨이나 죽음을 '시신을 죽음에게 넘겨주었다.'와 같이 의인화하거나, 죽음으로써 지하세계로 내려가는 것을 '영원한 어둠 속에 갇혔다.'와 같이 시적으로 표현했다.

사람들의 삶이 다양하듯이 죽음 또한 다양하고, 삶에 행운과 불운이 있듯이 죽음에도 행운과 불운이 있었다. 명예로운 죽음이 다양하듯이 굴욕적인 죽음 또한 다양했다. 사람은 어떻게든 죽기 마련이지만.

그들은 사람이 죽으면 저승으로 간다는 것을 의심치 않았다. 아이네이아스가 아버지 앙키세스를 만나러 저승으로 내려간 장면은 《오디세이아》에서 오디세우스가 저승으로 내려가 어머니를 만나는 장면을 연상시켰다. 이와 같은 저승 이야기는 민간에서 여러 가지 형태로 떠돌았을 것으로 추측되었다. 이를 호메로스가 정리하여 《오디세이아》에 기록했고, 이를 좀 더 발전된 형태로 베르길리우스가 저승을 묘사했다.

신과 등장인물에 대한 익숙함

아이네이아스는 유노의 저주로 고난을 겪게 되었던 것처럼 신의(神意)에 의해 인간의 운명이 좌우된다는 운명론적 표현이 《아이네이스》에 자주 등장했다. 신은 신마다 개별적인 이야기를 지니고 있었다. 베르길리우스는 신을 등장시킬 때 신의 개별적인 이야기 내용이 서사시 전체의 문맥에 맞게 플롯과 내용을 구성했다. 그는 기존의 인물을 서사시에 등장시킬 때는 그의 성격과 모습 등을 원형 그대로 보존했다.

이로써 독자들이 이 서사시를 읽을 때 신과 등장인물에 대한 친근감으로 인해 서사시를 이해하기 쉬웠다.

① 신의(神意)를 끌어온 플롯 구성

유노가 타우마스의 딸인 이리스를 시켜 투르누스가 전쟁을 시작하도록 부추겼다. 이러한 신의에 의해 투르누스는 아이네이아스 진영을 공격하게 되고, 처절한 전투가 벌어졌다.

> 저 멀리 다른 곳에서 이런 일이 일어나고 있는 동안 사투르누스의 딸 유노는 대담무쌍한 투르누스에게 이리스를 내려보냈다. (중략) "투르누스여, (중략) 왜 망설이고 있는가? 지금이야말로 말들과 전차들을 요구할 때다. 이러고 있을 시간이 없다. 그대는 적진을 기습하여 점령하도록 하라!"

유피테르(제우스)는 유노(헤라)가 부추겨 일으킨 전쟁에 불만을 나타내며, 아이네이아스와 투르누스의 전쟁을 멈추게 할 것을 신들에게 명령했다. 이러한 두 진영의 싸움이 끝나게 되는 것도 유피테르의 신의에 의한 것이었다. 카르타고가 알프스를 넘어 로마 성채를 공격할 때가 올 것이라고 말했다. 이후 일어나게 되는 한니발과의 전쟁도 신의 뜻에 따라 일어난 로마의 시련이었다.

> 신들의 아버지이자 인간들의 통치자가 별이 총총한 거처로 회의를 소집했으니, (중략) 유피테르가 말하기 시작했다. "(중략) 무엇이 두려워 이들이 또는 저들이 무기를 들고 전쟁을 일으키게 선동하는 것이오? 싸움할 정당한 때가 올 것이오. 언젠가 사나운 카르타고가 알페스 산을 열고 로마의 성채들에 큰 파멸을 들여보낼 때가 올 것이란 말이오. 그대들은 이를 앞당기지 마시오. (중략) 내 뜻에 따라 기꺼이 휴전 조약을 맺도록 하시오.

이같이 신의를 먼저 서술하여 전쟁의 전조를 만듦으로써 '전쟁의 원인'을 '전쟁의 필연성' 차원으로 끌어올렸다.

전쟁의 승패나 삶과 죽음도 신의(神意)에 의한 것으로 묘사했다. 유피테르는 투르누스에게 더 이상 용기를 불어넣지 못하도록 유노를 제지했다.

> '투르누스는 완전무장한 채 강물 속에 거꾸로 뛰어들었다. 그러자 강이 다가오는 자를 누런 소용돌이로 받아 부드러운 물결에 싣더니 살육을 깨끗이 씻어낸 후 의기양양한 그를 전우들에게로 돌려주었다.'

이와 같은 표현은 투르누스 자신이 스스로 전우들에게 돌아간 것이 아니라, 신이 투르누스를 살려 전우들에게 보내 준 것처럼 수동적으로 표현하여 인과관계를 운명론적으로 파악하게 했다.

② 등장인물에 대한 친근감

아이네이아스는 트로이아의 영웅으로 《아이네이스》의 주인공이었다. 호메로스의 작품을 읽은 사람들에겐 아이네이아스라는 이름이 익숙했다. 《일리아스》에서 헬레노스는 "아이네이아스와 헥토르여! 그대들 두 사람은 전투에서나 회의에서나 모든 면에서 가장 뛰어나니 …"라고 말했다. 아이네이아스는 무공에서나 지략에서 뛰어나 헥토르와 함께 트로이의 버팀목이었다.

아이네이아스는 앙키세스와 아프로디테의 아들로서 무적의 아킬레우스와 대적할 정도로 무공과 지략이 뛰어났던 만큼 트로이아인들을 이끌기에 부족함이 없는 인물로 그려졌다.

아리스토텔레스는 등장인물이 전래의 이야기에 나오는 인물일 경우,

전래의 스토리에 나오는 성격과 원형이 비슷해야 한다고 했다.[37] 《아이네이스》의 주인공인 아이네이아스는 《일리아스》에 등장하는 '아이네이아스의 원형'을 그대로 묘사되었다.

회상과 전조

회상은 지나간 일들을 기억에서 되살려내는 것이고, 전조는 현재 일어나는 일들을 바탕으로 미래를 예측하는 것이라 할 수 있었다. 베르길리우스는 회상과 전조를 플롯 구성에 다양하게 사용했다. 특히 꿈이나 기적, 신의 계시 등으로 미래에 일어날 일들을 예측하게 하는 전조를 자주 활용했다.

① 회상

아이네이아스 일행은 트로이 성을 빠져나와 안탄드로스시(市)에 머물러 있었다. 델로스섬, 악티움 해변, 크레타, 시킬리아를 거쳐 거친 풍랑에 휩쓸려 리비아 해안에 표류했다. 아이네이아스는 그곳에서 여왕인 디도를 만났다. 디도는 아이네이아스 일행을 자신의 궁전으로 데리고 들어가, 연회를 베풀며 환대했다. 디도는 프리아모스 왕국의 파멸과 아이네이아스의 방랑에 대해 큰 관심을 가지며, 이야기해주길 간청했다.

아이네이아스는 아픈 마음으로 트로이의 단말마적 고통을 회상하며 이야기를 이어나갔다. 이러한 회상 방식은 오디세우스가 알키노오스의 궁전에서 알키노오스 왕의 간청으로 험난했던 귀향길에 대해 회상했던

---

[37] 아리스토텔레스(천병희 옮김), 수사학/시학, 숲(2019), p395

이야기와 닮은꼴이었다.

디도의 간청으로 아이네이아스가 화염에 휩싸인 트로이 성채를 회상하면서 트로이의 최후를 들려주는 형식으로 이야기를 전개했다. 만약 디도가 간청하지 않았는데, 자신이 먼저 자신의 이야기를 늘어놓았다면 얼마나 멋쩍은 일이겠는가? 그가 방랑한 시간 순서대로 이야기를 전개했다면, 이야기가 얼마나 밋밋했을까?

그는 치명적인 선물인 '거대한 목마'에 대한 이야기와 프리아모스 왕국의 최후 모습을 생생하게 묘사했다. 페르가마 성채를 두고 최후의 일전을 벌였던 영웅들과 전사들, 그 가족들의 처절한 최후는 그 자체로 비극이었고, 연민에 휩싸이게 했다. 그 영웅들과 전사들의 이름은 《일리아스》 독자들에게 익숙하여 이야기 전개가 친근하게 느껴졌다.

② 전조

다나이족 장수들이 산더미 같은 말(馬)을 제물로 만들어두었다는 소문이 돌았다. 이 말을 트로이 성채인 페르가마에 들여놓아야 하는지에 대해 갑론을박하다, 시논의 농간에 휘둘린 프리아모스가 거대한 말을 성채에 들여놓기로 했다. 시논이 밤중에 그 치명적인 선물인 목마의 소나무 빗장을 벗겨 뱃속에 갇혀 있던 다나이족을 풀어놓았다.

> 아이네이아스는 꿈속에서 헥토르가 하염없이 눈물을 쏟는 모습을 보았다.
> 그는 한숨을 푹 내쉬며 말한다.
> "아! 여신의 아들이여, 도망치시오. 이 화염에서 달아나시오.
> 성벽은 적군의 손아귀에 있고, 트로이는 그 높은 꼭대기서부터 무너지고 있소.

조국과 프리아모스를 위해 그대는 할 만큼 했소.
트로이는 그대에게 자신의 성물들과 페나테스 신들을 맡겼소.
이들을 그대는 운명의 동반자로 삼고, 이들을 위해 강력한 도시를 구하시오.
그대는 바다 위를 떠돌다가 마침내 그 도시를 세우게 될 것이오."

트로이의 기둥인 헥토르가 꿈속에 나타나 트로이가 무너지고 있음을 암시했다. 아이네이아스는 트로이를 위해 할 만큼 했고, 무너지는 트로이를 다시 일으켜 세울 가망이 없으니 도망치라고 말했다. 트로이는 아이네이아스에게 '가정과 가문의 보호 신'인 페나테스 신들을 맡겼으므로, 아이네이아스는 트로이 유민들을 구출해 이들이 살아갈 수 있는 터전을 마련할 의무마저 맡게 되었다. 이는 아이네이아스의 피신을 정당화했다. 아이네이아스는 트로이의 유민들을 이끌고 바다를 떠돌면서 고난을 겪을 것이고, 결국 로마를 건국할 것임을 암시했다.

이러한 전조는 꿈이나 기적, 신탁에 의한 신의 계시 등으로 이루어지는 경우가 많았다. 길(吉)한 전조에는 신비한 빛이나 별이, 흉(凶)한 전조에는 검은 피나 단말마의 신음 등이 등장했다. 전조는 플롯에서 복선의 역할을 하므로, 사건의 미래를 예측하게 했고, 사건의 인과관계를 좀 더 밀접하게 이어주는 역할을 했다.

쿠마이에 도착한 아이네이아스는 예언녀 시빌라를 찾아갔다. 그녀 집의 입구가 열리며 예언녀의 대답이 들려왔다.

내 눈에 전쟁들이, 끔찍한 전쟁들이,
피거품이 부글거리는 티브리스 강이 보이는구나. (중략)
라티움에는 이미 제2의 아킬레스가 태어났으니, (중략)

테우케르 백성들에게는 또다시 이방의 신부가,
이방인과의 결혼이 온갖 고통의 원인이 될 것이오.

시빌라는 아이네이아스 일행이 라비니움 땅에 들어가게 될 것이나, 피비린내 나는 전쟁을 겪을 수밖에 없고, 프리아모스 왕국을 도륙했던 강력한 아킬레우스에 버금가는 투르누스가 버티고 있을 것이라고 예언했다. 또한, 파리스와 헬레나의 결혼으로 불운을 겪었던 트로이처럼 이방의 신부인 라비니아로 인해 온갖 고통을 겪을 것으로 예언했다.

반전과 발견

아리스토텔레스에 의하면 급반전은 '사태가 반대 방향으로 바뀌는 것'을 의미하며, 그 변화는 개연적 또는 필연적 인과관계에 따라 일어나야 한다고 했다. 그리고 발견은 '무지의 상태에서 앎의 상태로 이행하는 것'을 의미하고, 발견은 급반전과 결합될 때 연민이나 공포의 감정을 불러일으킨다고 했다.[38]

발견에는 징표에 의한 발견, 조작된 발견, 기억에 의한 발견, 추리에 의한 발견, 사건 자체에서 비롯되는 발견이 있는데, 모든 발견 중에 가장 훌륭한 것은 사건 자체에서 비롯되는 발견이라 했다.[39]

① 반전

아이네이아스가 꿈속에서 헥토르가 페르가마 성채는 불타고 있으며,

---

38) 아리스토텔레스, 앞의 책, pp377~379
39) 아리스토텔레스, 앞의 책, pp399~403

빨리 성채를 벗어나라고 하자 벌떡 일어나 성안이 어떻게 되었는지 이곳저곳을 살폈다.

 그때 사랑하는 어머니 베누스가 모습을 드러내면서,
 '내 아들아, 먼저 노쇠한 네 아버지 앙키세스를 어디에 남겨두고 왔는지, 네 아내
 크레우사와 어린 아스카니우스가 아직도 살아있는지 알아봐야 하지 않겠느냐?
 트로이가 정상에서 내동댕이쳐진 것은 신들의 가혹함 때문이다.
 내 아들아, 어서 달아나거라. 네 노력을 끝내도록 하라.'라고 명령한다.

아이네이아스가 가족을 챙겨서, 트로이를 떠나라는 어머니 베누스의 간절한 소망을 듣게 되었고, 그는 아버지 앙키세스, 아내와 아들 아스카니우스를 찾아 나섰다.

이러한 플롯 구성은 단말마의 신음에 뒤덮인 페르가마 성채의 위급한 상황으로 볼 때 개연성이 있는 반전으로 보이며, 이 내용으로 아이네이아스의 부모에 대한 효심과 아내와 자식을 챙기려는 마음이 부각되었다. 아이네이아스가 무너진 트로이 성채를 떠나는 것이 정당함을 재차 확인시켜주었다.

아이네이아스가 아버지 앙키세스에게 달려갔으나, 무너지는 트로이를 두고 떠날 수 없다는 아버지의 완강한 고집에 다시 칼을 잡고 집 밖으로 뛰어나가려 할 때 아내가 함께 데려가 달라고 울부짖었다. 그때 이울루스의 정수리에서 불의 기적이 일어나고, 별의 전조를 읽은 앙키세스가 기뻐하며 자신의 고집을 꺾었다.

플롯 구성이 재반전 되며, 부자가 트로이에 충성하는 모습을 끝까지

보이면서도, 트로이를 떠나게 된 배경을 정당화했다. 이울루스 즉 아스카니우스가 장차 로마 건국에 크게 기여할 것이라는 전조를 보였다. 이러한 플롯은 전조와 반전이 복합적으로 구성되어 사건의 흐름을 더욱 소용돌이치게 하여 읽는 재미가 더해졌다.

② 발견

팔라스는 투르누스의 창에 맞아 혼백이 그의 몸을 떠났고, 투르누스가 자신의 창에 맞아 쓰러진 팔라스의 칼 띠를 전리품으로 빼앗아 자신이 걸고 다니는 것이 미래에 어떤 대가를 치르게 될지 몰랐다. '그때는 이날과 이날이 가져다준 전리품이 싫어지게 되리라.'는 복선으로 투르누스의 미래를 암시했다. 이 칼 띠로 인해 투르누스는 아이네이아스에게 자신의 혼백을 내놓게 되었다.

두 영웅인 아이네이아스와 투르누스가 맞붙었다. 아이네이아스 역시 창을 던져 투르누스의 넓적다리를 뚫는다.

아이네이아스가 던진 창에 투르누스는 넓적다리가 뚫린 채 쓰러졌다. 투르누스는 "내 육신을 내 가족들에게 돌려보내주시오. 그대가 이겼소. 라비니아는 그대의 아내요. 그대는 더 이상 증오하지 마시오!"라며 그에게 간청한다.

이에 아이네이아스의 마음이 흔들렸으나, 투르누스의 어깨에 매어진 눈에 익은 멜빵을 발견한다. 그 칼 띠에는 장식용 단추들이 박혀있었는데, 그것은 젊은 팔라스의 것으로 투르누스가 팔라스를 죽인 후 지금껏 적을 이긴 기념물로 어깨에 메고 다녔다.

아이네이아스는 이 기념물을 알아보고 잔인한 고통이 상기되어 분통을 터뜨린다. "지금 그대는 내 전우에게서 벗긴 이 전리품을 두르고서 여기서 벗어나기를 바라는가? 지금 이 가격은 팔라스가 그대를 죽이는 것이며, 팔라스가 살해자인 그대에게 피의 복수를 하는 것이다."라고 말하며, 적의 가슴 깊숙이 칼을 찔렀다.

투르누스의 간청에 아이네이아스는 마음이 흔들렸으나, 그가 두르고 있는 전리품인 칼 띠를 발견하고, 그에게서 잔혹하게 죽은 팔라스를 기억해냈다. 아이네이아스는 팔라스를 대신하여 피의 복수를 했다.

팔라스는 투르누스의 손에 죽었고, 투르누스는 아이네이아스의 창에 목숨을 내놓게 되는 플롯 구성에서 칼 띠는 발견의 징표가 되었으며, 그 칼 띠를 보고 팔라스의 복수를 하게 되었다. 이러한 발견에 의한 반전은 사건 자체에서 비롯되는 발견으로 이야기 내용의 흥미를 배가시키는 것으로, 아리스토텔레스가 말하는 가장 훌륭한 플롯으로 복합적 구성이었다.

연민과 수난

아리스토텔레스에 의하면 비극은 완결된 행동의 모방일 뿐 아니라 공포와 연민의 감정을 불러일으키는 사건의 모방이었다. 이런 사건들은 예기치 못한 상황에서, 상호 간의 인과관계로 개연성이 높을 때 최대의 효과를 거둘 수 있었다.[40]

연민의 감정은 고귀한 자가 부당하게 불행을 당할 때 느끼고, 공포의 감정은 우리 자신과 비슷한 사람이 불행을 당하는 것을 볼 때 느낀다. 공

---

40) 아리스토텔레스, 앞의 책, p374

포와 연민의 감정은 볼거리에 의해서도 환기될 수 있고 사건의 짜임새 자체에서도 환기될 수 있는데, 후자가 더 훌륭한 방법이다.[41]

① 연민과 공포

아이네이아스가 함성에 이끌려 프리아모스의 거처로 갔을 때 엄청난 전투가 한창이었다. 궁전의 방들을 연결해주는 숨은 통로로 갔을 때 아비규환이었다.

> 궁전 안에는 신음 소리와 비명이 어지럽게 일었고, 여인들의 울음소리가 메아리쳤습니다. 어머니들이 겁에 질려 (중략) 기둥들을 꼭 껴안고는 거기에 입을 맞추었습니다. (중략)
> 프리아모스의 아내인 헤카베와 그녀의 딸들이 마치 시커먼 폭풍에 아래로 곤두박질친 비둘기 떼처럼 헛되이 옹기종기 모여 앉아 신상들을 껴안고 있었습니다. (중략)
> 프리아모스의 아들인 폴리테스가 부상을 당하여 피르루스를 피해 달려오고 있었다. 그는 마침내 부모의 면전에 다다르자 쓰러져 많은 피를 쏟으며 목숨을 토해버렸다.
> 노인은 창을 던졌으나 쨍그랑하고 울리며 청동에 부딪혀 더 나아가지 못했고, 피르루스는 노인의 머리채를 감아쥐고 오른손으로 번쩍이는 칼을 높이 들더니 옆구리 속으로 칼자루 있는 데까지 밀어 넣었다.

트로이의 왕이고, 헥토르의 아버지인 고귀한 프리아모스가 화염이 뒤덮인 페르가마 성채에서 아내와 딸들이 신상을 껴안고 옹기종기 앉아 있는 모습을 보는 것은 쓰라렸을 것이다. 트로이의 기둥이었던 헥토르

---

41) 아리스토텔레스, 앞의 책, pp.389~390

를 아킬레스에게 잃은 후 아들 폴리테스 마저 자신의 앞에서 쓰러져 피를 토하며 비참한 죽음을 맞이했다.

자신 또한 피르루스에게 맥없이 그의 칼에 옆구리를 내주며 최후를 맞이했다. 고귀한 자의 비참한 최후는 연민의 정을 불러일으키기에 충분했다.

테우케르 백성들이 자신들의 방벽을 에워싸고 있는 루툴리족 진영을 뚫고 방벽의 위태로움을 아이네이아스에게 알려야 한다고 걱정하고 있었다. 니수스가 루툴리족 진영을 뚫고 나갈 전사로 자원하고 싶다는 뜻을 에우뤼알루스에게 말했다.

에우뤼알루스는 니수스의 모험에 기꺼이 참여하고자 하자, 니수스는 "자네의 가련한 어머니에게 그토록 큰 고통의 원인이 되고 싶지 않네." 라고 말하며 그 뜻을 거절했다. 에우뤼알루스는 그 뜻을 굽히지 않았다. 두 사람은 이울루스의 허락을 받는 자리에서 에우뤼알루스가 이울루스에게 자신의 어머니를 부탁했다.

두 사람은 무구를 갖추고 야음을 틈타 방벽을 나서 적진으로 나아갔다. 두 사람은 술과 잠에 곯아떨어진 루툴리족 전사들을 도륙했다. 날이 밝아올 무렵 적진을 벗어나려고 할 때, 두 사람은 라티움에서 돌아오고 있던 루툴리족 기병대들에게 발각되었다.

두 사람은 서둘러 숲속으로 도망쳐 밤의 어둠에 몸을 맡겼으나, 에우뤼알루스는 길을 잃어버렸다. 니수스가 에우뤼알루스를 찾아서 왔던 길로 도로 돌아갔을 때, 에우뤼알루스가 적에게 끌려가고 있는 것을 보았다. 니수스는 망설이다 창을 던져 적병을 쓰러뜨렸고, 화가 난 적장이 에우뤼알루스에게 칼을 들고 다가가자 니수스가 자신이 한 짓이고, 그는 아무런 잘못이 없다고 말하자 적장은 그의 가슴을 깊숙이 찔렀다. 니수스도 번개처럼 적장의 입안에다 칼을 푹 밀어 넣고, 자신도 죽고 말았다.

날이 밝자 리툴리족의 왕인 투르누스는 에우뤼알루스와 니수스의 머리를 창끝에 꽂아 들고 고함으로 지르며, 테우케르 백성들의 방벽 앞에 나타났다. 이 소식은 에우뤼알루스의 어머니의 귀에 들어갔고, 그 순간 그녀는 실신했다. 그녀의 탄식은 하늘을 뒤덮었다.

"에우뤼알루스야, 너는 내 노년에 늦게 찾아온 낙이었는데! 이 무정한 것아, 어찌 나를 혼자 두고 갈 수 있었더냐? (중략) 네 어미인 나는 네 장례식에 참가하지도 못하고, 네 눈을 감겨주지도 못하고. 내가 노년의 근심 걱정을 쫓아버리려고 밤낮없이 너를 생각하며 열심히 짠 옷을 덮어주지도 못하는구나! (중략) 어느 땅이 지금 난도질당한 네 사지와 찢긴 몸뚱이를 붙들고 있느냐? 내 아들아, 그 머리가 네가 되가져온 전부더냐? 오오! 리툴리족이여, 나를 찌르고 온갖 무기를 나를 향해 던지고, 나부터 죽여라!"

늦게 하나 얻은 자식을 꽃다운 나이에 비참하게 보내야 하는 늙은 어머니의 황망한 절규가 가슴을 애절하게 저몄다.

니수스와 에우뤼알루스의 관계는 아킬레우스와 파트로클로스의 관계처럼 친구를 위해 목숨이라도 바칠 수 있는 문경지교였다.

② 수난

아이네이아스 일행들이 이탈리아 해안으로 가기 위해 시킬리아 섬에서 난 바다로 막 나왔을 때, 유노의 노여움으로 인해 폭풍이 몰아치기 시작하여 거친 폭풍과 거센 파도에 생사를 맡기게 되었다.

회오리바람으로 대지를 채운다. (중략) 하늘에서 갑자기 천둥이 치기 시작하고 대기는 잇달아 번갯불과 섞이니 모든 것이 그 자리에서 남자들을 죽이겠다고 위협한다.

그러자 (중략) 세찬 북풍이 윙윙대며 정면에서 돛을 덮치고 하늘 높이 물결을 쳐올린다. 노들이 부러진다. (중략) 어떤 배의 선원들은 물마루에 걸려 있고, 어떤 배의 선원들에게는 파도가 갈라지며 바다를 보여주니 그곳에서는 물결이 모래와 함께 끓어오르고 있었다.

동풍이 배들을 바다에서 얕은 여울들과 쉬르티스들로 몰고 가 얕은 곳에다 내동댕이치고 그 주위에 모래 둑을 쌓는다. (중략) 배의 키잡이는 퉁겨나가 머리를 아래로 한 채 곤두박질친다. (중략) 몇 사람만이 광대한 심연 위에서 남자들의 무구들과 널빤지들과 트로이의 보물들과 함께 파도 사이로 헤엄치는 것이 보일 뿐이다.

아이네이아스는 이탈리아 해안에 가려고 시킬리아 섬을 벗어나자 번개를 동반한 거센 폭풍과 거대한 파도의 물마루에 함선들과 전우들이 이리저리 흩어지게 되었다. 결국 전우가 실종되고, 노와 함선이 파손되어 무구들과 함께 파도 위에 떠다녔다. 그들 중 일부가 표류하여 이탈리아와는 정반대 방향인 리비아 해안에 드러누워 있었다.

표현 방법의 다양화

비극이나 서사시에서 은유나 비유적인 표현은 사실적인 표현을 시적인 표현으로 전화하여 표현력의 깊이를 더하고, 그 표현의 질을 높이는 방법이다. 아리스토텔레스는 은유에 능하다는 것은 서로 다른 사물들의 유사성을 재빨리 간파할 수 있다는 것을 뜻한다고 했다.[42] 이 외에도 동어(同語) 반복, 의인화된 표현이 많았다.

① 은유적인 표현

《아이네이스》에서도 은유적인 표현이 곳곳에서 다양하게 사용되었다. 유(類)에서 종(種)으로, 종에서 유로, 종에서 종으로, 또는 유추로 어떤 사물에다 다른 사물에 속하는 이름을 전용(轉用)한 것도 있다.

투르누스가 드랑케스를 힐난한 "그대의 상무정신은 바람 같은 혀와 도망 잘 치는 그 두 발에 늘 머물게 할 것인가요?"에서 '머무르다'는 말은 '행동으로 옮겨지지 않는다.'는 뜻으로 '머무르다'는 유개념이 '행동으로 옮겨지지 않는다.'는 종개념으로 사용되고 있다. 이는 유에서 종으로 전용된 사례라 볼 수 있다.

'강들이 시신들로 숨이 막혀 신음하고 크산투스가 길을 찾지 못해 바다로 흘러들어갈 수 없었을 때'에서 보는 바와 같이 '숨이 막혀'라는 표현이나 '길을 찾지 못해'라는 표현은 모두 '강이 시신들에 막혀 흘러가지 못함'을 의미하는 표현으로 종에서 종으로 전용한 사례였다.

② 유추에 의한 전용

유추에 의해 전용한 사례는 '부싯돌의 혈관 속에 숨어 있는 불씨를 찾았다'에서 보는 바와 같이 생명체의 혈관을 무생물인 부싯돌에 전용한 사례였다. 이런 유추로 마치 불씨가 부싯돌의 혈관 속에서 살아있는 것처럼 느껴졌다. 부싯돌의 마찰에 의한 불씨를 부싯돌의 혈관에서 찾아

---

42) 아리스토텔레스, 앞의 책, p429

내는 것처럼 표현하여 부싯돌로 불을 켜는 것을 보다 생동감 있게 시적으로 표현했다.

'그들이 일제히 바다에 고랑을 파기 시작하자'에서 '바다 : 물결 = 밭 : 고랑'의 관계인데, 바다의 '물결' 대신 다른 사물(밭)에 속하는 '고랑'을 바다에 부여하여 바다의 물결을 고랑으로 유추하여 표현했다. 이러한 유추로 문장이 훨씬 더 시적 정감을 불러일으켰다.

이 외에도 다음 사례에서 보는 바와 같이 유추에 의한 은유가 다양하게 사용되어 시적인 정감을 고조시켰다.

'하늘을 노 젓던 날개들'
'나는 그들의 들판들에 무기들을 씨 뿌릴까 해요.'
'시커먼 먼지가 뭉쳐 구름이 되며 들판에 어둠이 솟아오르는 것이었다.'

③ 동어(同語)의 반복적인 표현

같은 낱말(同語)을 반복해서 사용할 경우 시적인 운율을 살릴 수 있고, 그 낱말의 뜻을 좀 더 강조할 수도 있으며, 때로는 같은 낱말이지만 낱말의 뜻이 상반되거나, 다른 뜻으로 사용되어 그 시행의 표현에서 깊은 맛을 느낄 수 있었다. 이같이 시어(詩語)를 적절하게 반복적으로 사용할 때 시적 정감을 더 깊게 하고, 시적 운율감을 느낄 수 있었다.

'아직 서둘 수 있을 때 그대는 왜 서둘러 이곳에서 도망치지 않는가?'
'내 자신의 운명과 마주치는 저 프뤼기아인들의 운명이여!'
'그는 영웅으로 영웅의 가격에 제압되었던 것이다.'

위의 첫 문장에서「서둘다」는 낱말이 반복되고 있는데, 앞의「서둘다」보다는 뒤의「서둘다」에 더 초점을 맞추어「서둘러 도망치다」를 더욱 강조하고 있다. 두 번째 문장에서도 내「운명」보다 프뤼기아인들의「운명」이 더 기구하다는 의미가 내포되어 있다. 세 번째 문장에서는 뒤의「영웅」이 앞의「영웅」보다 더 강하다는 의미가 내포되어 있다. 이같이 동어(同語)가 한 문장에서 반복적으로 사용될 때 대부분 앞의 낱말보다 뒤의 낱말이 더 강조되고 있으며, 그 표현이 보다 시적인 경향을 보였다.

'서로 주먹으로 주먹을 치며 싸움을 돋우었다.'
'마주 달려와서 발은 발과 버티고 서고 전사는 전사와 버티고 섰다.'

첫 문장의「주먹」과「주먹」, 둘째 문장의「발」과「발」,「전사」와「전사」는 앞의 낱말과 뒤의 낱말이 그 힘이나 무게에 있어서 대등한 의미로 사용되고 있다. 양측이 백중지세임을 나타내고 있다.

'그녀의 고통을 이해하며 사랑에 사랑으로 보답하고 있었다.'
'어머니들은 겁이 나서 기도에 기도를 거듭했으니'

첫 문장에서「사랑」에「사랑」으로는 '그녀의 고통을 이해하며' 진실한 사랑으로 보답하고자 하는 마음 즉 진정성을 드러내 보이는 것으로 느껴졌다. 두 번째 문장에서「기도」에「기도」를 거듭한다는 말은 어머니들이 기도하는 간절한 마음이 시적으로 표현되었다.

'다시 태어난 페르가마에게 결혼 횃불은 장례 횃불이 되리라.'

'아우소니아는 어떤 보루를 잃었으며, 너는 또 어떤 보루를 잃었는가, 이울루스여!'

첫 번째 문장에서 앞의 「횃불」과 뒤의 「횃불」 즉, 두 횃불이 주는 각각의 의미는 다르다. 앞의 「횃불」은 축복의 횃불이지만, 뒤의 「횃불」은 저주의 횃불이 되리라는 의미로, 두 「횃불」의 의미가 상반되었다. 두 번째 문장은 전사한 팔라스의 시신 앞에서 아이네이아스가 울부짖은 말로서 앞의 「보루」와 뒤의 「보루」는 각각의 구체적인 의미가 달랐다. 앞의 「보루」는 '팔라스는 아우소니아의 대들보'란 의미였지만, 뒤의 「보루」는 팔라스가 살았더라면, '이울루스에게 든든한 후원자'가 되었을 것이라는 의미가 내포되어 있었다.

④ 의인화된 표현
사람이 아닌 생명체나 무생물을 사람이 행동하거나 느끼는 것처럼 표현하여 주어를 보다 더 생동감 있게 표현한 사례를 많이 찾아볼 수 있었다.

'물푸레나무들이 산에서 걸어 내려오는 것을 보게 될 거야.'
'온 지상의 육신들은 단잠을 자고 있었고, 숲들과 거친 바다들은 휴식을 취하고 있었다.'
'목숨이 육신을 뒤로하고 슬퍼하며 대기를 지나 망령들의 나라로 갔다.'
'그동안 내내 정염은 그녀의 부드러운 골수를 파먹고,'
'물결은 어둠 속에서 몸서리쳤다.'
'그녀의 눈과 가슴은 밤을 받아들이지 않았다.'

⑤ 인물을 인물에 비유

호메로스의 《일리아스》나 《오디세우스》의 인물들을 인용하여 《아이네이스》의 등장인물을 비유적으로 표현함으로써 등장인물의 처지나 무훈, 감정 등을 함축적으로 표현했다. 투르누스가 덤벼드는 판다루스에게 "너는 이곳에도 아킬레우스가 있더라고 프리아모스에게 말하게 될 것이다."라고 대답했다.

투르누스는 자신을 무적의 아킬레우스와 비유했다. 아킬레우스가 트로이 성을 공격하여 수많은 트로이 전사들을 도륙했고, 트로이아의 기둥이었던 헥토르마저 쓰러뜨렸던 소식이 트로이 왕 프리아모스에게 전달되었듯이 자신도 판다루스를 쓰러뜨려, 그 소식이 아이네이아스에게 전달되도록 하겠다는 의미였다.

트로이 성 앞의 전쟁터에서 아킬레우스는 종횡무진 전쟁터를 휩쓸며 수많은 전사를 무찔렀고, 트로이의 영웅인 헥토르마저 쓰러뜨린 무훈을 투르누스 자신의 무훈에 비유했다. 아들 헥토르마저 아킬레우스의 칼에 쓰러져 비탄에 빠진 프리아모스를 아이네이아스와 비유했다. 아이네이아스도 프리아모스처럼 패배의 쓴잔을 마시게 될 것이라는 의미가 내포되어 있었다.

이같이 기존 서사시에 등장하는 인물들을 소환하여 새 서사시의 등장인물에 비유적으로 표현함으로써 등장인물의 무훈이나 처지, 감정 등을 함축적으로 표현할 수 있을 뿐만 아니라, 독자들이 새 서사시에 대해 익숙하게 접근할 수 있는 효과도 있다고 보았다.

⑥ 기타의 비유적인 표현

자연현상의 원인과 결과를 뒤바꾸어 놓음으로써 표현의 시적인 정감을 고취하기도 했다.

'하늘이 빙 돌아 밤이 오케아노스에서 솟아올라 거대한 그늘로 대지와
하늘과 뮈르미도네스족의 계략을 에워쌌습니다.'

해가 지는 모습을 흔히 '태양이 오케아노스에 잠긴다.'고 시적으로 표현하곤 했다. 태양이 오케아노스에 잠기면, 밤의 그늘이 드리워지기 시작하는 것인데, 이를 거꾸로 '태양이 오케아노스에 잠기는 것'을 '밤이 오케아노스에서 솟아오른다.'고 표현하여 시적인 정감을 더욱 짙게 했다. 이러한 표현은 태양이 지면 밤이 오는 것을 밤이 솟아오른다고 하였으니, 자연현상의 원인이었던 태양이란 주어 대신에 결과였던 밤을 주어로 바꾸어 표현했다.

인물의 재등장과 인과

① 인물의 재등장

복선은 '앞으로 발생할 사건에 대하여 그에 관련된 일을 미리 넌지시 비쳐 보이는 것'이다. 신(神)이 의지를 드러냄으로써 전쟁의 승패나 영웅의 운명에 대하여 암시하는 대목은 곳곳에서 발견되었다. 등장인물의 말이나 행동으로 복선을 깔아놓은 경우도 많았다. 등장인물이나 사건을 다시 소환하여 복선을 깔아놓은 효과를 거두고 있다. 이러한 인물의 재등장은 플롯의 통일성을 이루는데, 씨줄과 날줄의 역할을 했다.

아이네이아스는 아버지의 장례식을 기념하기 위한 경기를 개최했는데, 니수스와 에우뤼알루스가 달리기경기를 신청했다. 두 사람은 달리

기를 잘했고, 서로 사랑하는 사이였다. 이같이 니수스와 에우뤼알루스가 5권 '장례식 경기'에서 소개되었다.

위 두 사람은 9권 '니수스와 에우뤼알루스'의 주인공으로 재등장했다. 5권에서 두 사람이 소개되지 않았더라면, 두 사람은 9권에서 갑자기 툭 튀어나온 인물에 불과했을 것이다. 두 사람이 5권에 등장했다가 9권에서 소개되지 않았더라면, 그저 스쳐지나가는 인물에 지나지 않았을 것이다.

5권에서 소개되었던 인물이 9권에서 전사로서 맹활약을 하다 함께 장렬하게 전사하는 모습을 그렸다. 이는 플롯 구성을 더욱 탄탄하게 얽어매는 씨줄과 날줄의 역할을 했고, 전체 구성의 통일성을 이루는 데도 큰 역할을 했다.

9권에서 테우케르 백성들이 함대를 강에 숨겨두었는데, 이를 발견한 투르누스가 함선에 화공火攻을 감행하였다. 그러자, 여신 키벨레가 자신이 내어준 나무로 만들어진 함선이 불타는 것을 막아 달라고 아들 유피테르에게 부탁했다. 하늘에서 목소리가 들린다. "너희들은 자유의 몸으로 이곳을 떠나거라. 너희들은 바다의 여신들로서 이곳을 떠나거라. 어머니의 명령이다." 그러자 함선들이 제각기 해안에 매어놓은 밧줄을 풀더니 바다 물속 깊은 곳으로 잠수했다. 함선들은 그곳에서 그만큼 많은 수의 처녀 모습으로 되돌아와 바다를 헤엄치고 있었다.

10권에서 아이네이아스가 항해 중일 때 키벨레가 화공을 당하던 함선들을 요정들로 변신시켰었는데, 그 요정들이 헤엄쳐왔다. 그 요정들이 아스카니우스가 라티니족에게 포위되어 있다고 알려주었다.

9권에서 여신 키벨레가 함선들을 요정들로 변신시켰다는 이야기만 있고, 10권의 이야기가 생략되었다면, 이야기 구성이 얼마나 밋밋했겠는가? 그리고 9권의 이야기가 생략된 가운데, 10권에서 요정들이 아이네이아스에게 다가와 아스카니우스가 포위되어 위급하다는 것을 알려주었다고 하면 얼마나 뜬금없는 이야기가 되었겠는가? 9권에서 함선들이 요정들로 변신되었고, 10권에서 그 요정들이 나타나 중요한 정보를 아이네이아스에게 알려주었다는 이야기 구성은 앞의 이야기가 복선의 역할을 했고, 이야기 구성이 더욱 탄탄해졌다.

② 인과

유노는 유피테르의 첩의 소생인 다르다누스를 미워하게 되었고, 그 후손들마저 미워하여 위험에 빠뜨렸다. 다르다누스의 후손인 프리아모스가 페르가마 성채를 잃게 된 것도 유노의 버림을 받았기 때문이고, 아이네이아스가 이탈리아 해안에 닿기도 전에 이 바다에서 저 바다로 풍랑에 휩쓸려 다닌 것도 유노의 미움을 받았기 때문이다.

투르누스는 말했다.

> 그에 맞서 나에게도 나의 운명이 있으니,
> 그것은 나에게서 신부를 빼앗은 무도한 족속을 칼로 단죄하는 것이오.
> 이런 고통은 아트레우스의 아들들만이 느꼈던 것은 아니며,
> 미케나이만이 무장하도록 허용된 된 것은 아니오.

라티누스가 신탁에 의해 리비니아를 아이네이아스와 혼인시키려 했는데, 그녀는 이미 투르누스와 약혼한 사이였다. 이는 트로이아의 파리스가 헬레네를 납치해 간 것이나 다름없었다. 이는 헬레네의 남편인 메넬라오스의 분노를 자아냈고, 그의 형인 아가멤논이 전쟁을 일으키게

된 원인이 된 것처럼 투르누스도 아이네이아스 백성들을 상대로 전쟁을 하지 않을 수 없다는 것을 의미했다. 이러한 전쟁의 인과관계는 트로이와 그리스의 전쟁 발발원인을 모방한 것이기도 했다.

로마와 관련한 암시

카르타고의 왕인 디도는 사랑하는 연인인 아이네이아스가 자기 곁을 매정하게 떠나자, 그에게 저주를 퍼붓는다.

'비노니, 해안이 해안과 대결하고, 바다가 바다와 대결하며,
무구들이 무구들과 대결할지어다. 두 민족은
그들 자신은 물론이고 그들의 자손들도 서로 싸울지어다.'

카르타고인들이 로마인들과 자손 대대로 전쟁을 이어갈 것을 암시했다. 이는 두 민족 간에 벌어진 포에니전쟁을 예고한 것이었다. 두 강대국인 로마와 카르타고는 지중해를 사이에 두고 3차례에 걸쳐 43년간 처절하게 전쟁을 이어갔다.

아이네이아스가 예언의 땅을 찾아가기 위해 이 바다에서 저 바다로 끝없는 여정을 이어가는 가운데, 델로스와 악티움 해변, 크레타와 시킬리아, 카르타고에 들렸다. 아이네이아스가 방문한 이 지역들은 로마 역사상 깊은 의미가 있는 지역들이었다.

델로스섬은 본래 바다 위를 떠다니는 섬이었는데, 아폴론이 섬을 고정시켰고, 이를 기념하여 이곳에 아폴론 신전이 세워졌다. 태양신 아폴론은 트로이 백성을 도와주었던 신으로 로마에서도 아폴론 신전을 만들

고, 이를 기념하기 위해 아폴론 경기도 열었다.

악티움은 옥타비아누스가 해전에서 안토니우스를 제압했던 곳으로 제정으로 나아가는 발판을 마련했던 곳이었다. 크레타의 앞선 미노스 문명은 그리스–로마 문명의 터전이 되었다. 시킬리아섬은 지중해에서 가장 큰 섬으로 요충지였고, 로마에 복속되어 로마의 곡창지대를 이루었다. 로마는 카르타고와 격렬한 전쟁을 치른 끝에 로마가 승리하여 카르타고를 속주로 만들었다. 아이네이아스가 거쳐 간 섬과 나라는 로마의 영토가 될 운명이었다.

이 외에도 로마 건국과 관련한 예언과 로마의 역사적 사건이 예시되고, 로마의 황제나 영웅들의 이름이 다수 등장했다.

아이네이아스가 저승으로 내려가 아버지 앙키세스를 만났을 때, 아버지 앙키세스는 "자, 이제 너에게 다르다누스의 자손들이 어떤 영광을 누리는지, 이탈리아의 부족에게서 네가 어떤 후손들을 기대할 수 있는지 설명해주겠다. 앞으로 우리의 이름을 계승하게 될 찬란한 혼백들 말이다."라고 말했다. 앙키세스는 알바롱가를 다스리게 될 실비우스 등과 로마를 건국하게 될 로물루스, 이울루스의 자손인 아우구스투스 카이사르를 소개했다. 이 외에도 로마를 빛낸 영웅들인 카이사르, 폼페이우스, 카토, 스키피오, 파비우스, 마르켈루스 등을 소개했다.

아이네이아스는 어머니인 여신 베누스로부터 방패를 선물로 받는다. 이 방패에는 이탈리아의 역사적 사건들과 로마인의 개선 행렬들을 새겨 넣었으며, 그들이 싸우게 될 전쟁들도 촘촘히 새겨 넣었다. 로물루스와 레무스의 쌍둥이 형제, 원형 경기장에 사비니족 딸들이 납치되는 모습, 아우구스투스와 아그립파가 안토니우스와 클레오파트라의 연합군을 제압하는 악티움 해전 모습, 카이사르의 개선식 모습 등이 새겨져 있었다.

아이네이아스는 그것들을 보고 감탄했고, 그것들이 무엇인지도 모르고 기뻐하며, 자손들의 명성과 운명을 들어 올려 어깨에 멨다.

베르길리우스는 로마의 역사적 사건들을 알고 있었으며, 이러한 내용을 서사시에 포함시켰다. 로마 건국신화인 《아이네이스》가 로마를 건국한 로물루스에서 그치지 않고, 아우구스투스 시대까지의 인물들이 신화에 등장하는 것은 아우구스투스를 부각시키고자 하는 베르길리우스의 의도성이 엿보였고, 신화로서의 가치가 퇴색되는 부분이라는 생각이 들었다.

《아이네이스》는 어떤 의미로 다가오는가?

6권 〈저승으로 가서 아버지를 만나다〉는 아이네이아스가 저승으로 가서 디도와 옛 전우들을 만나고, 아버지 앙키세스를 만나 로마의 미래에 대해 여러 가지 예언을 듣는 내용으로 이루어졌다.

그리스 로마인들은 사람들이 죽으면 저승으로 간다고 생각했다. 호메로스도 《오디세이아》에서 저승을 그려냈다. 오디세우스는 저승으로 내려가 어머니와 전우들을 만났다. 이런 이야기를 통해 볼 때 호메로스 이전에도 저승 이야기가 파편적으로 떠돌았을 것으로 추측되었다. 이런 파편적인 저승 이야기들을 모아서 호메로스가 문자로 정리했다고 볼 수 있다.

아이스킬로스도 〈사자(死者)의 영혼을 인도하는 자들〉이란 작품을 썼다. 그는 호메로스의 저승에 대해 떠돌던 이야기를 바탕으로 여러 사람에 의해 구전되었을 저승에 대한 파편적인 이야기들을 정리했을 것으로 추정되었다. 베르길리우스가 이러한 저승에 대해 떠돌던 이야기들을 모아서 저승의 이곳저곳을 좀 더 구체적으로 묘사했다.

단테는 「신곡」의 첫머리에 "단테는 베르길리우스의 안내를 받아 저승 여행길을 떠난다."라고 썼다.[43] 그는 저승을 천국, 연옥, 지옥 편으로 나누어 저승의 모습을 더욱 세분화해서 구체적으로 그려놓았다.

애초 로물루스 형제가 로마를 건국했다는 로마 건국신화가 있었다. 이른바 몸젠이 말하는 '민족 판본'이었다. 이는 로마 건국을 알바롱가와 연결시켰다. 희랍인들은 로마 건국을 트로이와 연결시키는 이야기를 만들어 왔다. 이른바 '희랍 판본'의 건국신화였다.

베르길리우스는 그동안 떠돌던 민족판본의 건국신화와 희랍판본의 건국신화를 혼합시킨 새로운 혹은 혼합된 건국신화를 썼다. 그것이 아우구스투스 황제의 권고로 쓴 《아이네이스》였다.

로마 건국을 알바롱가와 연결시키는 민족 판본과 트로이와 연결시키려는 희랍판본이 혼합된 로마 건국신화의 혼합판으로 황제에 의해 정통성이 부여되었다고 볼 수 있었다.

이로써 로마 건국신화의 시공간이 크게 확장되었다. 《아이네이스》는 아우구스투스의 의지에 의해 쓰여진 만큼 베르길리우스는 황제정에 정통성을 부여해서, 아우구스투스 황제를 부각시키려는 의도를 내비쳤다.

아이네이아스가 트로이 유민들을 이끌고 지중해를 떠돌며 들렀던 카르타고, 크레타, 시칠리아 등이 모두 로마의 영토가 될 운명이었음을 은연중에 나타내고 있었으며, 카르타고의 여왕 디도의 노여움으로 로마와

---

43) 단테 알리기에리(김운찬 옮김), 신곡, 열린책들(2009), p7

카르타고는 운명을 건 큰 전쟁이 벌어질 것이라는 암시를 담았다. 로마와 카르타고는 세 차례에 걸쳐 43년간 전쟁이 이어졌는데, 이것은 모두 신이 정해놓은 운명에 따른 것으로 해석할 수 있었다.

베르길리우스는 건국 후 아우구스투스 시대까지의 영웅들인 카이사르, 카토, 마르켈루스, 파비우스, 폼페이우스, 스키피오, 아그립파 등이 열거되었는데, 이는 그 의도성이 뚜렷하게 엿보이는 부분으로 건국신화와는 어울리지 않는다고 생각했다.

※ 텍스트
- 베르길리우스(천병희 역), 아이네이스, 숲, 2011

※ 참고문헌
- 아리스토텔레스(천병희 역), 수사학/시학, 숲, 2019
- 단테(김운찬 역), 신곡, 열린책들, 2009
- 호메로스(천병희 옮김), 일리아스, 숲(2011)

2부

∎
∎
∎

역사

그들은 피로써 자유를 지켰고,
그 자유를 만끽하며,
더욱 용감한 전사로 거듭났다.

– 헬라스의 비극, 《펠로폰네소스 전쟁사》 중에서

최초의 역사 이야기, 《역사》

헤로도토스와의 동행

헤로도토스는 기원전 485년경 소아시아(터키) 서남부 카리아 지방의 해안가 할리카르낫소스에서 태어났다. 이 지역은 그리스(헬라스) 문화의 영향권 내에 있었다. 그가 아테네의 정치가 페리클레스, 비극 시인 소포클레스와 친교를 맺고 있었다는 사실은 이를 입증했다.

그는 소아시아와 흑해 남안, 트라케와 마케도니아, 스키타이족의 나라, 유프라테스강과 바빌론, 나일강과 북아프리카, 헬라스 본토, 이탈리아와 시칠리아(시켈리아), 지중해의 여러 섬을 방문했다. 강과 바다를 건너고, 척박한 산길과 사막을 가로질렀다. 당시 여러 나라를 거쳐 낯선 지역을 여행한다는 것은 위험이 뒤따르는 모험이었다.

그는 언어와 풍습이 다른 여러 지역을 여행하며, 수많은 이민족을 만나고 대화를 나누었다. 그는 방문하는 곳의 사제나 유력인사들을 만나서 부족이나 왕가의 에피소드, 풍속에 대한 설명을 들었다. 여행지의 자연환경이나 부족들의 생활 모습을 직접 관찰했다. 이같이 보고 들은 것을 기록했다.

헤로도토스는 《역사》에서 '나는 들은 것을 전할 의무는 있지만, 들은 것을 다 믿을 의무는 없으며, 이 말은 책 전체에 적용된다.'고 했다. 그가 역사를 기술하면서 지켰던 원칙이었다. 그는 들은 것을 자신이 믿든 믿지 않던 모두 기술하고, 양측의 의견이 다를 경우 비교할 수 있도록 기술하여 독자들이 판단하도록 했다. 때로는 그런 의견들에 자신의 견해를 덧붙이기도 했다.

역사적 문헌이 전무 했던 당시 헤로도토스는 《역사》를 저술했고, 그의 저서는 최초의 역사적 문헌이라는 인류의 유산이 되었다. 이를 두고 키케로는 헤로도토스를 '역사의 아버지'라고 불렀다.[44] 《역사》는 모두 9권으로 구성되어 있으나, 이는 작가가 구분한 것이 아니고, 문헌학자 아리스타르코스에게서 비롯된 관행인 듯했다.[45]

《역사》를 읽으면서 타임머신을 타고 2,500여 년 전으로 거슬러 올라갔다. 헤로도토스와 함께 말을 타고 흑해 연안을 따라 걷기도 하고, 소아시아의 건조한 길을 헤매기도 하고, 아름다운 바빌론을 방문하고, 나일강을 따라 멤피스를 찾기도 했다. 헬라스 본토의 이곳저곳을 둘러보고, 배를 타고 지중해의 여러 섬을 방문하기도 했다.

솔론이 크로이소스 왕을 접견할 때는 옆에 배석한 기분이 들었다. 크세르크세스 왕이 헬라스를 정복하기 위해 원정길에 올랐을 때 함께 종군하는 상상 속에 빠져들었다. 원정길의 주요 도시들을 지도에서 하나

---

44) 헤로도토스(천병희 옮김), 역사(해설), 숲(2015), p.5
45) 헤로도토스(천병희 옮김), 앞의 책(해설), p.6

하나 확인했다. 이 얼마나 진기한 여행이었겠는가?

헤로도토스는 먼저 아시아에 분포했던 왕국들과 판도 변화, 왕가의 변천에 대한 에피소드부터 기술했다. 아시아 왕가가 어떻게 일어났고, 쇠락했는지, 페르시아가 헬라스를 침공했을 때 스파르타와 아테네가 어떻게 대처했는지 소상하게 서술했다. 이 과정이 《역사》의 주요 내용이며, 페르시아 전쟁이 클라이맥스라 할 수 있었다.

헤로도토스의 입에서 술술 풀려나오는 이야기에 매료되었다. 여러 민족과 왕가의 흥망성쇠에 관한 에피소드와 전쟁에 관한 이야기들이 흥미진진하게 이어졌다. 어린 시절 할아버지에게 옛날이야기를 듣는 것처럼 흥미로웠다. 거기에 담긴 교훈과 지혜는 보석처럼 반짝였다.

헬라스와 비헬라스의 반목

헤시오도스의 《신들의 계보》에 의하면 프로메테우스의 아들 데우칼리온과 판도라의 딸 퓌르라 사이에서 아들 헬렌이 태어났다.[46] 헬렌은 그라이코이라고 불리던 부족을 다스렸는데, 헬라스(Hellas)는 헬렌이 지배한 영토라는 의미였다.

로마인들이 이들과 접촉한 후 그들의 땅을 부족의 이름인 그라이코이를 본 따서 그라이키아(Graecia)라 불렀다. 여기서 영어식 이름인 그리스(Greece)가 유래되었다. 그리스의 한자식 이름인 희랍은 헬렌에서 따왔다. 오늘날 외국인들은 이 나라를 '그리스'라고 부르지만, 그리스인들은 자신들의 나라를 '헬렌 공화국'이라고도 했다. 그리스 문화가 유럽문화

---

46) 헤시오도스(천병희 옮김), 신들의 계보, 숲(2020), p.254

의 원류라고 평가하게 되면서 이를 '헬레니즘'이라고 했는데, 헬레니즘도 헬렌에서 따온 용어였다.[47]

기원전 7세기 이후의 헬라스인들은 그리스 본토와 펠로폰네소스 반도를 중심으로 여러 도시국가에 산재해 있었고, 그들은 지중해의 여러 섬과 소아시아 연안에 산재한 도시국가들을 이루고 있었다. 특히 이탈리아의 남부 해안과 시칠리아에도 헬라스인들의 도시들이 많았다.

헬라스에서 가장 강력한 국가는 스파르타(스파르테)였다. 스파르타(Sparta)는 그리스 신화에 나오는 라케다이몬의 아내였다. 아들이 없었던 에우로타스 왕은 사위 라케다이몬을 후계자로 삼았고, 이후 사람들은 그 땅과 그곳의 거주민들을 라케다이몬이라 불렀다. 스파르타는 라케다이몬의 중심도시를 지칭하는 말이었으나, 점차 라케다이몬 전체를 가리키는 말로도 사용되었다.[48]

헬라스는 수많은 도시국가로 이루어져 저마다 군주정, 귀족정, 참주정, 민주정 등과 같이 다양한 정체가 도입되었다. 도시국가들은 각자 다른 정체를 도입하여 헬라스 전체가 정치체제의 실험장처럼 여겨졌다. 아리스토텔레스는 《정치학》에서 여러 도시국가의 정체를 비교하고, 그 특성과 장단점을 분석했다.

헬라스의 대표적인 도시국가인 스파르타는 군주정, 아테네는 참주정에서 벗어나 민주정을 도입했다. 두 국가는 자유를 지키기 위해 전쟁도 불사할 만큼 다른 나라에 예속되는 것을 거부했다. 이들 도시국가는 세력을 키우기 위해 서로 경쟁하면서도, 전쟁이 일어나면 동맹으로 이웃

---

47) 네이버 블로그, 〈헬렌〉 〈그리스〉
48) 위키 백과, 〈스파르타〉

을 돕기도 했다.

헬라스인들은 펠레폰네소스 반도, 이탈리아 남부, 소아시아 해안, 지중해의 여러 섬에 흩어져 살았다. 하지만 한 핏줄로 같은 언어를 사용했고, 같은 신들을 신전에 모셨고, 축제도 함께 하면서 생활방식도 같았다.

호메로스와 같은 시인들, 아이스킬로스나 소포클레스 등과 같은 극작가들이 남긴 빛나는 정신세계는 후세에 큰 영향을 미쳤다. 이러한 헬라스인의 정신문화는 그들의 자의식을 형성시켰으며, 이러한 정신문화가 헬레니즘이라 일컬어지는 독특한 문화를 형성했다.

헬라스인들은 자신들의 정신문화가 아시아의 여러 나라에 비해 우수하다고 여겨, 다른 나라들을 비헬라스라 지칭했다. 그들이 사용한 비헬라스에는 '미개하다'는 의미가 내포되어 있었고, 비헬라스인을 야만인이라 여겼다.

헬라스인들과 비헬라스인들은 이오, 에우로페, 메데이아, 헬레네의 납치를 서로 주고받았다. 비헬라스인들은 이렇게 이어진 여인 납치로 앙금이 쌓여 그들은 서로 반목하게 되었다고 주장했다. 헬라스인들이 튀로스에 상륙해 아시아인인 에우로페 공주를 납치해 크레테 섬으로 데려갔다. 그런데, '유럽'의 어원이 '에우로페'라고 하니 아이러니했다.

이런 이야기들은 현실의 문제를 신화적으로 해석해서 운명적인 것으로 만드는 효과는 있었겠지만, 실상은 그렇지 않은 것으로 보였다. 헬라스인들과 비헬라스인들의 반목은 정치 경제적인 경쟁 관계에서 서로 주고받은 작은 충돌들이 축적되어 큰 충돌로 이어졌던 것으로 여겨졌다.

아시아의 세력 판도 변화와 페르시아의 부상

기원전 7세기까지 앗시리아 제국이 520년간 상부 아시아를 지배했다. 메디아인들이 반란을 일으켜 왕을 추대했다. 그 후 그들은 페르시아인들을 공격하여 복속시켰고, 앗시리아를 공격하여 할리스 강 동쪽의 아시아를 합병했다.

이 무렵 스키타이족이 메디아인들을 공격하여 아시아 전체를 차지했으나, 메디아 인들이 난폭한 스키타이족을 몰아내고 바빌론을 제외한 앗시리아를 복속시킴으로써 국권을 회복했다.

이로써 아시아의 세력 판도가 요동쳤다. 카스피해 남안의 아르메니아에서 발원하는 할리스 강을 경계로 서쪽 즉 소아시아 지역은 리디아 왕국이, 동쪽은 메디아 왕국이 차지하게 되었다.

리디아에는 귀게스가 칸다울레스로부터 왕권을 빼앗은 뒤 크로이소스 왕가가 5대째 이어졌다. 귀게스는 크로이소스의 5대조였다. 크로이소스는 할리스강 서쪽의 거의 모든 부족과 소아시아 연안에 분포한 헬라스인들을 복속시켰다. 그는 헬라스인들에게 조공을 강요한 최초의 비헬라스인이었다.

그러한 세수로 수도인 사르데이스가 부를 누리며 번성했다. 당시 아테네의 현자로 알려진 솔론을 비롯한 수많은 유력인사가 사르데이스를 방문했다. 지금도 서양에서는 '큰 부자'를 크로이소스에 비유했다.

메디아의 마지막 왕인 아스티아게스의 딸 만다네와 페르시아인 캄뷔세스 사이에서 키로스가 태어났다. 키로스는 페르시아의 왕이 되어 메디아의 하르파고스와 내통하여 외할아버지인 아스티아게스를 몰아냄으로써 페르시아가 메디아를 지배하게 되었다. 이로써 페르시아를 지배했던 메디아는 운세가 역전되어 페르시아의 지배를 받게 되었다. 헤로도토스는 '키로스가 태어나 성장하기까지의 에피소드' 즉 전설 같은 이야기를 소개했다.

그 후 리디아의 크로이소스는 캅파도키아에 출병하여 페르시아의 키로스에게 패해 포로가 되었고, 사르데이스도 함락되었다. 키로스가 앗시리아의 바빌론마저 점령함으로써 페르시아가 아시아 전체를 평정했다. 크로이소스는 왕의 지위에서 키로스의 종으로 추락했다.

앗시리아는 아시아 전체 자원의 3분의 1을 차지하고 있었고, 수도 바빌론은 가장 크고 아름다운 도시였다. 키로스는 메디아, 리디아, 앗시리아를 점령함으로써 세력을 크게 확장했고, 페르시아를 제국의 반열에 올려놓았다. 그 후 키로스는 맛사게타이족을 공격한 전투에서 전사했다. 페르시아의 왕권은 키로스의 아들인 캄비세스에게 넘어갔다.

캄비세스가 이집트(아이깁토스)를 공격하자 이집트인들은 멤피스로 피신했으나, 도시가 포위당하자 결국 항복했다. 이에 리비아는 싸워보지도 않고 페르시아에 스스로 항복하고 조공을 바쳤다. 이로써 페르시아인들은 아시아를 통일하고, 북부 아프리카까지 영토를 확장했다.

폭군으로 알려진 캄비세스는 왕위를 이을 혈육도 없이 세상을 떠났다. 이에 마고스들이 왕권을 차지하려 했다. 다리우스(다레이오스)를 비롯한 7명의 요인이 마고스들의 계략을 간파하고 마고스들을 몰아냈다. 그 후 7인이 합의하여 다리우스가 페르시아의 왕권을 차지하게 되었다. 페르시아는 아시아에 있는 왕국들을 점령하고 이집트와 리비아마저 지배함으로써, 제국으로 부상했다.

다리우스는 소아시아의 지중해 연안에 있는 헬라스인들의 도시를 침략해서 이들을 페르시아의 세력권에 편입시켰고, 세금을 바치게 함으로써 그들의 이탈을 방지했다. 이같이 무력에 의한 경제적 수탈로 헬라스인들은 페르시아 인들을 더욱 반목하게 되었다.

다리우스는 늘어난 세수로 경제력을 더욱 키웠고, 이를 바탕으로 한때 아시아를 쑥대밭으로 만들었던 스키타이족 정벌에 나섰다. 다리우스는 70만 대군을 이끌고 칼케돈에서 보스포로스 해협을 건너 유럽으로 건너갔다. 흑해의 북서 해안의 도나우강(이스트로스강) 하구를 지나, 스키타이족에 접근했다.

스키타이족은 다리우스가 침공한 사실을 알고, 우물과 샘을 모두 메우고 주변의 풀을 모두 베어버렸다. 페르시아군과 정면으로 대결하지 않고, 그들이 공격하면 퇴각하고 물러나면 추격했다. 페르시아 기병들은 스키타이족이 퇴각하는 발자국을 따라 그들을 추격했지만, 따라잡을 수 없었다.

헤로도토스는 '스키타이족이 추격하는 자는 아무도 그들에게서 벗어나지 못하고, 그들이 따라잡히고 싶지 않으면 아무도 그들을 따라잡을 수 없다. 그들은 도시도 성벽도 없고, 집을 수레에 싣고 다니고, 말을 타고 활쏘기에 능한 불패의 부족'이라고 서술했다.

다리우스는 스키타이족에게 사절을 보내 흙과 물을 요구했다. 흙은 삶의 터전이고, 물은 생명의 근원으로 '흙과 물을 내놓으라는 것'은 '모든 것을 내놓으라'는 의미였다. 스키타이족은 항복을 거절했다. 다리우스는 스키타이족과 전투다운 전투를 해보지 못하고, 케르소네소스 반도를 거쳐 헬레스폰토스 해협을 건너 아시아로 퇴각했다.

다리우스는 헬레스폰토스 해협을 건너기 전에 메가바조스에게 8만 대군을 주어 거기에 잔류시켰다. 메가바조스는 페르시아에 협력하지 않는 헬레스폰토스 연안의 도시들을 정복하기 시작했다. 그는 다리우스의 명령에 따라 트라케를 통과하며 그곳에 사는 모든 부족을 페르시아 왕에게 복속시켰다. 메가바조스가 헬레스폰토스 연안과 트라케를 장악함으로써 그 후 벌어진 크세르크세스의 원정에 큰 도움이 되었다.

다리우스가 스키타이족 정벌에 나섰다가 빈손으로 퇴각한 후 아테네인들은 이오니아인들과 합세하여 소아시아의 사르데이스를 침공했다. 다리우스는 이에 대해 보복하고, 흙과 물을 바치기를 거부한 헬라스를 복속시키고 싶었다.

다리우스는 다티스에게 "아테네를 노예로 만들어 자기 앞으로 끌고 오라"고 명령했다. 다티스와 아르타프레네스는 페르시아군을 이끌고 사모스를 출발하여 에우보이아를 거쳐 앗티케에 상륙했다. 아테네의 밀티아데스는 마라톤에서 벌어진 격렬한 전투에서 페르시아군을 물리쳤다. 이로써 다리우스는 아테네를 눈엣가시처럼 여겼다. 헬라스의 비극 작가인 아이스킬로스가 마라톤 전투에 참전했던 것을 평생의 명예로 여겼다. 페르시아군이 아테네를 직접 침공하기는 처음이었다.

다리우스는 마라톤 전투의 참패와 캄비세스에 의해 복속되었던 이집트의 반기에 분노했다. 그는 아들인 크세르크세스를 후계자로 확정한 후 이집트와 아테네를 칠 준비를 하던 중 사망했다.

크세르크세스, 헬라스를 침공하다!

크세르크세스가 왕위에 오르자 반란을 일으켰던 이집트를 토벌하고, 이집트인들에게 가혹한 예속의 멍에를 씌웠다. 그는 이어서 식민도시의 부족들에게 함선, 보병, 기병대, 군량 등을 요구하며 헬라스와의 전쟁을 준비했다.

그는 원정에 앞서 헬레스폰토스 해협을 건너기 위해 긴 배로 선교를 설치하고, 마케도니아 지방의 아토스 반도 지협에 운하를 건설하도록 명했다. 페르시아군의 원정로인 곳곳에 군량 비축소를 선정해서 부족들에게 군량을 채우도록 지시했다.

그는 전 보병과 기병들을 캅파도키아 지방에 집결시켰다. 그는 직접 육군을 이끌고 리디아의 사르데이스를 거쳐 아비도스로 향했고, 해군은 사모스에서 출발하여 아비도스로 향했다. 아비도스는 지중해에서 프로폰티스해로 이어지는 관문이었고, 프로폰티스를 거쳐야만 흑해로 들어갈 수 있었다. 크세르크세스는 아비도스에 집결한 육군과 함선들을 관병觀兵하고, 조정경기를 관람하며 휴식을 취했다.

기원전 480년경 크세르크세스는 170만 대군을 이끌고 헬레스폰토스 해협을 선교로 건너 유럽의 관문인 케르소네소스 반도에 첫발을 내디뎠다. 여기서부터 육군은 해안과 가까운 길로 행군했으며, 함선은 해안을 끼고 나아갔다. 육군과 해군이 가까운 거리를 유지함으로써 긴급한 상황에 대처할 수 있도록 조치했다.

크세르크세스의 진군은 다리우스가 스키타이족을 정벌하기 위한 진군과 닮은꼴이었다. 다만 다리우스는 육군이 주력이었지만, 크세르크세스 군은 육군과 해군으로 구성되어 그 규모가 다리우스 때보다 몇 배나 컸다.

헤로도토스는 페르시아군의 규모가 45개 부족에서 파견한 보병 1,700,000명, 13개 부족에서 파견한 해군 517,610명, 10개 부족에서 파견한 기병 20,000명, 에우로페에서 징용된 군사 300,000명으로 구성되어 총 2,641,610명이었고, 그 외 하인들과 군량 수송선 선원, 비전투원을 합한 총인원수는 5,283,220명이었다고 기술했다.

현대 역사가들은 이러한 인원수에 의구심을 제기하며, 보병 170만 명은 30만 명 정도로 추정했다. 어느 정도 정확한지 알 수 없었지만, 실로 그 규모가 장대해서 그 위세가 하늘을 찔렀을 것으로 짐작되었다. 이러한 페르시아군의 위세에 대부분의 헬라스 도시국가들이 공포에 휩싸여 크세르크세스에 항복하고 부역했다.

수많은 부족이 원정에 참여해서 부대는 부족별로 편성되었고, 그 복장이나 무구가 부족별로 각양각색이어서 축제의 가장행렬과 비슷하지 않았을까 하고 상상해보았다. 비전투원 중에는 하인들이나 첩들도 섞여 있었다고 하니 전쟁이 아니라 축제 분위기였을지도 모를 일이었다.

그들이 행진하면서 일으키는 모래 먼지는 수십 리 밖에서도 볼 수 있었을 것 같았다. 이들이 작은 강의 강변에 야영하면, 사람과 군마의 식수와 용수로 강물이 말라버렸다. 어떻게 수백만 명의 식량을 조달했을까?

크세르크세스 군은 진군하는 길목에 있는 도시들을 지정하여 사전에 접대를 명령했다. 그 도시의 시민들은 곡식을 분배받고, 밀가루와 보릿가루를 빻고, 가축을 기르는데 여러 달을 소비했다. 왕과 함께 식사하는 사람들을 위하여 금과 은으로 술잔들과 포도주 희석용 동이들, 다른 식탁용 식기류를 만들었다. 군인들은 접대받은 후 다음 날 집기들을 모두 챙겨갔다. 그들이 머물다간 자리는 거대한 메뚜기 떼가 곡식을 훑고 지나간 들판처럼 피폐해져 주민들에겐 재앙이었다.

크세르크세스는 대규모 부대를 이끌고 압데라를 거쳐 테르메로 나아갔다. 그는 함대들이 아칸토스 운하를 거쳐 테르메 항에 집결하도록 명했다. 함선들이 항해 도중 폭풍을 만나 부서지기도 하고, 선원들이 많이 죽었다. 그는 결손 된 함선들과 선원들을 점거 지역에서 징발해 보충했다.

크세르크세스는 대군을 이끌고 피에리아를 거쳐 멜리스의 트라키스로 나아갔다. 이에 헬라스인들은 포키스로 내려오는 높고 좁은 길목인 테르모필라이를 지키기로 하고, 해군은 아르테미시온으로 항해해 가서 육군과 해군이 그들 가까이에서 지켰다. 레오니다스가 지휘하는 스파르타군 300명을 중심으로 한 헬라스군 5,400명은 테르모필라이 고개에 진을 쳤다.

레오니다스의 스파르타군은 최후의 일각까지 페르시아군을 저지하며, 고개에서 장렬하게 최후를 마쳤다. 레오니다스 왕은 '왕은 진격할 때는 앞장서고 물러날 때는 후미에 선다.'는 스파르타의 철칙을 지켰다. 테르모필라이 전투는 영화 〈300인의 용사〉로도 일반에게 잘 알려졌다. 이곳에 전사자들을 추모하는 비가 세워졌다.

> 지나가는 나그네여, 가서 라케다이몬 인들에게 전해주시오.
> 우리가 그들의 명령을 이행하고 이곳에 누워 있다고.

추모비에서 밝혔듯이 레오니다스를 비롯한 300인의 전사자들이 전제 군주의 명령으로 전투하다 전사한 것이 아니라, 라케다이몬인들의 명령을 이행하다 전사했다는 것을 밝히고 있었다. 그건 왕이 아니라, 법의 명령에 따랐다는 뜻일 것이다.

크레스크세스는 헬라스인들을 얕보았으나, 테르모필라이 전투 이후 라케다이몬(스파르타) 인들의 기상을 높게 평가했다.

테르모필라이 고개의 방어가 무너지자 페르시아군은 파죽지세로 포

2부 역사 125

키스, 보이오티아를 거쳐 앗티케로 진군했다. 테르모필라이 고개는 헬라스의 심장부로 향하는 육로의 길목이었다.

이에 스파르타를 중심으로 펠로폰네소스인들은 페르시아군의 침공에 대비해 앗티케에서 반도로 이어지는 이스트모스 지협을 가로질러 방벽을 쌓고 있었으며, 이들의 초미의 관심사는 펠로폰네소스가 살아남는 것이었다.

테미스토클레스는 아테네 앞 바다에 있는 살라미스섬 근처의 좁은 바다가 페르시아 함대를 맞아 싸우기에 유리하다고 강력하게 주장해 관철했다. 헬라스의 함대들은 아르테미시온 곶에서 아테네 앞바다인 살라미스로 총집결했다. 헬라스 함대의 총사령관은 스파르타의 에우리비아데스가 맡았다. 아테네인들은 가족들을 이웃 도시와 섬들로 피난시키고 전투에 대비했다.

살라미스는 헬라스의 함대와 페르시아의 함대로 뒤덮였다. 좁은 바다에서 양측의 함선들이 서로 부딪치고 뒤엉켜 전투가 벌어졌으며, 함선이 부서져 선원들이 바다에 빠져 죽었다. 페르시아 함선들은 헬라스 함선보다 크고 무거워 속도가 느려 좁은 바다에서의 해전에 불리했다. 헬라스인들은 헤엄을 잘 쳤고, 페르시아인들은 상대적으로 헤엄을 잘 치지 못해 인명 손실이 더 컸다. 페르시아군보다 해전에 익숙했던 아테네를 비롯한 헬라스군이 승리했다.

크세르크세스는 해전에서 패하자 페르시아군이 유럽에 갇힐 것을 두려워했다. 그가 은밀하게 퇴각을 결심했을 때, 마르도니오스가 자신에게 30만 정병을 주면 헬라스를 노예로 만들어 바치겠다고 맹세했다.

크세르크세스는 마르도니오스에게 30만 정병을 넘겨주고, 자신은 은밀하게 퇴각했다. 페르시아군이 유럽으로 진군할 때는 장엄하고 당당했으나, 퇴각할 때의 모습은 비참했다. 헬라스 원정에 동원되었던 대규모의 병사들과 비전투원들은 퇴각할 때 인원수가 많은 것이 오히려 재앙이 되었다. 식량이 떨어져 수많은 병사가 기아에 시달리며 풀, 나무 껍질을 훑어 먹으면서 행군했다. 가는 곳마다 식수가 달라져 이질에 걸려 병사들이 많이 죽었다. 그는 헬레스폰토스 해협을 건너 사르데이스에 도착했다.

한편 마르도니오스는 펠레폰네소스 반도를 목표로 이스트모스 지협 가까이 있는 메가라까지 진격했으나, 헬라스 연합군에 의해 격퇴당해 테바이로 철수했다. 마르도니오스 군과 헬라스 연합군이 플라타이아이 들판에서 대치했다. 이 전투에서 마르도니오스는 전사하고, 페르시아 최정예부대는 궤멸되었다. 아르타바조스가 남은 병사들을 이끌고 아시아로 도주했다.

페르시아가 군사를 크게 일으켜 헬라스를 침공함으로써 헬라스인들에게 큰 타격을 안겨주었지만, 살라미스 해전에서 패하고 퇴각함으로써 자신들도 엄청난 피해를 보았다. 페르시아인들은 펠로폰네소스 반도의 길목인 메가라까지 진군했으나, 반도에는 발을 들여놓지 못했다. 역시 전쟁을 일으키기는 쉬워도 완벽하게 이기기는 어렵다는 교훈을 얻었다.

테바이인들과 같이 페르시아의 위세에 눌려 부역한 헬라스인들이 많았다. 하지만 스파르타와 아테네를 중심으로 뭉친 헬라스인들은 결국 페르시아로부터 자신들의 자유를 지켜냈다. 테르모필라이 전투에서 전사한 스파르타의 레오니다스 왕은 전사로서의 모범을 보였고, 살라미스 해전을 승리로 이끈 테미스토클레스의 지혜가 돋보였다. 자유란 용기 있는 자들만이 누릴 수 있는 영예와 같은 것이었다.

《역사》를 통해 알게 된 사실

헤로도토스는 리디아와 메디아, 페르시아와 같은 아시아 왕국의 판도 변화, 왕가의 에피소드, 페르시아의 스키타이족 원정, 마라톤 전투, 페르시아의 헬라스 원정, 살라미스 해전을 상세히 소개했고, 이집트의 앞선 풍속이 헬라스에 어떤 영향을 미쳤는지에 대해 서술했다. 이러한 전쟁이나 풍속 이야기, 에피소드를 통해 선입견을 뒤엎는 흥미로운 사실을 새로이 발견했다.

헤로도토스는 이집트(아이깁토스)에서 최고 계층인 사제들을 통해서 그곳의 역사와 자연환경, 풍속 등에 대해 많은 이야기를 들었고, 나일강의 하구 모양, 생태계, 토양, 독특한 농사방법 등에 대해 소상하게 기술했다. 그들의 앞선 풍속이 헬라스에 전파되었던 것으로 여겼다. 그 외 이집트와 헬라스와의 교류에 대해서도 기술했다.

그는 이집트인들이 12신의 이름을 처음으로 사용했고, 헬라스에서 알려진 모든 신의 이름은 거의 이집트에서 도입되었다고 여겼다. 그들은 이미 신전을 지어 신에게 제를 올렸고, 디오니소스祭와 같은 축제도 열었다. 신과 관련된 건축물이나 의식도 헬라스 인들이 이집트로부터 받아들였다고 보았다.

이집트인들은 처음으로 해年를 발견해 그것을 12등분 했고, 등분마다 30일이 되도록 나누었다. 이는 계절의 주기가 오늘날의 역년과 거의 일치했다. 헬라스인은 계절과 날짜를 맞추기 위해 한 해 걸러 한 번씩 윤달을 삽입했다. 헤로도토스는 역년을 계산하는 방법에서 이집트인들이 헬라스인보다 더 합리적이라 여겼다.

이집트인들은 나일강 주변에 많이 모여 살았고, 그들의 의식주 생활은 나일강의 생태계와 관련이 깊었다. 나일강의 삼각주나 주변 충적토에서 자생하는 백합이나 파피루스를 먹었고, 생선들을 잡아 말려 먹었다. 파피루스를 뱃밥으로 사용하기도 했고, 파피루스로 종이를 만들어 기록했다. 이집트인들에게 파피루스는 매우 유용한 식물이었다.

이집트의 세소스트리스 왕은 전쟁 포로들을 이용하여 수많은 운하를 만들어 나일강의 물을 내륙의 도시들에 공급했다. 그는 국토를 네모난 크기로 나누어 경작하게 하고, 소작료를 받아 세수를 충당했다. 이를 위해 토지를 측량하고, 정확한 크기로 나누면서 기하학이 창안되었고, 헬라스도 이를 받아들였다.

이집트인들은 죽은 자를 몰약 등을 이용해서 미라로 만들었는데, 그 방법을 자세히 기술했다. 왕의 시신은 미라로 만들어 피라미드에 안치했다. 그들은 피라미드를 건축하기 위해 지레와 기중기를 사용했다. 그들은 사자의 몸에 파라오의 얼굴을 한 스핑크스를 건축했다. 이러한 피라미드와 스핑크스는 이집트를 대표하는 유물로 남았다.

그들에 의하면, 이집트는 최초의 왕에서 최후의 왕까지 341세대로, 인간의 3세대가 100년이므로 인간의 341세대는 11,340년 동안 이어진 것으로 추측되었다. 그 세대마다 대사제와 왕이 한 명씩 있었다고 했다. 이에 대한 역사적 자료는 찾기 어려웠다.

이집트 왕인 프삼메티코스는 이오니아인들과 카리아인들의 도움으로 '12왕 체제'를 무너뜨리고, 단독 왕 체제로 되돌아갔다. 왕은 보답으로 그들에게 땅을 주어 살게 해주었고, 그곳 아이들에게 헬라스 말을 가르치게 했다. 이때 헬라스 말을 배운 소년들의 자손들이 통역관으로 활동하게 되었고, 헬라스인들이 그들과 교류함으로써 프삼메티코스 왕 이후의 이집트 역사를 정확히 알게 되었다고 했다.

그후 아마시스 왕은 헬라스인들에게 거주할 수 있는 도시를 내주었고, 참배할 수 있는 신전도 건립해주어 양측의 교류가 더욱 활발해졌다. 이집트는 아마시스 왕 치세에 최대의 번영을 누렸다. 헤로도토스는 '강은 대지에게 베풀었고, 대지는 인간들에게 베풀었다.'고 기술했다.

헬라스인들은 페르시아를 비롯한 비헬라스인들보다 모든 면에서 우월하다는 의식을 가졌다. 따라서 비헬라스인은 야만인을 통칭해서 부르는 말이기도 했다. 헤로도토스는 헬라스인들의 이러한 잘못된 혹은 자기중심적인 견해를 바로 잡고자 했다.

흔히 로마의 여러 가지 제도나 풍습은 그리스에서 비롯되었다고 보았다. 그리스는 비헬라스인 페르시아와 이집트의 영향을 받았던 사례들이 많이 발견되었다.

가령 포이니케인들이 알파벳을 그리스에 전해주었다. 로마 군대의 백인대장은 페르시아의 만인대장, 백인대장 등을 모방했던 것으로 보였다. 로마가 자랑하는 '로마가도'도 로마의 독창적인 시설이 아니었다. 이미 페르시아에는 수도 수사로 올라가는 전 노정에 왕실 역참과 여관이 있었고, 도로는 인가를 따라 안전한 곳으로 나 있었다. 로마가 이를 벤치마킹해서 '로마가도'를 건설했을 것으로 보였다.

헤로도토스는 이집트인들이 최초로 사후 세계가 있다는 것을 믿었다고 했다. 이집트의 람프시니토스 왕은 살아서 저승인 하데스로 내려가서 데메테르 여신과 주사위 놀이를 하고, 이야기도 나누고, 황금 두건을 선물로 받아 지상으로 돌아왔다고 했다. 호메로스는 오디세우스가 두 번이나 저승으로 내려가 어머니와 전우들의 혼백을 만나는 장면을 그렸다. 이와 같은 저승 이야기는 이집트 왕이 저승으로 내려갔던 이야기에서 비롯되었을 가능성이 높아 보였다.

이집트인들은 육신이 죽으면 영혼은 다른 생물 안으로 들어가고, 육지 짐승들과 바다짐승들과 날짐승들을 두루 거친 뒤 다시 어린아이의 몸속으로 들어가는데, 한 번 순환하는 데 3,000년이 걸린다고 믿었다. 이건 불교의 윤회설을 닮았다.

헤로도토스는 이집트인들이 최초로 영혼 불멸을 믿었다고 주장했다. 그들은 죽은 자의 시신으로 미라로 만들어 피라미드에 안치했다. 인간은 신처럼 영생할 수는 없지만, 그 영혼은 사라지지 않는다고 여겼다. 인간에게 사후 세계가 있다고 여겼다. 이러한 영혼 불멸은 신과 연결되고, 인간은 죽음 앞에서 신을 두려워하게 되었다.

헤로도토스는 아테나 여신의 의상과 아이기스는 헬라스인들이 리비아 여인들의 의상을 모방한 것이라고 확신했다. 리비아 여인들은 염소 가죽으로 된 겉옷을 입었는데, 아이기스라는 이름 자체가 염소 가죽이란 뜻의 '아이게스'에서 비롯되었다고 했다. 마차에 말 네 필을 매는 것도 헬라스인들이 리비아인들에게 배운 것이라고 확신했다.

이 '아이기스'는 처음엔 제우스의 상징인 방패였으나, 이후 아테나 여신도 아이기스를 들고 다니는 것으로 묘사되었다. 오늘날 '아이기스'가 '이지스(Aegis)'라는 영어식 발음으로 사용되고 있었다. 해군 함정인 이지스함의 '이지스'는 '신의 방패'를 의미하는 '아이기스'에서 따온 것이었다.

《역사》를 읽으면서, 크세르크세스가 헬라스를 침공하기 위해 거쳐 간 지역과 도시, 섬들을 지도에서 하나하나 대조해 보았다. 그 지명이 오늘날의 지도에도 정확히 일치하는데 놀라웠다. 마치 그 지도를 펼쳐놓고 글을 쓴 것처럼 여겨졌다.

헤로도토스는 수많은 여행을 통해 지리적 정보를 많이 확보했던 것으로 보였다. 이러한 지리적 정보를 바탕으로 여러 부족의 이동이나 왕국들의 세력 판도, 전쟁을 위한 원정 경로를 정확하게 기록할 수 있었다.

헤로도토스는 당시 떠돌던 세계지도에 대한 견해를 밝혔다. 당시 여러 사람이 그린 다양한 세계지도를 보면 실소를 금할 수 없다고 했다. 그들은 대부분 오케아노스가 컴퍼스로 그린 듯 둥근 대지를 감돌아 흐르는 것으로 그렸고, 아시아를 에우로페만큼 큰 것으로 만든다고 꼬집었다.

당시 대부분 오케아노스 강이 대지의 끝을 둥글게 에워싸고 있다고 생각했는데, 헤로도토스는 오케아노스 강이 허구라고 서술하진 않았지만, 오케아노스 강에 대해 회의적이었던 것으로 보였다. 이건 과학적으로 진일보한 의견이었다.

헤로도토스는 도나우강 이북과 유럽의 서쪽 끝이 어떤지 알 수 없다고 기술했다. 아프리카 대륙이 하나의 큰 반도라 여겼다. 유럽은 아시아와 아프리카를 합친 것보다 더 컸다고 기술했다. 헬라스인들은 세계가 에우로페와 아시아, 리비아로 구분된다고 생각했다. 아시아와 리비아를 가르는 경계는 나일강이라고 보았다.

이집트의 서쪽에는 리비아의 유목민들이 살고 있었으며, 내륙으로 더 들어가면 야수가 득실대는 지역이 나오고, 거기 너머에는 헤라클레스의 기둥에 이르기까지 모래언덕이 이어진다고 여겼다. 10일 거리마다 새로운 소금 언덕과 샘이 있고, 그 주위에 사람들이 살고 있다고 확신했다.

헤로도토스는 에우로페(유럽)가 아시아나 아프리카를 합친 것보다 크다고 생각한 것이나, 아프리카 대륙을 커다란 반도 정도로 인식한 것은 오늘날의 기준으로 보면 오류로서 당시의 세계 지리에 대한 인식 수준을 확인할 수 있는 대목이었다. 당시에는 '아프리카'라는 개념 자체가 없었다.

그는 에우로페 중에서도 도나우강(이스트로스)의 이북은 대륙이 얼마나 넓은지 바다가 있는지 알 수 없다고 기술했다. 다만 매우 추울 것이라고 짐작했다. 모든 아시아 민족들 가운데 인디아인들이 맨 동쪽에 살고 있고, 인디아의 동쪽은 모래뿐인 사막이라고 했다. 그는 중국과 극동 아시아의 존재를 알 수 없었다.

헬라스인들은 육지로 다니는 것만큼이나 배를 타고 여행을 많이 했다. 이들에게 함선은 말과 함께 필수적인 이동수단이었다.

함선은 일단노선, 이단노선, 삼단노선으로 구분되었다. 일단노선은 단층으로 된 함선으로 노잡이가 50명이면 오십 노선이라 했다. 이단노선은 2층으로 된 함선으로 1층엔 노잡이 100명, 2층엔 전사들 100명, 총200명이 탈 수 있는 함선이었다. 삼단노선은 1층과 2층엔 각각 노잡이 100명씩, 3층엔 전사들 100명, 총300명이 탈 수 있는 함선이었다.

이 함선들은 나무판자를 붙여서 만들었는데, 판자 이음새 사이로 물이 들어올 수 있기 때문에 대팻밥이나 파피루스 등으로 틈새를 메웠다. 이 대팻밥 등을 뱃밥이라고 했다.

또한 판자의 부식을 방지하고, 방수를 위해 배의 표면에 역청을 발랐던 것으로 추측되었다. 역청은 가소성과 접착성이 뛰어나 방수나 방염의 효과가 컸다. 역청은 아스팔트로 역청을 발랐던 함선은 검은색이었다. 호메로스는 《일리아스》와 《오디세이아》에서 함선을 '검은 함선'이라 표현했다.

올리브 나무는 헬라스의 척박한 땅에도 잘 자라 지중해 연안의 특산물이었다. 헬라스인들은 그 열매로 올리브유를 만들거나 식자재로 조리하여 즐겨 먹었고, 목욕 후에는 올리브유를 피부에 발라 피부를 보호하는 데도 사용했다. 기원전 2,400년경의 점토판 기록에 의하면, 올리브유의 가격이 포도주의 5배로 책정되었을 만큼 비쌌다.[49] 지중해 국가들은 수 세기에 걸쳐 올리브 무역으로 부를 일궜다.

아테네인들은 올리브 나무를 아테나 여신이 주신 선물로 여겼다. 올리브 가지는 신에 대한 탄원자의 표시로 사용했을 뿐만 아니라, 그리스인들과 로마인들은 항복의 표시로 올리브 가지를 쳐들었다. 올리브 가지는 평화의 상징으로 여겨졌다. 《성경》에도 올리브는 빛과 평화, 신의 은총을 의미하는 것으로 여겨졌다.[50] 헬라스인들은 올리브 나무를 신성한 나무로 여겼다.

신神은 고대인들에게 어떤 의미였나?

헤로도토스는 고대 그리스인에게 신을 만들어준 것이 호메로스와 헤시오도스라고 했다. 호메로스 이전에도 이집트인들이 제우스나 디오니소스 등과 같은 12신의 이름을 처음 사용했다고 했다. 그는 고대 그리스인들이 이집트인들이 사용했던 신의 이름을 빌려왔다고 보았다. 여기에다 신과 관련한 이야기가 덧붙여지면서 신의 수가 많아졌고, 헤시오도스는 이런 신들의 관계를 정리하여 《신들의 계보》를 정리했을 것으로 추측되었다.

필멸의 인간은 영생하는 신들에게 의지했다. 신전을 지어 제를 지내

---

49) 케빈 홉스, 데이비드 웨스트(김효정 옮김), 나무 이야기, 한스 미디어(2020), P.31
50) 케빈 홉스, 데이비드 웨스트, 앞의 책, P.31

고, 귀중품을 봉헌했다. 국가는 전쟁을 앞두고 어떻게 대처해야 할지 망설일 수밖에 없었다. 앞날을 알 수 없는 선택의 기로에 섰을 때 신전을 찾아 신탁에 의지했다.

델포이는 아폴론 신전이 있는 곳으로 '델포이 신탁'은 고대 그리스에서 가장 명망 있고 권위 있는 예언의 중심지였다. 국가나 개인이 중대사를 앞두고 델포이를 찾아 신의 뜻을 묻곤 했다. 이곳은 단순히 예언의 장소를 넘어 그리스 사회의 통합과 각 폴리스 간의 유대를 강화하는 구심점 역할을 했다. 신탁은 기원전 8세기부터 이어져 왔던 것으로 추정되었다.

국가의 지도자들이 델포이 신전에 사절을 보내 전쟁에 대해 어떻게 대처해야 할지를 질문하면 신탁을 전하는 무녀인 퓌티아가 예언을 내놓았다. 그녀는 모호하고 다층적인 의미를 지닌 예언을 호메로스의 서사시와 같은 헥사메트론 형식으로 내놓았다. 이러한 모호성으로 인해 신탁을 풀이하면서 의견이 엇갈리는 경우도 많았고, 신탁을 잘못 해석해서 큰 화를 입기도 했다.

아테네인들이 페르시아와의 결전을 앞두고 퓌티아가 신탁을 내렸다.

> 트리토게네이아여, 멀리 보시는 제우스께서는 그대에게
> 나무 성벽을 주실 것인즉, 이 나무 성벽만이 파괴되지 않고
> 그대와 그대의 자식들을 도와주게 되리라. 그대는 대륙에서
> 기병과 보병의 대군이 다가오기를 가만히 기다리지 말고
> 등을 돌려 도망쳐라. 언젠가는 적군과 맞설 날이 다가오리라.
> 신성한 살라미스섬이여, 데메테르가 씨를 뿌리거나
> 수확할 때, 너는 여인들의 자식들을 죽이게 되리라.

이 신탁의 의미를 둘러싸고, 의견이 분분했다. 테미스토클레스는 살라미스 주민들이 죽게 되었다면, '신성한 살라미스섬'이라고 하지 않았을 것이라고 주장했다. 또한 '나무 성벽'이란 곧 함선들을 말하는 것인 만큼 해전을 준비해야 한다고 말했다. 이런 결론에 이르러 아테네는 살라미스에서 해전을 준비했다.

오늘날의 시각으로 보면 신탁에 대해 의구심을 품을 수밖에 없지만, 헤로도토스는 신탁의 진실성을 부인하고 싶지 않을 뿐만 아니라, 남이 부인하는 것도 용납하고 싶지 않다고 했다. 그는 신탁의 말씀이 명명백백하다고 했다. 고대 그리스인들은 신탁의 진실성을 확언하고 있었던 것 같았다.

각 민족은 신마다 날짜를 정해서 제물을 바쳐 제를 지냈고, 제물로 참가한 사람들이 함께 음식을 나누어 먹었다. 신에 따라 제 지내는 날을 지정하여 축제를 열었다. 판 아테나이제, 디오니소스제 등이 그 예이다. 축제 행사로 경기를 하거나, 춤을 추고 노래를 불렀다. 디티람보스는 디오니소스에게 바치는 찬가였다.

헬라스의 도시국가들은 같은 신을 믿는 도시들끼리 신전과 그 제의를 지키고 유지하기 위하여 동맹을 결성했다. 예를 들어 봄에는 아폴론 신전, 가을에는 데메테르 신전에서 함께 제물을 바치는 인근 국가들이 인보동맹을 맺었다. 이 도시국가들끼리 4년마다 피토 경기를 열기도 했다. 이러한 모습은 도시국가들이 신전에서 함께 제의를 올림으로써 결속력을 다져 동맹을 더욱 굳건히 했다.

페르시아 함대가 아테네를 침공하기 위해 난바다로 항해하다 폭풍과 폭우를 만나 많은 함선이 좌초되고, 선원들이 전사하자, 헤로도토스는 이를 "페르시아 군세를 헬라스 군세와 대등하게 만드시려는 신의 뜻에서 비롯된 것이다."라고 서술했다. 그는 인간의 오만함을 꺾으려는 신의 의지를 한 치의 의심도 없이 받아들였다.

헤로도토스는 무엇을 이야기하려 했는가?

헤로도토스는 《역사》의 마지막 부분에 키로스의 경고를 기술했다. 신하가 키로스 왕에게 "이 좁고 울퉁불퉁한 곳을 떠나 더 나은 곳으로 옮기자."고 하자, 키로스는 "부드러운 나라에는 부드러운 남자들이 태어나는 법, 놀라운 곡식들과 용감한 전사들이 같은 땅에서 태어나기란 불가능하기 때문이오."라고 했다. 그는 평화를 경작하며 남의 노예가 되느니 척박한 땅에 살며 지배자가 되길 원한다고 했다.

투키디데스는 《펠로폰네소스 전쟁사》에서 헬라스라 불리는 나라에서는 토착민이 없었다고 했다. 땅이 기름진 곳일수록 몇몇 사람이 큰 세력을 얻어 파쟁을 일으켰다. 이들은 외부에서 침략자들을 끌어들였고, 이에 따라 주민들이 자주 바뀌었다.

반면 땅이 척박한 앗티케 지방은 파쟁이 없었고, 늘 같은 사람들이 정착해 살았다. 이웃 나라에서 쫓겨난 유력자들이 아테네로 망명하여 그곳의 시민이 되었고, 도시의 인구가 증가하게 되어 이오니아 지방에까지 이주민을 내보냈다.[51] 아테네는 척박한 땅인데도 불구하고 강력한 도시국가로 부상했다. 키로스의 경고는 헤로도토스의 혜안과 투키디데스의 의견이 일치하는 대목이기도 했다.

아테네는 참주정에서 민주정으로 정체가 바뀌었다. 아테네인들은 참

---

51) 투키디데스(천병희 옮김), 펠로폰네소스 전쟁사, 숲(2014), p29

주에서 벗어나자 '법 앞에 평등'한 자유민이 되어 뛰어난 전사가 되어 점점 강성해졌다. 그들은 '자유'와 '평등'을 소중한 가치로 여겼다. 이를 지키기 위해 외세와 끊임없이 전쟁을 치렀다.

헤로도토스는 아테네인들이야말로 헬라스의 구원자라고 해도 결코 틀린 말이 아니라고 했다. 그들이 페르시아에 맞섬으로써 나머지 헬라스인들을 분기시켜, 신들의 도움으로 페르시아를 물리쳤다고 판단했다. 그들은 마라톤 전투에서 페르시아군을 물리쳤고, 살라미스 해전에서도 크세르크세스 함대를 물리쳐 페르시아와의 전쟁을 승리로 이끈 주역이었다. 그들은 피로써 자유를 지켰고 그 자유를 만끽하며, 더욱 용감한 전사로 거듭났다.

아테네는 라우레이온 은광의 발굴로 국고 수입이 크게 늘어나자, 아테네인들은 그 돈을 분배하려 했다. 이에 테미스토클레스는 전쟁에 대비해 함선 200척을 건조하자고 아테네인들을 설득했다. 이렇게 건조된 함선들은 살라미스 해전에서 요긴하게 사용되었다.

그때 은광에서 들어온 수입을 시민들에게 나누어 주었더라면 순간적인 인기는 얻을 수 있었을지 모르지만, 후에 닥칠 큰 전쟁에 제대로 대비하진 못했을 것이다. 현재를 절제하고 미래를 대비한다는 것은 개인이나 나라의 명운을 좌우할 수 있다고 생각했다.

조선시대 이이의 '10만 양병설'이 생각나지 않는가? 조선 왕들과 관료들은 이를 귀담아듣지 않고, 당파싸움만 하다 임진왜란을 맞았다. 아무런 대책이 없었던 조선은 쑥대밭이 되었다. 이러한 사실은 '전쟁을 준비한 나라는 전쟁을 막을 수 있지만, 전쟁을 준비하지 않은 나라는 참화를 당한다.'는 역사적 교훈을 되새기게 했다. 유비무환有備無患! 깊이 새겨야 할 교훈이다.

기원전 560년 크로이소스는 35세 나이로 리디아의 왕위에 올랐다. 그는 할리스강 서쪽에 사는 소아시아의 거의 모든 민족을 복속시켰다. 오늘날 거부巨富의 대명사로 알려질 정도로 그는 권력과 부를 한 손에 쥐고 있었다. 헬라스 학자들이 번영의 절정에 있던 리디아의 수도 사르데이스를 많이 찾았다.

그리스의 현인인 솔론도 크로이소스를 만날 수 있었다. 크로이소스는 은근히 자신이 가장 행복한 사람으로 여기고, 솔론에게 "이 세상에서 가장 행복한 사람을 만난 적이 있는지?"라고 물었다.

솔론은 아테네의 텔로스가 가장 행복한 사람이라고 했다. 그는 행복의 기준으로 탁월한 자손, 넉넉한 살림, 전장에서 공을 세우는 것, 사후 명예 등을 제시했다. 크로이소스가 솔론에게 "그대는 내 행복은 완전히 무시하는 거요?"라고 물었다.

이에 솔론은 "누군가 죽기 전에는 그를 행복하다고 부르지 마시고, 운이 좋았다고 하소서. 물론 한 사람이 그런 복을 다 타고날 수는 없사옵니다. 한 나라도 필요한 것을 다 갖추지 못하고, 어떤 것이 있으면 어떤 것은 없나이다. (중략) 무슨 일이든 그 결말이 어떻게 되는지 눈여겨보아야 하옵니다. 신께서 행복의 그림자를 언뜻 보여주시다가 파멸의 구렁텅이에 빠뜨리시는 경우가 비일비재하니까요."

크로이소스는 불쾌한 마음으로 솔론을 냉담하게 떠나보냈다. 그는 리디아 왕으로서 부와 권력을 한 손에 쥐고 있어서 자신이 가장 행복하다고 생각했었다.

하지만 자신의 두 아들 중 한 명은 농아聾兒였고, 출중했던 아들은 친구와 사냥을 나갔다가 친구가 던진 창에 맞아 죽었다.

그 후 크로이소스는 캅파도키아로 출병해서 페르시아 왕인 키로스와 맞섰으나, 이 전쟁에서 패해 수도인 사르데이스가 함락되었다. 그는 키로스에게 사로잡혀 그의 종이 되어 목숨을 부지할 수 있었다.

크로이소스는 인생 말년에 이르러 불운의 대명사가 되었다. 크로이소스도 자신의 삶이 최고의 정점에서 말년에 바닥으로 추락한 것을 확인하고, '인생사가 수레바퀴와도 같다.'는 것을 깨달았다.

크로이소스의 5대조인 귀게스는 왕을 시해하고, 왕위를 찬탈했다. 헤로도토스는 5대조의 죄업으로 크로이소스에게 무서운 신벌이 내렸다고 했다. 고대 그리스인들은 죄를 지으면 반드시 벌을 받게 되어 있고, 죄를 지은 자가 벌을 받지 않으면 자손이 대신 신벌을 받는다고 여겼다.

솔론은 "인간은 전적으로 우연의 산물"이라고 했다. 그 운명이란 것이 지속적이지 못하고 행복이 극에 달하다가도 어느 순간 신의 시기심으로 불행의 나락으로 떨어질 수 있다. 인간이 우연의 산물이듯이, 인간이 만들어내는 역사도 우연적이라는 생각이 들었다.

이러한 솔론의 행복론은 오늘날에도 널리 인용되고 있다. 그의 행복론이나 운명론을 접하면, 누구나 신 앞에 겸허해질 수밖에 없다. 헤로도토스는 인간의 행복이란 덧없는 것이라고 했다.

크세르크세스 왕이 헬라스를 침공할 계획을 의논하자, 그의 숙부인 아르타바노스는 "신께서는 생물 중에 월등히 큰 것들을 벼락으로 치시어 그것들이 잘났다고 우쭐대지 못하게 하시고, (중략) 신께서는 항상 가장 큰 집들과 가장 큰 나무들에 벼락을 치시옵니다."라며, 인간의 운명을 쥐고 있는 신 앞에서 겸허하게 처신할 것을 요청했다. 이는 자만과 교만을 경계하라는 간언이었다.

　페르시아군이 헬레스폰토스 해협을 건너기 전 해협에 놓은 다리가 세찬 강풍으로 산산이 부서졌다. 이에 크세르크세스는 노발대발하며 헬레스폰토스에게 매 300대를 치고 바닷물에 족쇄 한 쌍을 내리라고 명령했다. 그가 바다를 벌할 정도로 얼마나 기고만장했는지를 알 수 있었다.

　아놀드 토인비는 '역사를 바꾸는데, 성공한 창조적 소수가 그 성공으로 인해 교만해져서 남의 말에 귀를 막고 독단적으로 행동하다 판단력을 잃게 되는 것'을 가리켜, '휴브리스Hyubris 함정'[52] 이라고 불렀다. 그 휴브리스는 교만을 뜻하는 말이었다.

　이같이 개인이나 지도자가 '휴브리스 함정'에 빠지게 되면, 그동안 일구어놓았던 개인의 명예나 사업, 나라의 국력도 일순간에 추락하거나 쇠퇴의 길로 접어든다는 교훈이 담겨있었다. 이러한 사례들을 우리 주변에서 많이 발견할 수 있었다.

※ 텍스트
- 헤로도토스(천병희 옮김), 역사, 숲, 2015

※ 참고도서
- 투키디데스(천병희 옮김), 펠로폰네소스 전쟁사, 숲, 2014
- 케빈 홉스 외 2(김효정 옮김), 나무 이야기, 한스미

---

[52] 나무위키, 〈휴브리스〉

2부 역사　141

헬라스의 비극, 《펠로폰네소스 전쟁사》

지중해 지도를 들여다보며

　지중해를 중심으로 작성된 지도를 펼치자 어느 여름 그리스와 터키를 여행했던 기억이 떠올랐다. 그리스 아테네에서 구불구불 이어진 지중해 해안을 따라 수니온곶으로 버스는 달렸다. 해안가 모래밭에 노인들이 여기저기 돗자리를 펼쳐 놓고, 바다를 바라보는 모습들이 평화스러웠다. 가이드는 "그리스는 노인들의 천국"이라며 너스레를 떨었고, "지중해 바닷물은 석회질이 많아서 뿌옇게 보인다."고 덧붙였다. 그 곳이 펠레폰네소스 전쟁 당시 해상의 요충지였다는 생각은 하지 못했다.

　그리스 여행 일정을 마치고 지중해 상공을 지나 터키의 이스탄불로 날아갔다. 거기서부터 옛 소아시아의 지중해 해안에 위치한 유적지들을 따라 버스 여행이 시작되었다. 안탈리아에 도착해서 해안가의 호텔에 여장을 풀었다. 호텔 바로 아래엔 지중해 바닷물이 남실거렸다. 호텔 뒤 해안가에서 여러 명이 수영을 하고 있었다. 호텔 뒷문을 통해 해변으로 내려가 지중해에 몸을 담갔다. 이국의 바다는 조심스러우면서도 짜릿했다. 바닷물이 미지근한 게 수영하기에 안성맞춤이었다. 후배와 함께 작은 돌섬까지 헤엄을 치며 즐거운 시간을 보냈다.

그 수년 후 《펠레폰네소스 전쟁사》를 읽으면서, 지중해에서 수영했던 추억을 떠올렸다. 지중해를 수없이 지나다녔던 함선들은 물결 속으로 자취를 감추었고, 전사들의 함성과 비명은 창공으로 사라졌다. 지중해 바닷물은 정화수라는 생각이 들었다. 햇빛을 되비추는 물비늘이 수천 년 전 노를 저었던 선원들과 전사들의 넋을 어루만지는 것처럼 여겨졌다.

펠로폰네소스 전쟁의 무대였던 에게해는 지중해 동쪽에 위치한 소아시아의 리아스식 해안으로 둘러싸여 있고, 온갖 모양의 크고 작은 섬들이 수없이 흩어져 있었다. 신이 디자인한 아름다운 호수 같았다.

기원전 5세기에도 지중해라는 개념이 있었는지 알 수 없었다. 그리스 반도와 소아시아 사이의 바다를 아이가이온해(에게해)라고 불렀다. 또한 그리스 반도와 이탈리아 반도 사이의 북쪽 바다를 아드리아스해, 남쪽 바다를 이오니오스해라고 불렀다.

그리스 본토의 남쪽에 위치한 앗티케 지방에서 서쪽으로 이어지는 이스트모스 지협에 특이한 모양의 나뭇잎이 달린 것처럼 연결된 반도가 펠레폰네소스였다. 어쩌면 짧은 사지가 달린 괴물 어류가 바다 위에 떠 있는 것처럼 보이기도 했다.

펠레폰네소스는 '펠롭스의 섬'이란 뜻이었다. 펠롭스는 반도의 도리에이스족을 통치했던 왕으로 아가멤논의 조부였다. 펠레폰네소스는 펠롭스에서 유래되었다. 당시 사람들에겐 펠레폰네소스가 섬처럼 여겨졌던 모양이었다.

투키디데스가 저술한 《펠로폰네소스 전쟁사》를 읽으면서, 아테나이군 함선의 원정 경로와 라케다이몬 중무장 보병들의 이동 경로를 지도에서 확인했다. 마치 원정길에 나선 전사들을 동행하는 기분이었다.

함선이 지나다녔던 바닷길의 수많은 크고 작은 섬들과 반도와 곶, 수많은 도시국가의 지명을 현대 지도에서 확인하면서 그 정확성에 감탄하지 않을 수 없었다. 당시의 지도는 오늘날처럼 정확하지 않았다. 교통 통신이 매우 제한적이었던 당시에 그 수많은 지리와 전쟁 상황에 대한 정보를 어떻게 수집했을까?

헬라스 세계의 주요 민족인 도리에이스족, 아이올레이스족, 이오네스족, 아카이오이족이 지중해의 연안과 섬에 흩어져 수많은 도시국가를 이루었다. 이들이 어떻게 협력하고 경쟁했는가? 투키디데스는 《펠로폰네소스 전쟁사》에서 이들의 협력과 경쟁을 명료하게 서술했다.

투키디데스의 역사 기술

기원전 424년경 투키디데스는 아테나이 장군으로 선출되었다. 그는 마케도니아 남부 암피폴리스가 라케다이몬인들에게 함락되는 것을 막지 못한 까닭에 고국에서 추방되었다. 기원전 404년 펠로폰네소스 전쟁이 끝나고, 사면받을 때까지 그는 귀국하지 못했다. 그는 전쟁사에서 다음과 같이 기술했다.

나는 사건의 의미를 이해할 만한 나이에 정확히 알려고 주의를 기울이며 전쟁을 처음부터 끝까지 체험했으며, 또 암피폴리스에서 군대를 지휘하다가 20년 동안 조국에서 추방되기도 했다. 그래서 양쪽 사정을, 추방된 입장에서 특히 펠로폰네소스 쪽 사정을 잘 볼 수 있었는데, 그런 여가는 내가 본 것을 냉정하게 고찰할 기회도 주었다.

그는 아테나이 장군으로서 군대를 지휘했었다. 그 경험으로 일반인보다 정치적인 역학관계에 대한 이해가 넓고 깊었을 것이고, 군사 전략이나 지리, 정보에 밝았을 것으로 보였다. 또한 고국에서 추방되어 전쟁에 직접 참여하지 않음으로써, 한 발 떨어져서 전쟁의 추이를 관찰할 수 있었고, 시간적인 여유를 갖고 자료를 수집하면서 전쟁사를 집필했을 것으로 추측되었다.

투키디데스는 '사람들이 대부분 진실을 규명하고자 노력하지 않고, 전해오는 이야기라면 무엇이든 받아들인다.'고 비판했다. 이런 점에서 후세 사가들이 헤로도토스와 투키디데스를 대비시켜 비교했다. 역사적 사실의 증거에 따라 기술해야 한다는 자신의 원칙을 다음과 같이 밝혔다.

주제가 무엇이든 찬양하려는 시인의 시구나, 사실을 이야기하기보다는 청중의 주목을 끄는 데 더 관심이 많은 산문 작가의 기록에 방해받지 않을 것이다. 그들이 다루는 주제는 증명의 영역 밖에 있으며, 세월이 흘러 대체로 사료로서의 신뢰성을 상실하여 신화의 영역에 속한다. 대신 우리는 가장 확실한 증거들에 힘입어 고대사를 나름대로 충분히 규명하고자 한다.

그는 전쟁의 발발과 과정, 결말의 인과관계를 명료하게 기술했다. 자연재해나 질병과 같은 우연한 변수가 전쟁의 계획을 어떻게 뒤틀어버렸는지, 동맹국이 어떤 이해관계에 의해 이합했는지를 심리적이고 역학적인 관점에서 기술한 점이 탁월했다. 또한 지도자들의 성향과 이해관계가 전쟁에 대한 의사결정에 오판을 불러일으킬 수 있고, 그런 오판이 얼마나 참담한 결과를 초래할 수 있는지도 밝혔다. 장군이나 병사들의 사기와 공포가 어떻게 조성되고, 이런 심리적인 것들이 어떤 결말로 이어졌는지를 서술한 것에서 인간의 본성을 꿰뚫어 보는 혜안을 느꼈다.

루소는 투키디데스가 모범적인 역사가라고 평가했다. 그는 자신이 판단하지 않고, 우리 스스로 판단할 수 있도록 필요한 사실을 하나도 빼지 않고, 사건과 독자 사이에 끼어들지 않고 자신은 모습을 감춘다고 했다.[53]

후세 학자들은 투키디데스를 서양에서 가장 철학적이고 깊이 있는 역사가라고 평가했다.

헬라스의 두 주역, 스파르테와 아테나이

투키디데스에 의하면 호메로스 이전엔 '헬라스'란 이름은 존재하지 않았다. 그리스의 이곳저곳에 사는 여러 부족의 이름이 지역 이름을 대체하고 있었다. 이후 헬렌家는 프티오티스를 중심으로 그 세력이 커지자 그 일대를 '헬렌이 지배하는 영토'라는 의미로 헬라스(그리스)란 말이 사용되었다.

헬라스에는 토착민이 없었고, 여러 부족이 이주해 와서 살다가 침입자의 압박을 받으면 미련 없이 살던 곳을 떠나곤 했다. 그들은 교역도 하지 않았고, 육로든 바닷길이든 안전하게 통행할 수 없었다.

땅이 기름진 곳일수록 주민이 자주 바뀌었다. 비옥한 지방에서는 몇

---

53) 장 자크 루소(민희식 옮김), 에밀, 육문사(2021), p.407

몇 사람이 큰 세력을 얻게 되어 파쟁이 발생했는데, 그것은 공동체를 파괴할 뿐 아니라 외부에서 침입자들을 끌어들였다.

그래서 땅이 척박한 앗티케 지방에는 옛날부터 파쟁이 없었고, 늘 같은 사람들이 정착해 살았다. 전쟁이나 내분 때문에 나라에서 쫓겨난 자들 가운데 유력한 자들이 안정된 공동체인 앗티케 지방을 근거지로 하는 아테나이(아테네)로 망명하여 그곳 시민이 되었다. 그 결과 아테나이는 인구가 증가하여 앗티케 땅으로는 수용할 수 없게 되자, 소아시아 해안과 많은 섬에 이주민을 내보내 식민도시를 건설했다.

헬라스는 같은 언어를 사용하고, 서로 교류하면서 점차 공동체 의식을 갖게 되었다. 또한 항해술이 발달하면서 교역이 늘어나 부富가 축적되었고, 이를 바탕으로 헬라스는 전체의 힘을 모아 트로이 원정에 나섰다.

트로이 원정 이후 부족 이동의 시대가 끝나면서 헬라스는 평화와 안정을 누릴 수 있게 되었다. 헬라스 세계에 부가 축적되고 인구가 늘어나자 식민도시 개척시대가 열렸다. 아테나이인들은 이오니아 지방과 대부분의 섬들에 식민도시를 건설했고, 이탈리아 남부와 시켈리아(시칠리아)에는 대부분 펠로폰네소스인과 다른 헬라스 부족이 식민도시를 건설했다. 이 식민도시들은 모두 트로이 전쟁 후에 건설되었다.

기원전 490년 페르시아 제국이 헬라스를 침략한 마라톤 전투에서 아테나이를 중심으로 한 헬라스 공동체는 힘을 모아서 페르시아를 물리쳤다. 그 10년 후인 기원전 480년 크세르크세스는 선왕인 다레이오스(다리우스)의 유지를 받들어 헬라스 본토를 침공했다. 그는 보병, 기병, 해군으로 구성된 대군을 이끌고 헬레스폰토스 해협을 건너 해안선을 따라 진군했다.

라케다이몬의 레오니다스 왕은 테르모필라이 전투에서 용맹을 떨쳐 다른 헬라스군의 귀감이 되었고, 아테나이를 중심으로 한 헬라스 해군은 살라미스 해전에서 페르시아 함대를 무찌름으로써 결정적 승기를 잡았다.

페르시아 제국과의 전쟁은 헬라스 공동체의 힘을 결집하는 계기가 되었다. 10년 간격으로 치른 두 차례의 전쟁에서 페르시아를 물리치는 데 혁혁한 공을 세운 라케다이몬과 아테나이는 헬라스의 지도국으로 부상했다.

그리스 신화에서 라케다이몬은 라코니아 왕의 아들로서 에우로타스 왕의 딸인 스파르테와 혼인했다. 에우로타스 왕은 아들이 없었기 때문에 사위인 라케다이몬에게 왕국을 넘겨주었고, 라케다이몬은 왕비의 이름을 따서 도시의 이름을 스파르테(스파르타)라고 붙였다.[54] 이 신화에 근거해서 후세 사람들은 스파르테를 라케다이몬이라고 부르기도 했다. 라케다이몬은 과두정체로 용맹한 중무장 보병을 길러 펠로폰네소스를 지배했다.

또한 아테나이는 테세우스에 의해 건국되었다. 아테나이인들은 지혜와 전쟁의 신인 아테네를 수호신으로 여겼고, 나라 이름도 아테네 여신에서 유래되었다. 아테나이의 아크로폴리스에 위치한 파르테논 신전은 세계적인 유적으로 처녀 신 아테네에게 봉헌된 것이었다. 아테나이는 민주정체를 신봉하며 강력한 해군력에 힘입어 에게해에 제국을 건설했다.

아테나이는 에게해의 크고 작은 섬들과 해안가에 식민도시를 만들거

---

54) 나무 위키, 〈스파르타의 라케다이몬의 유래〉

나, 도시국가들과 동맹을 맺었다. 아테나이는 이들과 델로스 동맹을 맺어 해양세력을 규합했다. 아테나이는 식민도시로부터 공물을 거둬들여 더욱 부강해졌고, 위세는 더욱 강화되었다.

이에 라케다이몬을 중심으로 한 펠로폰네소스 동맹의 일부 도시국가들이 아테나이의 독주에 위협을 느껴 라케다이몬을 사주해 아테나이와의 전쟁을 일으켰다. 기원전 431년 발발한 펠로폰네소스 전쟁은 27년간 이어졌다. 투키디데스는 이 전쟁의 21년째까지를 서술했다.

이 전쟁은 라케다이몬을 중심으로 한 육상세력과 아테나이를 중심으로 한 해양세력의 대결이었고, 펠로폰네소스 동맹 체제와 델로스 동맹 체제의 충돌이기도 했다. 또한 라케다이몬을 중심으로 한 과두정체와 아테나이를 중심으로 한 민주정체의 대립이기도 했다.

전쟁의 시작

헬라스에는 수많은 작은 도시국가들이 산재해 있었다. 그들은 정치와 경제적인 이해관계에 따라 이웃 도시들과의 갈등이 끊이지 않았다. 이에 아테나이의 페리클레스는 라케다이몬의 동맹국들과 '30년 평화조약'을 체결했다. 이후 헬라스 세계는 이 조약으로 그 균열을 간신히 봉합했다.

그러던 중 에피담노스에서 민중파와 귀족들 간의 권력다툼으로 내분이 일어났다. 그들은 코린토스에게 구원을 요청했다. 두 정파가 내분으로 외세를 끌어들이면서 갈등의 불씨는 동맹국이나 이웃 도시국가들로 확산했고, 이것이 펠로폰네소스 전쟁의 단초가 되었다.

결국 펠로폰네소스 동맹 체제의 주요국인 코린토스와 그 식민도시 케르퀴라 사이에 전쟁이 발발했다. 다시 두 나라는 아테나이에 도움을 요청했다. 이에 아테나이는 코린토스를 약화시키고자 케르퀴라에 원조를 제공했다. 케르퀴라는 헬라스에서 이탈리아반도로 나아가는 길목에 자리한 해안 항로의 요충지였다.

코린토스는 아테나이를 비난하면서 펠로폰네소스 동맹의 주도국인 라케다이몬에 압력을 가했다. 반면 아테나이를 강성 제국으로 이끌었던 페리클레스는 "저들은 사소한 것을 양보하면, 겁이 나서 양보하는 줄 알고 더 큰 요구를 해올 것이다. 그들에게 순종하든지, 우리가 가진 것을 두려움 없이 소유하기 위해 전쟁을 하든지 양자택일해야 한다."고 역설했다.

마침내 기원전 432년 라케다이몬이 동맹국들과 함께 아테나이 제국을 허물기로 결의했다. 이 결의에 따라 라케다이몬 왕 아르키다모스는 대군을 이끌고 아테나이 영토에 침입함으로써 전쟁이 본격화되었다.

이로써 헬라스 세계를 지탱했던 '30년 평화조약 체제'는 14년 만에 무너졌다. 지중해 동쪽에 분포한 여러 섬과 연안의 도시들이 이해관계에 따라 전쟁의 소용돌이에 휘말렸다. 투키디데스는 아테나이의 세력이 점점 강성해지는 것에 위협을 느껴서, 라케다이몬이 전쟁을 일으켰다고 평가했다.

그는 신흥 강국이 부상하면 기존의 강대국이 이를 견제하는 과정에서 전쟁이 발생한다고 주장한 셈이었다. 이러한 투키디데스의 주장을 학자들은 '투키디데스의 함정(Thucydides Trap)'이라고 명명했다.[55] 이 용어는 전쟁뿐만 아니라, 무역 경쟁에서도 흔히 사용되었다.

---

55) 위키 백과, 〈투키디데스 함정〉

두 동맹체제의 리더십 대결

라케다이몬의 민회에서 아르키다모스는 아테나이의 국력이 강하고 동맹국이 많고, 자신들이 상대적으로 열세임을 지적했다. 지금은 전쟁을 준비할 시간이며, 그릇된 희망에 고무되어서는 안 된다는 신중론을 펼쳤다.

이에 스테넬라이다스는 동맹국이 공격당하는 것을 좌시할 수 없으며, 아테나이가 더 커지게 내버려 두지 말고 지체 없이 응징해야 한다고 했다. 이에 민회는 '30년 휴전조약'이 깨졌다는 결정을 내렸다.

페리클레스는 아테나이의 전사자들을 위한 장례식에서 연설했다. 그는 아테나이인들이 자유국가를 물려받은 것은 선조들의 용기 덕분이라고 했다. 행복은 자유에 있고 자유는 용기에 있으니, 전쟁의 위험 앞에 너무 망설이지 말자고 역설했다. 그가 연설에 담은 가치는 국가, 민주정치, 자유, 행복, 공익이었다. 이런 가치를 지키기 위해서는 용기가 필요하다고 했다.

아테나이인들은 평야로 나가서 싸우지 말고, 함선으로 해안을 따라 나아가며 싸울 것을 권했다. 한 개인이 아무리 잘 나간다 해도 국가가 망하면 그도 총체적인 파국에 휩쓸리고 말 것이라며, 국가를 지키기 위해 최선을 다하자고 역설했다.

페리클레스는 아테나이인들이 은인자중하며 함대를 증강하고, 전쟁 중에는 제국을 확장하려 하지 않고, 도시를 위험에 빠뜨릴 모험을 하지 않는다면 이번 전쟁에서 승리할 것이라고 예견했다.

페리클레스는 아테나이를 강성대국으로 이끈 주역이었으며, 아테나이인들로부터 존경을 받았다. 그는 명망이 높았으며 실력과 판단력을 겸비했고, 청렴결백해서 민중의 신뢰를 받았을 뿐만 아니라 뛰어난 언변으로 아테나이인들에 대한 영향력은 압도적이었다.

그는 펠레폰네소스 전쟁 초기 2년 남짓 생존했다. 그의 사후 아테나이의 일부 지도자들이 권력욕에 눈이 멀어 페리클레스의 경고를 깊게 새기지 못하고, 그릇된 판단을 내려 불행을 자초하고 말았다.

투키디데스는 전쟁사의 중간 곳곳에 지도자들의 연설 내용을 기술함으로써 각 도시의 입장과 연설자의 주장을 밝혔다. 이런 연설을 통해 전쟁의 인과관계나 동맹체제의 역학관계, 지도자의 의도나 계략 등을 읽을 수 있었다. 또한 국가의 역할이 무엇이며, 지도자의 미덕이 무엇인지도 파악할 수 있었다.

이러한 연설은 행사장이나 민회에서 행하는 경우가 많았지만, 지휘관이 전투에 임하는 병사들 앞에서 행하는 연설도 있었고, 사절들이 이웃 도시에 파견되어 자국의 이익을 위해 그 도시의 민회에서 벌이는 언변 대결도 있었다.

당시 유력 인사들의 연설문이 남아있었던 것이 없었으니, 투키디데스가 쓴 연설이 그 인사가 실제로 발언한 것이 아니라는 것은 분명해 보였다. 그렇다고 그 연설문이 완전한 창작이라고 생각하기도 어려웠다. 고니시 하루오(小西晴雄)는 그 사람이 다른 시기나 장소에서 행한 연설의 내용을 원용했거나, 혹은 전혀 다른 사람이 같은 환경에 놓였을 때 발언한 연설을 사용했을 것으로 추측했다.[56]

펠로폰네소스 전쟁이 17년째 접어들었을 때, 시켈리아(시칠리아) 원정을 두고 아테나이 민회에서 니키아스와 알키비아데스가 논쟁을 벌였다.

---

56) 투키디데스(박광순 옮김), 펠포폰네소스 전쟁사(하), 범우사(2001), PP.402~403

니키아스는 시켈리아로 멀리 항해해가면 여기에 수많은 적을 남겨두고 갈 뿐 아니라, 새로운 적들을 불러들이게 된다고 했다. 시켈리아는 크고 인구가 많을 뿐 아니라 멀리 떨어져 있어서, 그 섬을 정복하기도 다스리기도 어려우므로 아예 가지 않는 것이 상책이고, 무력으로 시위를 한 다음 그곳을 떠나는 것이 차선책이라며 시켈리아 원정을 재고해야 한다고 주장했다.

이에 반해 알키비아데스는 장군이 되어 개인적으로 부와 명예를 얻게 되리라고 기대했다. 알키비아데스는 시켈리아의 적들을 괴롭혀 우리를 공격하러 오지 못하도록 도와주어야 한다고 주장했다. 우리가 남을 지배하지 않으면 남이 우리를 지배할 위험이 있기 때문이라고 했다. 그곳에서의 전쟁이 이곳에서의 우리 힘을 증강시켜 준다고 확신하고 출항하자고 했다.

아테나이 민회는 원정에 열의를 보였다. 이같이 전쟁 여부를 결정하는 토론에서는 선명하고 강경한 주장이 믿음직스러워 보일 수 있었다. 니키아스는 저들의 마음을 되돌릴 가망이 없다고 보고, 원정을 준비하기 위해 제언했다.

시켈리아는 섬이 크고, 인구가 많고, 먼 거리에 있으므로 시켈리아 원정은 이쪽에서 속국들의 도움을 받으며 적국과 맞닥뜨릴 때와는 전투 양상이 판이하다는 점을 명심해야 한다고 경고했다. 따라서 많은 중무장 보병과 궁수, 투석병, 제빵사를 데려가야 하고, 군자금도 충분히 가져가야 한다고 조언했다. 이렇게 준비해도 적을 정복하고 무사히 귀환하기가 쉽지 않다고 경고했다.

아테나이인들은 니키아스의 경고에도 불구하고 원정에 더 열을 올렸다. 그들은 원정이 아주 안전하다고 믿었다. 모두 출항하고 싶은 욕망에 사로잡혔다. 청년층은 먼 나라들을 보고 싶었으며, 자신들은 무사히 귀환하리라고 확신했다. 원정에 반대하는 소수는 반대표를 던지면, 비애국적인 인사로 낙인찍힐까 두려워 입을 다물었다.

대중의 여론이란 것이 세찬 물줄기와 같아서 작은 물줄기를 격정적으로 빨아들여 거칠게 휩쓸어 가버렸다. 소수의 의견은 여론의 거친 흐름에 묻힐 수밖에 없었다. 이로써 시켈리아 원정에 대한 여러 가지 문제점을 검토할 이성의 공간은 사라지고 말았다. 이같이 여론의 급류는 중우정치로 이끌었다.

한편 시라쿠사이에서도 민회가 열려 아테나이인들이 쳐들어온다는 사람과 그렇지 않다고 주장하는 사람들이 설왕설래했다.

이에 헤르모크라테스는 아테나이는 시라쿠사이를 공격하기 위해 대군을 벌써 파견했다고 주장했다. 페르시아가 멀리 헬라스를 침략해서 헬라스 연합군에 패한 것은 원정길이 너무 멀었기 때문이라고 말했다. 이처럼 본국에서 멀리 파견된 대군이 성공한 예는 드물다고 했다. 라케다이몬과 코린토스에 사절단을 파견하여 그곳 헬라스에서의 전쟁을 재개하도록 촉구해야 한다고 주장했다.

이에 민중파 지도자인 아테나고라스는 소수파는 전체의 두려움으로 자신들의 두려움을 숨기고자 도시 전체를 공황 상태에 빠뜨리려는 것이라 주장했다. 아테나이인들이 헬라스에서의 전쟁도 아직 마무리 짓지 않은 채 새로운 전쟁을 하러 자진해서 국외로 나간다는 것은 개연성이 없다며, 아테나이 침공설의 허구성을 지적했다. 설령 아테나이인들이 온다고 해도 시켈리아가 펠로폰네소스보다 전쟁을 더 잘 감당해낼 것이라고 주장했다.

이들의 논쟁을 제지하며 한 장군이 나서서 아테나이 침공에 대비해서, 나중에 그럴 필요가 없었던 것으로 드러나더라도 거국적으로 군마와 무구, 그 밖의 다른 전쟁 장비를 동원하는 것은 해로운 일이 아니라고 주장했다. 시라쿠사이 민회는 아테나이 침공에 대비하는 것으로 의견을 마무리 지었다.

투키디데스는 이러한 연설을 통해 각 도시의 상황이나 입장을 잘 정리했으며, 지도자들의 의도를 자연스럽게 드러낼 수 있었다. 신망 있는 지도자들의 연설은 민회의 의사결정에 큰 영향을 끼쳤으며, 그들이 어떤 판단을 내리느냐에 따라 도시의 명운이 걸린 경우가 많았다.

전쟁 속의 전쟁

에게해를 중심으로 한 지도에 표시된 고대 그리스의 도시국가들의 수는 170여 곳이었다. 이들 중 상당수가 아테나이나 라케다이몬의 식민도시이거나 동맹국이었다. 도시 중 소수가 중립을 표방한 경우도 있었지만, 대부분은 라케다이몬을 주축으로 하는 펠로폰네소스 동맹체제에 가입했거나, 아테나이를 중심으로 한 델로스 동맹체제의 일원이었다. 이들은 같은 민족이라는 이유로 혹은 국가 정체가 같다는 이유로 동맹국을 선택했다.

그 도시국가들은 민족이 다르고 정체가 다르고, 동맹국이 아니라는 여러 가지 복합적인 이유로 그 수만큼이나 많은 갈등을 안고 있었다. 여기에다 인접한 도시끼리 영토 문제로 갈등을 빚는 경우 잠시도 평온한 날이 없었을 정도였다.

이런 와중에도 도시들은 민주정체를 선호하는 민중파와 과두정체를 선호하는 소수파로 나누어져 내분을 일으키는 경우가 많았다. 이러한 내분으로 추방되거나 소외되는 쪽은 자신이 지지하는 정체의 도시에 구원을 요청하며 외세를 끌어들이게 되고, 이것이 내전으로 이어지는 경우가 다반사였다.

이런 내전이 발생할 때마다 동맹의 주축인 라케다이몬과 아테나이는 동맹국으로 달려가 내전을 진압하고, 그 도시에서 자신들의 정체를 지키곤 했다. 때로는 도시의 유력인사와 내통해서 기존의 정체를 뒤엎고, 자신들의 정체를 받아들이도록 강요했다.

이같이 '펠로폰네소스 전쟁'이라는 큰 전쟁 틈바구니에도 도시마다 내분의 씨앗이 늘 존재했고, 내분이 동시다발적으로 발생했다. 이러한 도시의 정황에 대해 첩자들과 서로 정보를 주고받았다. 또한 중립적인 위치에 있는 도시를 자신들의 동맹국에 편입시키기 위해 그곳의 유력인사와 내통하면서 치열한 외교전을 펼치기도 했다.

펠로폰네소스 전쟁의 단초가 되었던 케르퀴라의 내란은 잔혹하고 충격적이었다. 케르퀴라인들은 적으로 간주한 시민들을 계속 학살했다. 소수파는 민주정부를 전복하려 했고, 개인적인 원한이나 빚 때문에 시민들을 죽이고, 심지어 아버지가 아들을 죽이기도 했다.

케르퀴라와 관련 있는 도시들이 하나둘 이 사태에 개입하면서 점차 헬라스 전체가 전쟁에 휘말려 들었다. 나라마다 서로 경쟁 관계에 있는 정파가 있어서 민중파 지도자들은 아테나이인들을, 소수파는 라케다이몬인들을 불러들였다. 권력욕에 눈먼 자들이 외세를 불러들여 권력을 장악하기 위해 정적에게 잔혹한 보복행위를 저질렀다.

전쟁의 분수령, 시켈리아 원정

시켈리아(시칠리아)는 이탈리아 반도의 남단에 위치한 세모꼴 섬으로 지중해에서 가장 큰 섬이다. 이탈리아에 살던 시켈로이족이 다른 부족을 피해 섬으로 건너가 원주민들을 남부와 서부지방으로 몰아냈다. 이로써 '시켈로이족이 지배하는 섬'이라는 의미로 '시켈리아'라 불리게 되었다. '이탈리아'라는 이름도 시켈로이족 왕인 이탈로스에서 비롯되었다.

그 후 헬라스의 도리에이스족, 이오네스족 등이 이 섬에 들어와 새로운 도시를 건설하면서 17개의 도시로 불어났다. 그 중 쉬라쿠사이는 도리에이스족인 코린토스인에 의해 창건된 도시로 가장 강했다. 여러 도시에는 서로 다른 민족들이 살았고, 정체가 다를 뿐만 아니라 영토분쟁 등으로 이웃한 도시들과 다툼이 잦았다.

전쟁 열여섯 번째 해 시켈리아 도시국가 중 하나인 에게스타 사절단이 아테나이를 방문했다. 그들은 자신들의 위기를 설명하며 아테나이에 도움을 호소했다. 아테나이 민회는 시켈리아의 도리에이스족이 군대와 식량을 펠로폰네소스인들에게 지원할 가능성을 사전에 차단하고, 나아가 시켈리아 전체를 아테나이의 수중에 둘 수 있는지를 떠보고 싶었다. 민회는 시켈리아 원정을 결의하고, 이들을 지휘할 장군으로 알키비아데스, 니키아스, 라마코스를 임명했다.

이에 니키아스는 시켈리아가 멀고 주민들의 수가 많은 큰 섬으로 그곳을 정복하기도 다스리기도 어렵다며 파병의 위험성을 역설했다. 그는 시켈리아 파병을 재고해 줄 것을 강력히 요청했다. 이러한 주장은 권력욕과 명예욕에 사로잡힌 알키비아데스의 원정론에 묻혀버렸고, 민회는 분위기에 휩쓸려 시켈리아 원정을 확인했다.

아테나이는 동맹국들에 통보하여 함선들을 케르퀴라 섬에 집결시켰다. 아테나이군의 총병력과 함대 규모는 삼단노선 134척, 중무장 보병 5천1백 명, 기병 30명 등과 30척의 화물선에 군량을 실었다. 이 부대는 아테나이가 펠로폰네소스 전쟁 중에 일으킨 군사력 중에서 가장 큰 규모였다.

아테나이군은 케르퀴라에서 출발하여 시켈리아로 건너가 남부에 위치한 카타네에 도착했다. 니키아스는 해안선을 따라 항해하며 아테나이의 국력을 과시하고 우방을 돕겠다는 결의를 보이고 귀국하자는 의견을 제시했다. 이에 알키비아데스는 출정 후 빈손으로 돌아가는 것은 창피한 일이라고 했고, 라마코스는 즉시 공격하자는 의견을 냈다. 이같이 적진 앞에서 장군들의 의견이 엇갈렸다.

이런 와중에 아테나이 민회는 비의 모독 사건으로 알키비아데스를 재판에 회부해서 사형에 처하려고 소환했다. 이를 간파한 알키비아데스는 관용선을 타고 귀국 도중 몰래 도망쳐 펠레폰네소스로 건너갔다. 알키비아데스의 이탈로 니키아스와 라마코스는 군대를 둘로 나누어 지휘권을 나누어 맡았다.

알키비아데스는 소환당하자 시켈리아에서 아테나이 군의 계획을 적에게 알려줌으로써 큰 피해를 입혔고, 라케다이몬 민회에 가서 아테나이의 급소인 데켈레이아를 침공해서 점거하라고 부추겨 아테나이인들에게 큰 고통을 안겨주기도 했다. 그 후 알키비아데스는 자신이 살기 위해 조국을 배신하는 행위로 일관했다. 알키비아데스와 같은 유력한 지도자의 배신은 적군의 침공보다 더 치명적이었다.

아테나이 민회의 지도자들이 자신들의 정치적 입지를 위해 소환될 것을 알면서도 혹은 그가 없는 틈을 타서 제거하기 위해 알키비아데스를 장군으로 임명한 것으로 의심할 여지가 있었다. 이들이 시켈리아 원정을 결행한 의도가 불순했다고 의심받을 만했다. 이같이 아테나이 민회는 돌이킬 수 없는 과오를 범했다.

아테나이군은 막강한 해군력에 힘입어 시켈리아 원정 초반에 우세를 유지했다. 그들은 쉬라쿠사이를 포위하는 방벽을 쌓았고, 쉬라쿠사이군은 이에 대응하는 방벽을 쌓던 중 양군이 전투를 벌였다. 이런 와중에 라마코스가 전사했지만, 니키아스가 쉬라쿠사이군을 공격하자 그들은 황급히 퇴각했다.

이제까지 사태의 추이를 살피던 이탈리아 각지에서 아테나이 진영으로 보급품을 보냈다. 수많은 시켈로이족도 자진하여 아테나이의 동맹군이 되었다. 쉬라쿠사이인들은 자신들이 이길 승산이 없다고 생각하고, 아테나이의 유일한 장군인 니키아스와 항복조건을 논의하기 시작했다.

한편 라케다이몬인 귈립포스는 펠레폰네소스에서 쉬라쿠사이를 지원하기 위해 시켈리아로 항해했다. 코린토스 장군인 공귈로스는 귈립포스보다 한발 앞서 쉬라쿠사이에 도착했다. 쉬라쿠사이인들이 전쟁 종결에 관해 논의하기 위해 민회를 개최하려는 움직임을 보였다. 공귈로스는 이를 제지하며 귈립포스가 지원군을 이끌고 오고 있다며 그들의 용기를 북돋워 주었다. 이에 자신감을 회복한 쉬라쿠사이인들은 전군을 이끌고 귈립포스를 맞이하러 나갔다.

니키아스는 라케다이몬인들이 도착한 이후로 지상전에서는 별로 승산이 없다고 판단하고, 플렘뮈리온 곶에 요새를 쌓기로 결정했다. 그곳을 요새화하면 보급품을 반입하기가 더 쉬워지고, 항구를 계속 감시할 수 있으며, 적 함선에 대응하기 쉬울 것으로 판단했다.

그는 부대와 함대를 그곳으로 옮겨와 보루를 구축했는데, 선원들이 용수를 구하거나 땔나무를 모으러 나갔다가 들판을 장악한 쉬라쿠사이 기병대에 의해 희생자가 발생해 선원들이 계속 줄어들었다. 노예들은 탈영했으며, 이방인 용병들은 기회가 닿는 대로 각자 자신들의 도시로 돌아가거나 종적을 감추었다. 이렇게 줄어든 선원들을 충원할 수도 없었다.

니키아스는 본국에 지원군과 군자금을 보내줄 것을 요구했다. 이에 본국에서는 데모스테네스와 에우뤼메돈을 니키아스의 동료 장군으로 선출했고, 그들은 함선 75척, 중무장 보병 5천 명의 증원부대를 이끌고 시켈리아에 도착했다.

그 후 플렘뮈리온 기지가 쉬라쿠사이인들에 의해 함락되어 많은 사람이 죽거나 생포되었고, 많은 물자가 고스란히 적의 손에 넘어갔다.

한편 쉬라쿠사이군은 해전에서 패한 경험에 근거해서 함선들을 개조하고, 이물들끼리 들이받는 색다른 전술을 구사했다. 이제 아테나이군은 해전에서도 쉬라쿠사이군에 밀렸다. 아테나이군은 에피폴라이로 올라가는 길을 확보하기 위한 야간전투에서도 패했다. 아테나이 장군들은 시켈리아 전쟁을 전반적으로 재검토했다.

데모스테네스는 철군을 주장했고, 니키아스도 같은 생각이었다. 다만 니키아스는 민회의 재가를 얻지 않고 철군하면 용서받지 못할 것으로 생각했다. 또한 군사들도 대부분 이게 무슨 고생이냐며 아우성을 치고 있지만, 일단 아테나이로 돌아가면 장군들이 뇌물을 받아먹고는 자기들을 배신하고 철수시켰다고 나팔을 불어댈 것이라고 생각했다. 그는 불명예스러운 죄를 뒤집어쓰고 아테나이인들에 의해 처형당하느니 용전분투하다가 적군의 손에 죽고 싶다고 했다.

쉬라쿠사이인들은 아테나이인들의 철수 작전을 간파하고, 쉬라쿠사이인들은 76척의 함선으로 아테나이 86척과 교전했다. 이 교전에서 아테나이군은 패했고, 에우뤼메돈은 전사했다. 아테나이군은 온통 절망감에 휩싸였고, 원정에 나선 것을 더욱더 후회했다.

반면 쉬라쿠사이인들은 아무런 두려움 없이 항만 주위를 돌아다니기 시작했으며, 그들의 관심사는 어떻게 하면 적군이 도주하지 못하게 막느냐는 것이었다. 그들은 헬라스 전체가 아테나이의 예속에서 벗어날 수 있으리라고 생각했다. 이로써 쉬라쿠사이는 라케다이몬, 코린토스와 더불어 헬라스의 지도국이 될 것이라고 여겼다.

쉬라쿠사이군과 그 동맹군은 큰 항구의 어귀를 지체없이 봉쇄하기 시작했다. 아테나이군은 군량이 부족해서 큰 어려움을 겪었다. 앞으로도 제해권을 장악하지 못하면 군량을 구하지 못하리라는 것이었다. 그들은 싸울 수 있는 선원들과 보병들을 모두 승선시킨 뒤 바다에서 결전을 벌이기로 했다. 니키아스는 이 절망적인 작전에 필요한 모든 조치를 취하고, 함선 110척에 선원들과 보병들을 갑판에 태웠다.

한편 쉬라쿠사이군은 아테나이군의 갈고랑쇠에 대응하기 위해 함선의 이물과 윗부분을 가죽으로 덮어 갈고랑쇠를 던져도 걸리지 않고 미끄러지게 함으로써 이에 맞섰다. 아테나이군은 첫 선단이 적선들을 압도하며 장애물을 돌파하려 했다. 이에 쉬라쿠사이군과 동맹군이 반격을 가하자 전투는 항구 전체로 확산되었다. 이전의 그 어떤 전투보다 규모가 큰 치열한 전투가 벌어졌다.

함선이 다가오면 갑판 위의 대원들은 투창과 화살과 돌을 쉴 새 없이 던지거나 쏘아댔다. 일단 함선끼리 마주치면 병사들은 서로 상대편 함선에 오르려고 애쓰며 백병전을 벌였다. 장시간의 전투 끝에 마침내 쉬라쿠사이군과 그 동맹군이 아테나이군을 패퇴시키고 결정적인 승리를 거둔 다음 함성을 질렀다. 아테나이군은 육지 쪽으로 후퇴했고, 쉬라쿠사이군은 아테나이인들을 추격하기 시작했다.

데모스테네스와 니키아스는 함선으로 출구를 열어보자고 했으나, 공황 상태에 빠진 선원들이 승선을 거부했다. 그들이 함선을 모두 잃고 육로로 퇴각할 때 적들의 공격으로 시신은 묻히지 못했고, 걸을 수 없어서 산 채로 뒤에 남겨진 자들은 살아남은 전우들에게 죽은 자들보다 더 큰 고통을 안겨주었다. 그들의 신음과 욕설은 그들에 대한 연민과 죄책감으로 큰 고통을 안겨주었다. 아테나이인들은 남들을 노예로 삼기 위해 왔다가 자신들이 노예가 될 위기에 처했다.

데모스테네스는 퇴각하는 군대의 후미를 엄호하다가 적군의 공격을 받아 포위되어 곤경에 빠졌다. 그는 전 대원 6천 명과 함께 항복했다.

니키아스는 군대를 앗시나로스 강 쪽으로 서둘러 나아갔다. 강에 도착하자 군사들은 타는 갈증으로 강물 속으로 뛰어들었다. 이제 규율 따위는 어디에서도 찾아볼 수 없었다. 펠로폰네소스인들이 강둑을 내려와 주로 강에 있는 자들을 도륙했다. 아테나이인들은 온통 피로 물든 흙탕물을 계속 마셨고, 그런 물을 서로 마시려고 싸우기까지 했다. 결국 니키아스는 군사 7천 명과 함께 항복했다. 쉬라쿠사이인들은 니키아스와 데모스테네스의 목을 베었다.

투키디데스는 이 사건을 헬라스 역사 전체를 통틀어 가장 중대한 사건으로 평가했다. 이긴 자들에게는 가장 빛나는 승리였지만 패한 자들에게는 비할 데 없는 재앙이었다. 아테나이인들은 모든 전선에서 완패했고, 보병이며 함대며 모든 것을 다 잃었다.

시켈리아 전쟁에서 아테나이군이 완패함으로써 헬라스 전체의 세력 판도에 결정적인 영향을 미쳤다. 아테나이의 국력이 기우는 징후들이 곳곳에서 드러나자 이를 주시하고 있던 여러 도시가 아테나이에 반기를 들었고, 이들은 델로스 동맹체제에서 이탈했다. 이들이 펠레폰네소스 동맹체제의 일원으로 가입하면서 힘의 우위가 펠레폰네소스 동맹 쪽으로 완전히 기울었다.

아테나이의 생존전략 와해 및 최후

헬라스의 텟살리아에서 남으로 내려오면 보이오티아를 거쳐 앗티케로 이어져 있었다. 이 지방의 서쪽은 이스트모스 지협으로 펠레폰네소스 반도가 연결되어 있었다. 앗티케의 동쪽에는 좁은 해협을 끼고 에우보이아 섬이 길게 늘어서 있었다.

한때 에우보이아인들이 아테네에 반기를 들자 페리클레스는 에우보이아를 정벌해서 식민지로 만들었다. 앗티케 지방은 땅이 척박해서 농작물의 생산량이 적었다. 아테나이인들은 부족한 식량을 에우보이아 섬에서 생산되는 식량으로 보충했다.

보이오티아 지방의 항구는 에우보이아의 항구들과 매우 가까워 육지와 섬을 잇는 뱃길이 열려있었다. 보이오티아 지방에서 앗티케 지방으로 들어서는 관문에 데켈레이아가 위치했고, 이곳은 라우레이온 은광이 있는 곳으로 식량 반입의 요충지이기도 했다.

테미스토클레스는 아테나이에서 외항인 페이라이에우스까지 짐수레 두 대가 마주 통과할 수 있는 너비로 성벽을 쌓았다. 그 긴 성벽을 따라 경비대를 배치했다. 그 성벽과 외항은 외부에서 물자를 안전하게 들여오는 통로였고, 전시에는 아테나이인들이 외항으로 안전하게 내려가 함선으로 대피하기 위한 시설이었다. 그는 아테나이인들의 미래가 바다에 달려 있다고 주장했다.

아테나이는 데켈레이아에 방벽을 쌓아 진지를 구축해 지키다가 적군이 쳐들어오면, 앗티케 지방의 주민들은 가족들과 가재도구를 챙겨 아테나이에 모여 페이라이에우스 항으로 피신했다. 페리클레스도 아테나이인들이 평야로 나가서 싸우지 말고, 함선으로 해안을 따라 나아가며 싸울 것을 권했다.

이같이 아테나이는 부족한 식량을 가까운 에우보이아 섬에서 조달하고, 위급 시에는 시민들이 가족들과 가재도구를 챙겨 방벽에 의지해서 외항인 페이라이에우스로 피신했다. 그곳에서 대기하고 있던 함선에 승선하여 가까운 섬으로 피신했다. 이것이 테미스토클레스와 페리클레스가 만들어 놓은 아테나이인들의 생존전략이었다.

이런 사정을 잘 알고 있는 알키비아데스는 라케다이몬인들이 데켈레이아를 점거하도록 부추겼다. 이에 펠레폰네소스인들이 데켈레이아를 요새화하여 여러 도시에서 파견된 수비대가 번갈아 가며 그곳을 점거했다. 이로 인해 아테나이인들은 전 영토를 빼앗겨 농사를 지을 수 없을 뿐만 아니라 숙련노동자인 2만여 명의 노예들이 탈주했고, 양 떼와 짐 나르는 가축들도 모두 잃었다.

아테나이인들은 데켈레이아를 빼앗긴 뒤 은광에서 들어오는 국고 수입이 줄었고, 에우보이아 섬의 식량을 반입하기 위해 수니온곶을 도는 먼 바닷길을 이용해야 하기에 경비가 많이 들었다. 이로 인한 재산 손실과 인명 피해는 국력이 기우는 요인이 되었다.

아테나이는 모든 물자를 반입하지 않을 수 없어 도시라기보다는 요새 같았다. 그들을 가장 괴롭히는 것은 동시에 두 전쟁을 치르는 것이었다. 동맹국의 이탈로 그들의 수입은 급격히 줄어들었고, 전쟁 경비는 눈덩이처럼 불어났다.

시켈리아 전쟁 이후 아테나이는 상당수의 동맹국을 잃었고, 리더십의 혼선으로 내분에 시달렸다. 앗티케 지방이 봉쇄되어 식량 공급을 에우보이아에 크게 의존해 왔는데, 에우보이아마저 아테나이 동맹에서 이탈하자 아테나이인들은 식량 공급처를 잃게 되어 공황 상태에 빠졌다. 아테나이군이 시켈리아 전쟁에서 패한 것은 먼 나라 이야기처럼 여겨졌지만, 생명선인 이웃 에우보이아를 잃은 것은 피부에 칼날이 닿는 것처럼 공포심을 유발했다.

결국 기원전 404년 아테나이는 스파르테에 항복했다. 패전국인 아테나이에 과해진 항복 조건은 가혹했다. 아테나이는 아테네에서 페이라이에우스항으로 이어진 방벽을 허물어야 했고, 함선도 모두 몰수당했다. 아테나이는 모든 해외 식민도시를 포기해야 했고, 스파르테군이 아테나이에 주둔하게 되어 스파르테의 속국으로 전락했다.

펠로폰네소스 전쟁 이후 헬라스 세계에는 내란이 끊이지 않았는데, 스파르테는 다른 도시국가들을 견제할 목적으로 아테나이를 존속시키기로 결정했다. 스파르테는 아테나이의 민주정체를 해체하고, '30인의 참주들'로 하여금 과두정치를 실시했다. 그 참주들은 자신들의 뜻에 반대하는 아테나이 시민들을 사형시키거나 추방하여 재산을 몰수하는 등으로 공포정치를 주도했다.

아테나이 시민들은 참주들의 공포정치에 저항했고, 추방되었던 트라쉬불로스가 세력을 키워 아테나이를 포위함으로써 참주정치는 1년 만에 막을 내렸다. 아테나이는 다시 민주정체를 복구했다. 그 10년 후 페르시아의 지원을 받아 함대를 구성하고, 식민도시들을 되찾아 제국의 위상을 갖추기 시작했다.

전쟁이 남긴 교훈

투키디데스는 '전쟁은 예측하기 어려운 것으로 전쟁을 오래 끌면 대개 우연의 지배를 받게 되어 전쟁 당사국의 어느 쪽도 사태를 제어할 수 없게 되고, 결과도 예측하지 못하면서 위험을 감수해야 된다.'고 했다. 계획을 세울 때의 자신감과 계획의 실행 사이에는 현격한 차이가 있게 마련이었다.

아테나이의 패배는 시켈리아 원정에 나설 때부터 예견되었다. 민회가 니키아스의 반대에도 불구하고, 알키비아데스의 권력욕과 명예욕에 의해 견인되어 시켈리아 원정을 결정했는데, 이는 이성적인 판단보다 선동적인 분위기에 휩쓸려 결정된 중우정치의 표본처럼 보였다.

아테나이가 쉬라쿠사이와의 전쟁에 엄청난 인력과 함선, 군자금을 두 차례에 걸쳐 쏟아부었다. 이러고도 아테나이는 쉬라쿠사이 연합군에 참패했고, 그 엄청난 자원을 매몰시켜 아테나이 전체를 나락으로 빠뜨렸다.

일찍이 페리클레스는 아테나이의 지도자들에게 '전쟁 중에 새로운 전쟁을 벌이지 말라'고 경고했었다. 또한 쉬라쿠사이의 아테나고라스조차 아테나이가 헬라스의 전쟁도 마무리 짓지 않은 채 새로운 전쟁을 하러 국외로 간다는 것은 개연성이 없다고 지적했을 정도였다.

당시 아테네가 펠로폰네소스 동맹국들과의 전쟁 중에 먼 나라인 쉬라쿠사이를 점령한다는 것은 무리한 결정으로 드러났다. 이에 투키디데스는 '그들이 거의 매사에 예상외의 성공을 거두자 자신들이 할 수 있는 것과 자신들이 희망하는 것을 혼동했다'고 지적했다. 이른바 '휴브리스 함정'에 빠진 것이었다.

민회 지도자들은 알키비아데스를 장군으로 임명해서 원정길에 나서게 해놓고, 그를 소환해서 처형하려고 한 것은 정치적 목적을 위해 원정을 결정한 측면이 있다고 해도 변명의 여지가 없어 보였다. 또한 알키비아데스도 자신의 권력욕과 명예욕을 위해 두 곳의 전쟁을 벌이도록 민회를 부추겼다. 물론 시켈리아 원정의 동기를 이렇게 단순화하기는 어려웠다. 하지만 권력을 획득하기 위한 술수를 국익이라는 대의로 포장해서 원정이 결정된 측면도 있었다.

알키비아데스는 자신의 소환 사실을 알게 되자 아군의 비밀을 적에게 넘겨주고 관용선으로 시킬리아를 떠나 라케다이몬으로 잠적했다. 그는 아테나이 동맹을 와해시키기 위해 앞장섰으며, 아테나이가 더는 자신의 조국으로 보이지 않는다고 했다. 그러나 그는 조국을 망하게 하지 않는다면 언젠가는 추방당한 자기를 불러줄 것으로 여기고, 조국으로 돌아갈 궁리를 했다. 그는 자신의 목숨을 지키고 권력을 쟁취하기 위해 조국의 시민들이 당하는 고통에는 아랑곳하지 않았다. 그는 언변과 술수에 능했고, 저속한 본성에 충실한 인간으로 조국에 치명타를 가했다.

시킬리아 원정에서 최악의 위기를 맞아 데모스테네스는 니키아스에게 본국으로 철군하자고 건의했다. 니키아스도 철군이 최선이라 생각했다. 하지만 민회는 철군을 용서하지 않을 것이고, 지금은 군사들이 돌아가자고 아우성이지만 막상 돌아가면 장군들이 뇌물을 받아먹고 철수했다고 나팔을 불어댈 것이라 여겼다. 그는 불명예스러운 죄를 뒤집어쓰고 처형당하느니 용전분투하다 적군의 손에 죽고 싶었다. 결국 그는 쉬라쿠사인에 의해 처형당했다.

투키디데스는 자신이 장군직에서 물러났던 경험에 비추어 니키아스가 철군하지 못한 입장을 변론했다. 또한 그는 니키아스가 평생토록 덕을 함양하고 실천하는 일에 헌신했다고 추모했다. 니키아스의 미덕은 권력욕에 눈이 먼 알키비아데스의 기회주의와 대비되었다.

도시국가 내의 귀족파와 민중파가 벌이는 적대행위는 사람들의 상식을 무너뜨렸다. 그들이 통상적으로 사용했던 말의 의미가 비상식적으로 사용되었다. 만용은 충성심으로 포장되었고, 신중함은 비겁함으로, 절제는 남자답지 못함으로, 충동적인 열의는 남자다움의 징표가 되고, 등 뒤에서 적에게 음모를 꾸미는 것은 정당방위가 되었다고 꼬집었다.

이런 사회에서는 요설과 궤변이 난무했을 것이다. 이렇게 어휘의 의미가 전복되면 상식이 무너지고, 합리적인 판단이 자리 잡을 이성적인 공간이 사라지면서 사람들은 사악한 본능에 이끌려 잔인하게 변하지 않았을까?

투키디데스는 이런 혼란스럽고 잔혹한 내란이 지도자들의 권력욕에서 비롯되었다고 진단했다. 그들은 입으로는 공공의 이익에 봉사한다면서도 사실 공공의 이익을 전리품으로 여겼고, 정의나 국익을 무시하고 자신이 속한 정파만을 즐겁게 해주는 것을 행동 기준으로 삼았다고 비판했다.

그는 이어서 헬라스 세계 전체가 도덕적으로 타락하여 수치스러운 행위를 미사여구로 정당화할 수 있는 자들은 명망이 높아졌다고 했다. 법이 구속력을 잃자 법 어기기를 좋아하는 인간 본성은 정의를 경멸했다고 개탄했다.

오늘날에도 이런 도덕적 타락 현상이 정쟁으로 이어져 내란 상태가 된 사례들을 정치 현장에서 발견할 수 있지 않은가? 헬라스의 지도자들은 권력욕에 눈이 멀어 이성을 잃고 지옥문을 열었다.

오랜 전쟁의 결과 아테나이인들이 그동안 쌓았던 부와 명예가 참혹하게 무너졌다. 무엇보다 그들이 생명처럼 여겼던 자유는 스파르테인들에 저당 잡혔다. 하지만 다른 헬라스 국가들도 물질적으로 큰 피해를 입었으며, 정신적으로도 깊은 내상을 입어서 서로 믿을 수 없게 되었다. 헬라스 세계는 내란에 시달렸으며, 승자도 패자도 모두 쇠퇴의 길로 들어섰다.

인간 본성과 전쟁

루소는 "전쟁은 도덕적 원인에 의해서 이미 결정되어 있던 사항이 단지 겉으로 드러났을 뿐인 경우가 많다."[57] 고 했다. 도덕은 신의 영역이 아니라 인간의 영역이고, 인간 본성을 제어하는 역할을 한다고 본다. 결국 그의 주장은 '전쟁이란 도덕적으로 제어되지 않은 인간 본성에서 비롯된 것'이라는 의미로 해석되었다. 전쟁 속에서 미덕이 발견되었다면, 그것은 인간 본성을 제어하는 도덕심에서 비롯된 것으로 보였다.

《펠로폰네소스 전쟁사》를 읽으면서 알키비아데스의 인물됨에 주목하지 않을 수 없었다. 그는 페리클레스의 조카로 소크라테스와 함께 전쟁에도 참가했으며, 소크라테스의 제자였다. 소크라테스는 알키비아데스를 비범한 인물로 여겼다.

알키비아데스는 소크라테스와 철학을 논할 만큼 지적이었으며, 언변이 뛰어날 뿐만 아니라 훌륭한 전략가였고 용맹했다. 반면에 그는 이기

---
57) 장 자크 루소(민희식 옮김), 앞의 책, p.408

심이 강했고, 뛰어난 능력으로 오만해져 야망이 컸으며 정치적인 적을 많이 만들었다. 또한 조국에 대한 소속감이 옅고 예측 불가능한 행보를 보일 때가 많았다. 그는 소신이나 이념에 충실한 사람이 아니라 철저하게 주어진 상황을 악용하는 기회주의적인 사람이었다.

투키디데스는 '그가 시켈리아 원정을 부추긴 것이 명예심과 권력욕에서 비롯된 것'으로 평가했다. 그가 전장에서 본국의 민회로부터 소환 통보를 받자 시켈리아의 적들에게 아군의 정보를 제공해서 아군을 곤경에 빠뜨렸고, 관용선에서 탈출하여 라케다이몬으로 들어가 조국을 무너뜨리는 악행을 저질렀다. 그에겐 조국의 번영보다 자신이 살아남아서 권력을 잡는 것이 더 중요했다.

그의 언변과 재능은 국가지도자로서의 훌륭한 능력으로 보였지만, 그는 상황에 따라 기회주의적으로 처신하면서 권력을 추구하는 성향으로 국가를 위해 헌신하는 미덕은 없었다. 조국에 대한 소속감이 없었기 때문에 조국을 쉽게 배신했다. 이런 기본적인 미덕이 결여되어, 그는 뛰어난 능력으로 조국에 치명타를 안겼다. 천병희도 《플루타르코스의 영웅전》에서 알키비아데스를 본보지 말아야 할 반면교사로 지적했다.[58]

정치 지도자의 뛰어난 연설에서 그 지향점인 소신을 읽을 수 있었다. 페리클레스는 "행복은 자유에 있고 자유는 용기에 있다."고 역설했다. 그는 아테나이인들이 지켜야 할 가치는 자유이고, 자유를 지키기 위해서는 용기라는 미덕이 필요하다고 했다. 그들이 민주정체를 지키기 위해 피를 흘린 것도 '자유'라는 가치의 의미를 이해했고 체험했기 때문이었다.

---

58) 플루타르코스(천병희 옮김), 플루타르코스의 영웅전, 숲(2019), p9

이에 비해 지도자의 연설이 이기심에서 비롯된 경우도 많았다. 알키비아데스가 시킬리아 원정을 부추긴 연설에 민회는 그의 언변에 과도하게 몰입됐다. 투키디데스는 '청중들은 신기한 논리에는 금세 속아 넘어가고, 검증된 논리는 거부합니다. 무엇이든 역설적인 것은 맹종하고, 평범한 것은 냉소합니다. 상대가 관대하게 대하면 우습게 여기고 단호하게 나오면 존중하는 것이 인지상정'이라고 했다.

청중의 심리는 신기하고 역설적인 것에 잘 이끌리다 보니 분위기에 휩쓸릴 가능성이 크고, 큰 거짓말에 잘 속아 넘어가는 속성도 있다. 그들은 합리적인 계산보다 막연한 소망에 근거하여 판단하는 것이다. 인간은 누구나 싫은 것은 냉정한 논리로 거부하지만, 바라는 것은 막연한 희망으로 포장하기 때문이다. 진리는 역설적이고 신기한 것보다 평범하고 상식적인 것과 더 가까울 것이다.

※ 텍스트
- 투키디데스(천병희 옮김), 펠로폰네소스 전쟁사, 숲, 2014

※ 참고도서
- 장 자크 루소(민희식 옮김), 에밀, 육문사, 2021
- 투키디데스(박광순 옮김), 펠로폰네소스 전쟁사, 범우사, 2001
- 플루타르코스(천병희 옮김), 플루타르코스의 영웅전, 숲, 2019

카이사르, 루비콘강을 건너다!

율리우스 카이사르(G. Julius Caesar)의 일화

고등학교 시절 선배들의 대학입시를 앞두고 교문에 현수막을 걸어놓았는데, '왔노라! 보았노라! 붙었노라!'라는 격문이 인상 깊었다. 수험생에게 자신감을 불어넣기 위한 것이긴 했지만, 간결하면서 너무 강렬해서 오만하게 느껴지기까지 했다. 수년 후 그 격문이 카이사르가 전쟁에서 승리한 후 원로원에 보고한 전문을 패러디한 것이라는 걸 알았다.

카이사르는 흑해 연안에 위치한 폰투스 왕국과의 전투에서 파르나케스 왕을 물리친 후 전승 결과를 '왔노라. 보았노라. 이겼노라.(VENI, VIDI, VICI)'라고 원로원에 보고했다. 이 얼마나 간결하고 자신만만한가! 'VENI, VIDI, VICI'는 카이사르의 전승을 경축하는 개선식 기념 은화에도 새겨졌다.

카이사르는 8년 동안 갈리아 전쟁을 치르면서 《갈리아 전쟁기》를 썼고, 5년 동안의 내전을 치르면서 《내전기》를 썼다. 특히 《갈리아 전쟁기》는 라틴 문학의 정수로 평가되었고, 라틴어 학습 교본으로 활용되기도 했다. 카이사르는 지성을 갖춘 무인으로 언어구사력이 뛰어나 숱한 명언과 명문을 남겼다.

율리우스 카이사르는 기원전 100년 7월 12일 로마의 수부라 지구에서 태어났다. 율리우스력에 '7월'을 'July'라고 명명한 것은 카이사르가 태어난 달을 의미하는 것으로, '율리우스'에서 따온 명칭이었다. 아버지는 가이우스 율리우스 카이사르이고, 어머니는 아우렐리아였다. 아버지는 법무관까지 지내고 사망한 것으로 추정되었다. 어머니는 '아우렐리우스 코타'라는 명망 있는 가문의 딸이었다.

포에니 전쟁 당시 율리우스 씨족에 속하는 인물이 카르타고 군대를 무찔러, 그 공로로 카이사르라는 별칭을 얻었다. 그 별칭이 가문의 이름으로 정착되었는데, '카이사르'는 카르타고어로 '코끼리'를 뜻한다.[59] 이에 따라 기념주화에 코끼리가 새겨지기도 했다.

소년 시절의 카이사르는 호리호리한 체격으로 운동을 열심히 했다. 그의 장기는 승마였다. 당시 등자가 없는 말을 타고 두 손을 목덜미로 돌린 채 말을 달렸다고 한다.[60] 카이사르가 소년시절에 익힌 승마술은 성인이 되어 전쟁터를 종횡무진할 때, 매우 유용했을 것으로 짐작되었다.

카이사르는 민중파인 킨나의 딸 코르넬리아와 결혼했다. 당시 민중파와 원로원파의 대결이 극에 달했던 시기였다. 원로원파인 술라는 민중파의 사위인 젊은 카이사르에게 킨나의 딸과 이혼하라고 명령하며, 코르넬리아의 결혼지참금을 국고로 몰수했다. 카이사르는 이를 거부하

---

59) 시오노 나나미(김석희 옮김), 로마인 이야기(4권), 한길사(2015), p25
60) 시오노 나나미, 앞의 책(4권), p42

고, 소아시아로 도망쳤다.⁶¹⁾

카이사르는 소아시아에서 술라의 부음을 듣고 로마로 돌아와 23세에 변호사를 개업했다. 그는 경험 부족 등으로 실패하고, 대학에 진학하기 위해 로도스섬으로 떠났다. 그는 섬으로 가는 도중에 해적들의 습격을 받아 포로가 되었다. 그들은 20달란트라는 거액의 몸값을 요구했다. 이에 카이사르는 20달란트의 몸값을 자진해서 50달란트로 올렸다. 그는 해적 소굴에서 벗어난 후 밀레토스에서 사람들을 이끌고 되돌아가서 해적들을 소탕하고, 그 몸값도 되찾았다.⁶²⁾ 이 에피소드를 두고, 역사가들은 카이사르의 담대함이나 자기 과시욕을 지적했다.

독재자 술라의 이혼 명령을 거부하고 도망친 것이나 해적에게 포로가 되어 해적이 요구하는 몸값보다 두 배 이상을 더 주겠다고 한 일화는 카이사르를 따라다니는 유명한 일화였다. 이에 대해서 독자마다 다양하게 해석할 수 있겠지만, 카이사르는 담대하고 배포가 컸을 뿐만 아니라 비범했다는 것은 분명했다.

카이사르, 로마 정계의 중심에 서다.

카이사르는 37세에 최고 제사장과 원로원 의원, 38세에 법무관, 39세에 전직 법무관 자격으로 '먼 히스파니아(에스파냐)' 속주의 총독이 되었다. 총독은 고위직으로 그는 로마 정계의 중심에 설 수 있는 기반을 마련했다. 폼페이우스가 30세에 총사령관을 맡았던 경력에 비하면, 카

---

61) 플루타르코스(천병희 옮김), 플루타르코스 영웅전, 숲(2019), p462
62) 시오노 나나미, 앞의 책(4권), pp81~83

이사르의 정계 진출은 한 참 늦은 것이었다.

시오노 나나미는 폼페이우스를 '조숙한 군사적 천재'로, 카이사르를 '대기만성형 인간'으로 정리했다. 또한 폼페이우스는 '실實의 인간'이었고, 카이사르는 '허虛와 실實의 인간'이었다고 평가했다.[63] 카이사르보다 여섯 살 위인 폼페이우스는 당대의 실력자로서 둘은 협력과 경쟁을 이어가면서, 세인들의 비교 대상이 되었다.

카이사르는 폼페이우스의 현안인 '오리엔트 재편성안'의 통과를 돕는 대신, 폼페이우스는 카이사르의 집정관 당선을 돕기로 했다. 카이사르는 로마 제일의 부자인 크라수스를 끌어들여 삼두정치를 주도했다.[64]

카이사르는 40세에 집정관에 선출되어 최고 직위에 올랐다. 로마의 집정관은 임기가 2년이며, 두 명이 선출되었다. 그는 폼페이우스에게 약속한 '오리엔트 재편성안'도 정책화했다. 서로의 이해관계가 맞아떨어졌다.

카이사르는 첫 아내가 낳은 딸 율리아를 홀몸이었던 폼페이우스에게 시집보내 삼두의 끈을 더욱 돈독히 했다. 자신도 홀몸이었는데, 피소에게 딸 칼푸르니아를 아내로 달라고 요청해서 결혼하더니, 피소는 이듬해 집정관에 당선되었다. 카토는 '혼인이 최고 관직의 뚜쟁이 노릇을 한다.'며 정략결혼을 강력히 비판했다.[65]

카이사르는 장인이 된 피소의 도움으로 '카이사르의 속주 통치권에 관한 바티니우스 법'을 통과시켰다. 이 법에 따라 카이사르는 '갈리아 키살피나' '일리리쿰' '프로빈키아(갈리아 트란살피나)'의 세 개나 되는 속주를

---

63) 시오노 나나미, 앞의 책(5권), p134
64) 시오노 나나미, 앞의 책(4권), pp183~182
65) 플루타르코스, 앞의 책, P480

2부 역사 175

5년 동안 4개 군단으로 통치하게 되었다.⁶⁶⁾ 삼두정치의 결성, 집정관 당선, 개혁 입법 통과, 3개 속주의 총독으로 선출되기까지의 과정을 보면, 카이사르의 정치력이 탁월했다는 걸 확인할 수 있었다.

카이사르가 2년 임기의 집정관으로 재직하면서 몇 가지 개혁 입법을 단행하고, 갈리아 총독으로 부임하는 것은 여러 가지 중요한 의미가 있었다. 개인적으로는 자신의 영향력을 극대화하고, 국가적으로 로마의 세력을 확장시킬 수 있는 점이었다. 따라서 그의 몸은 갈리아에 있어도 마음의 한쪽은 로마에 두고, 로마의 정세를 끊임없이 관찰할 필요가 있었다.

삼두參頭는 카이사르의 장인인 피소와 폼페이우스의 오른팔인 가비니우스를 카이사르의 후임 집정관으로 선출했다. 카이사르는 갈리아 전쟁 중에도 겨울에는 '갈리아 키살피나'의 라벤나로 내려가 이들과 접촉하여 로마의 정세에 대한 설명을 듣고, 그에 대한 대책을 지시하곤 했다. 또한 행군 중에도 자신이 구술하면 서기가 받아 적은 서찰로 로마의 정치인들과 끊임없이 소통했다.

카이사르, 갈리아의 풍운을 잠재우다

로마인들은 라인강 이남의 서유럽을 '갈리아'라 통칭했다. 그리스인들은 갈리아인을 켈트인이라 불렀다. 카이사르는 갈리아를 벨가이인, 아퀴타니인, 켈타이인(갈리아인)이 사는 세 지역으로 구분했다. 세 지역은 모두 언어, 제도, 법률이 달랐다.

---

66) 시오노 나나미, 앞의 책(4권), pp208~209

플루타르코스는 갈리아에 300여 개의 부족들이 거주했다고 주장했다. 이같이 부족수가 많았던 만큼 부족끼리 혹은 지역끼리 이해관계에 따라 협력하거나 경쟁했고, 같은 부족 내에서도 권력 투쟁이 벌어져 의견이 통일되지 않는 경우가 많았다. 이 같은 상황에서 갈리아 전체가 통일된다는 것은 불가능에 가까웠다.

당시 갈리아 지역에는 '갈리아 키살피나'와 '갈리아 트란살피나'라는 로마의 속주가 있었다. '갈리아 키살피나'는 '알프스 이쪽의 갈리아'란 뜻으로 현재 북이탈리아 지역이었고, '갈리아 트란살피나(프로빈키아)'는 '알프스 너머의 갈리아'란 뜻으로 현재의 남프랑스(프로방스) 지역이었다. 카이사르는 갈리아의 두 속주와 일리리쿰 속주를 총괄 통치하는 총독으로 부임했다. 그 외의 갈리아 지역은 로마의 속주가 아니었다.

기원전 58년 헬베티족(스위스)이 세콰니족, 하이두이족과 함께 갈리아 전체를 지배하고자 모의하고 군대를 일으켰다. 헬베티족이 로마의 프로빈키아를 통과하려 한다는 소식을 접하고, 카이사르는 즉시 최강행군으로 부대를 이끌고 알프스를 넘어 제네바에 도착하면서 갈리아 전쟁이 시작되었다.

갈리아 전쟁의 주요 변수는 게르만인이었다. 게르만인들이 스스로 라인강을 넘어 갈리아를 침략하거나, 세력이 약한 부족은 게르만인들을 불러들여 전쟁을 치르기도 했다. 또한 게르만족 중 세력이 약한 부족들이 강력한 수에비족에게 밀려 라인강을 넘어오기도 했다. 게르만족의 침범을 당한 부족들은 가까운 영토로 피난을 가면서 연쇄적인 문제를 일으켰다. 이에 카이사르는 로마군의 위력과 용기를 보여줌으로써 게르만족이 두려움을 느끼게 할 필요가 있다고 판단했다.

기원전 55년 카이사르는 라인강에 다리를 건설해서 로마군이 최초로 게르만족의 땅으로 진입했다. 수감브리족의 영토로 진입했으나, 모두 숲으로 달아나 숨어버렸다. 그곳에 머물면서 부락과 건물들을 불태우고 자라고 있는 곡식을 베어버렸다. 카이사르는 라인강 너머에서 18일간 머물면서 목적을 달성했다고 보고, 갈리아로 퇴각했다. 카이사르는 기원전 53년에 라인강을 두 번째 건넜다.

카이사르는 갈리아에서 로마에 대항한 적들이 브리타니아(영국)로부터 지원을 받았다는 사실을 알게 되었다. 기원전 55년 카이사르의 로마군은 볼루세누스의 정탐 결과를 토대로 수송선 약 80척에 2개 군단 병력을 싣고 출항해서 처음으로 브리타니아에 도착했다. 로마군은 대서양의 거친 풍랑으로 고전을 면치 못했으나, 야만인들을 가까스로 물리쳤다. 적은 화해를 청하고, 인질을 바치고, 복종하겠다고 맹세했다.

로마 원로원은 브리타니아 정벌 보고서를 받고, 카이사르의 업적을 기려 20일 감사제를 공포했다. 윈스턴 처칠은 대영제국의 역사는 카이사르가 브리타니아 해안에 도착한 때부터 시작되었다며,[67] 그 의미를 크게 부여했다.

당시 그리스인들과 로마인들은 대지의 끝은 오케아노스 강으로 둘러싸여 있다고 믿었다. 로마인으로서 오케아노스의 서쪽에 함대를 띄우기는 카이사르가 처음이었다. 플루타르코스에 의하면, 당시의 학자들은 그 섬은 존재한 적도 없으므로 그 이름과 역사는 날조된 것이라 주장했다.[68] 결국 카이사르가 오케아노스의 미신을 깨뜨렸다.

이듬해 카이사르는 새로 건조된 배로 군단 병력을 이끌고 도버해협을

---

67) 시오노 나나미, 앞의 책(4권), p325
68) 플루타르코스, 앞의 책, P493

건너가 브리타니아를 두 번째 정벌했다. 그 후 1세기 중엽 브리타니아는 클라우디우스 황제에 의해 로마의 속주가 되었다.

갈리아 전쟁이 7년째로 접어든 기원전 52년 갈리아에 대반란의 조짐이 보였다. 로마에 반란이 일어나 카이사르의 발이 묶였다는 그럴듯한 풍문이 퍼졌다. 갈리아 족장들은 은밀하게 모여 갈리아의 명예와 자유를 회복하자고 서로를 부추겼다. 그들은 베르킨게토릭스를 왕으로 선포하고, 그에게 최고 지휘권을 부여했다. 그는 모든 부족에게 병사 징발을 명령했다.

이 소식을 들은 카이사르는 이탈리아(갈리아 키살피나)에서 갈리아 트란살피나로 출발했다. 그는 눈 덮인 세벤 산맥을 넘어 아무도 모르게 아르베르니족의 영토로 들어섰다. 그는 다른 군단들에게 전령을 보내 모두 한 상소에 집결하라고 명령했다.

카이사르 군단이 주요 도시들을 공략하며 행군하자, 베르킨게토릭스는 로마군이 식량과 군수품을 조달할 수 없도록 행군로 주변의 민가를 불태웠다. 그는 로마군의 식량 조달을 정탐하여 식량 보급을 방해함으로써 로마군은 극심한 식량난에 시달렸다.

베르킨게토릭스는 아바리쿰에서 로마군에게 참패하여 만두비족의 도시인 알레시아로 이동하기 시작했다. 카이사르는 적을 추격하여 적의 후미에서 약 3천 명에 이르는 병사를 살해했고, 이튿날에는 알레시아에 진지를 구축했다. 알레시아 요새는 산꼭대기에 있어서 적을 포위하기 위해 공성 공사를 지시했다.

로마군이 판 참호의 길이가 약 16Km에 이르렀다. 로마군은 적당한 장소에 8개의 진지와 23개의 보루를 세웠다. 더 적은 인원으로 방어선을 지킬 수 있도록 방어선 앞에 1.5m 깊이로 호를 파고, 거기다 나무 말뚝의 끝을 날카롭게 다듬어 뾰족한 끝이 위로 조금 나오도록 일정한 간격으로 세워서 흙으로 메우고, 잔가지와 나뭇잎으로 위장해서 함정을 만들었다.

　카이사르는 바깥쪽으로 접근하는 적을 방어하기 위해 반대 방향으로도 둘레가 21Km에 달하는 방어 시설을 똑같이 만들었다. 또한 30일분의 식량과 마초를 준비시켰다.

　한편 알레시아에 갇힌 자들은 지원군이 도착하기로 한 날이 지나면서 식량도 바닥났고, 지원군이 오고 있는지 전혀 알 수 없었다. 그들은 "로마군이 밤낮으로 방어 공사에 매달리는 것은 지원군이 오고 있다는 증거라며 항복도 돌격도 하지 말자."고 서로 격려했다.

　드디어 콤미우스를 비롯한 갈리아 지휘관들이 전 병력을 이끌고 알레시아에 도착했다. 콤미우스는 브리타니아 원정 시 카이사르에 충성했던 자였다. 카이사르는 양쪽 방어선을 따라 각자의 위치를 배정했다. 기병을 진지 밖으로 출동시켜 전투를 벌이게 했다.

　이는 로마군이 베르킨게토릭스를 포위한 것이 아니라, 전체적으로 로마군이 양쪽으로 포위당한 모습이었다. 카이사르는 파부침주破釜沈舟의 심정이었는지도 모르겠다.

　이튿날 베르킨게토릭스가 도시 밖으로 병력을 출동시켰다. 부장 라비에누스는 토루와 참호로는 적의 공격을 막을 수 없다고 판단하고, 카이사르에게 결정적인 공격 시기가 임박했음을 알렸다. 카이사르가 급히 전장으로 달려갔다. 양쪽 병사들이 함성과 함께 격돌했다. 갈리아 사령관이 살해되었고, 적장이 도망치던 중 생포되었다. 또한 갈리아 74개 군기가 포획되자 갈리아 인들은 도망치기 시작했다.

　이런 막다른 상황에서 베르킨게토릭스는 회의를 열었다. 그는 "내가 전쟁을 일으킨 것은 갈리아의 자유를 위해서였다. 우리는 전운에 굴복하고 말았으나, 이제 내가 모든 책임을 지겠으니, 나를 죽이든 산 채로 넘기든 원하는 방식대로 로마군에게 보상하라."고 말했다. 갈리아 인들은 베르킨게토릭스를 카이사르에게 인계했다.

그는 로마로 압송되어 구금되어 있다가, 내전이 끝난 후 카이사르의 개선식에서 로마인들에게 구경거리가 되었다. 그는 살려두기에는 너무 유능하고 위험한 인물이라 처형되었다.

알레시아 공방전은 갈리아 전쟁의 분수령이었다. 전 갈리아 인들이 힘을 합쳐 반란을 일으킨 것은 처음이었다. 갈리아 인들은 자유를 얻을 기회를 놓쳤고, 로마인들은 갈리아에서 패배할 위기를 모면했다. 이로써 갈리아의 대반란은 한 줄기의 풍운으로 끝나고 말았다. 알레시아 공방전에서 승리한 후 전과를 보고 받은 로마 원로원은 20일 동안의 감사제를 올리기로 결의했다.

플루타르코스는 카이사르가 갈리아 전쟁을 연습장으로 이용했다고 평가했다.[69] 병사들이 잦은 행군으로 개인 장비를 메고 먼 거리를 빨리 이동할 수 있는 체력을 길렀고, 잦은 백병전을 통해 전투력을 길렀다. 또한 해자를 파고 댐을 쌓거나, 다리를 세우고, 토루나 방책을 만드는 토목공사와 함선을 만드는 목공에도 더욱 능숙해졌다.

전쟁 전부터 '갈리아 트란살피나'에 주둔했던 로마 10군단은 카이사르의 최정예 부대로 거듭났다. 이후 10군단은 카이사르를 그림자처럼 따라붙은 호위 부대가 되었다.

갈리아에서 벌어진 8년 전쟁은 카이사르에게 위기이자 기회였다. 카

---

69) 플루타르코스, 앞의 책, p499

이사르는 전투가 벌어지는 곳이 어디든 달려갔으며, 게르만인과 브리타니아인들이 갈리아를 넘보지 못하도록 로마 군단의 힘을 보여주었다. 현지인들의 민심을 얻기 위해 노력했다.

카이사르는 갈리아 전쟁의 승리로 큰 명예를 얻었고, 그의 영향력이 크게 확대되어 폼페이우스의 성공과 겨룰 수 있는 위치까지 올랐다. 이로써 로마 원로원이 카이사르를 더욱 경계하게 되었다.

또한 전리품과 포로를 노예로 팔거나, 상인들에게 이권을 제공한 대가로 막대한 수익을 올렸다. 플루타르코스는 카이사르가 그 돈을 '공동기금'처럼 여겨 광장을 아름답게 장식하고, 병사들에게 아낌없는 보수와 포상을 지급했다고 기술했다.[70] 또한 자신의 빚을 모두 갚았을 뿐만 아니라, 정치자금으로도 활용했다.

갈리아 전쟁이 끝난 후 로마가 5년 동안 내란의 수렁에 빠졌을 때도 갈리아는 평온했다. 플루타르코스는 베르킨게토릭스가 로마가 내전의 수렁에 빠졌을 때 발호했더라면, 로마는 공황 상태였을 것이라고 진단했다.

이미 로마의 속주였던 '갈리아 키살피나'와 '갈리아 트란살피나'를 제외한 나머지 갈리아 지역은 로마의 내전이 끝난 후 '갈리아 코마타'라는 이름의 로마 속주가 되었다. 이는 '장발의 갈리아'란 뜻이었다. 이로써 갈리아 전 지역이 로마의 속주가 되었고, 라인강은 로마 제국의 국경선이 되었다.

---

[70] 플루타르코스, 앞의 책, pp501~502

카이사르, 루비콘강을 건너다!

《갈리아 전쟁기》는 매년 일어났던 전투 상황을 한권으로 기록하여, 8년 동안의 전쟁을 전체 여덟 권으로 구성했다. 그중 마지막 8권은 카이사르의 비서인 히르티우스가 카이사르 사망 직후에 써서 덧붙였다.

전쟁 8년째인 기원전 51년 카이사르는 로마의 정세가 자신에게 적대적으로 형성되자 자신의 거취와 앞날에 대한 고뇌로 심경이 예민해져, 글을 쓸 마음의 여유가 없었던 것으로 짐작되었다.

기원전 54년 카이사르와 폼페이우스를 이어주는 끈이었던 카이사르의 딸 율리아가 사망하고, 이듬해 크라수스는 파르티아 전쟁에서 전사했다. 이로써 삼두정치 체제는 완전히 와해되었다. 폼페이우스는 카이사르의 적들에게 둘러싸여 카이사르와의 우호 관계를 완전히 끊었다.

기원전 51년 카이사르의 강력한 반대파인 두 집정관 렌툴루스와 마르켈루스, 스키피오는 폼페이우스와 연대하여 로마 원로원을 장악했다. 그들은 원로원에서 폼페이우스와 카이사르에게 각자 1개 군단씩을 차출하여 파르티아 전쟁에 파견할 것을 명하는 포고를 통과시켰다. 폼페이우스는 카이사르에게 빌려준 1개 군단을 회수함으로써 사실상 2개 군단 모두 카이사르 군단에서 차출되는 셈이었다. 이는 카이사르의 군사력을 약화시키기 위한 의도적인 조치였다.

로마 원로원은 카이사르에게 당장 군단을 해산하고 귀국할 것을 명령하는 '원로원 최종권고'를 발동했다. 원로원 최종권고는 로마가 비상사태가 발생하지 않으면 내리지 않았던 조치였다. 또한 이 명령에 따르지 않으면 카이사르를 반역자로 간주하겠다고 경고했다.[71]

---

71) 카이사르(김한영 옮김), 내전기(서문), 사이(2015), p17

폼페이우스는 파르티아 원정을 핑계로 카이사르에게서 빼앗은 2개 군단을 로마 근처에 주둔시키고 있었다. 그는 원로원 의원들을 도시 밖으로 불러 모아서, 칭찬과 격려로 그들로부터 지지를 얻어내고 승진을 약속했다. 로마 시내에는 군관, 백인대장, 고참병들이 민회 광장을 가득 메웠다.

당시 술라가 만든 법에 따라 사령관은 군단을 이끌고 국경선을 넘을 수 없었다. 사령관이 육지로 귀국할 때 이탈리아 반도 북쪽에 있는 루비콘강을 건너기 전에 군대를 해산시켜야 하고, 해상으로 들어올 때는 이탈리아 남부 브룬디시움 항에서 군대를 해산시켜야 했다. 이를 어기면 원로원은 반역으로 간주했다.

카이사르는 자신의 군대를 해산할 경우 정적들이 자신을 어떻게 파멸시킬 것인지 뻔히 알고 있었다. 그는 군대를 해산하지 않고 군단을 이끌고 로마로 진격하기로 결심했다. 호민관 안토니우스와 카시우스는 로마를 탈출해 카이사르를 맞이하기 위해 아리미눔(리미니)으로 향했다.

카이사르는 병사들을 집합시켜 로마 상황을 설명하고, 카이사르의 명성을 지켜주고 적들의 공격을 물리쳐 줄 것을 요구하자, 병사들이 우렁찬 함성으로 호응했다. 그는 13군단을 이끌고 루비콘강으로 향하면서, 나머지 군단들에게도 동영지를 떠나 합류하라고 명령했다.

그는 갈리아 속주와 로마의 국경선인 루비콘강 앞에 섰다. 그는 깊이 고민한 끝에 결단을 내렸지만, 강 앞에서 상념에 잠겼을 것이다. 그는 이런 말을 남겼다.[72]

---

[72] 카이사르, 앞의 책, p18

이 강을 건너면 인간 세상이 비참해지고
건너지 않으면 내가 파멸한다.
나아가자, 신들이 기다리는 곳으로
주사위는 던져졌다.

카이사르가 '신들이 기다리는 곳으로'라고 표현한 것은 자신의 생사를 신에게 맡긴다는 의미로 여겨졌다. 그는 최고제사장 출신이기도 했지만, 전장에서 군사력도 중요하지만, 전운을 자주 강조했다. 플루타르코스에 의하면, '주사위는 던져졌다.'는 말은 당시 흔히 사용되었다고 했다. 이는 되돌릴 수 없는 중요한 결정을 내릴 때의 표현이었다. 카이사르가 생사를 걸고 비장한 결단을 내리면서 던진 말이라 울림이 더 컸다. 오늘날 중대한 결단을 행동에 옮겼을 때 흔히 '루비콘강을 건넜다'라고 비유적으로 표현한다.

기원전 49년 1월 12일 카이사르는 13군단을 이끌고 루비콘강을 건넜다. 이로써 로마는 내전에 돌입했고, 내전은 5년 동안 이어졌다.

카이사르, 폼페이우스를 추격하다.

카이사르는 루비콘강을 건너 국경도시인 아리미눔에 도착했다. 거기엔 호민관 안토니우스와 카시우스가 기다리고 있었다. 카이사르는 안토니우스에게 5개 대대, 이미 라벤나에서 합류한 쿠리오에게 3개 대대를 떼어주고 각각 아레티움(아레초)과 이구비움(구비오)을 공격하게 하고, 남하하라고 명령했다. 자신은 2개 대대와 함께 아리미눔에 남아 군대를 소집했다.

안토니우스와 쿠리오가 이탈리아 동부 해안을 따라 파죽지세로 남하했다. 카이사르의 진군 소식에 로마는 우왕좌왕했다. 전시가 아닌 한 수도 로마에는 수비군이 없었다. 피난민들이 주변 도시에서 로마로 홍수처럼 밀려들어 혼란을 통제하기 어려웠다.[73] 폼페이우스는 2개 군단이 주둔해 있는 카푸아로 향했고, 집정관인 마르켈루스와 렌툴루스도 수도를 떠났다.

두 집정관과 원로원 의원들, 그 가족과 노예들의 긴 행렬이 아피아 가도를 따라 남쪽으로 떠난 뒤 로마는 텅 비었다. 그들은 수도를 황급히 떠나면서 국고 재산도 고스란히 남겨두었다. 그 국고 재산은 카이사르의 군자금으로 활용되었다.

카이사르는 폼페이우스 일행이 모여든 브룬디시움으로 진군했다. 그는 브룬디시움에서 폼페이우스의 출항을 막기 위해 공방전을 벌였으나 실패했다. 폼페이우스는 나라가 무정부 상태에 빠졌다고 선언하고, 2개 군단과 두 집정관, 원로원 의원들을 이끌고 그리스로 출항했다. 그들은 배가 모자라 두 패로 나뉘어 본국을 탈출했다. 카이사르는 함선이 없어서 폼페이우스를 더 이상 추격할 수 없었다.

피난민들은 폼페이우스를 위해 피난길을 조국이라고 여겼고, 로마는 카이사르의 진영이라고 보고 떠나갔다. 갈리아 전쟁 당시 카이사르의 최측근이었던 라비에누스조차 카이사르의 곁을 떠나 폼페이우스 곁으로 갔다. 카이사르는 라비에누스에게 돈과 짐을 보내주었다.[74]

---

73) 플루타르코스, 앞의 책, p506
74) 플루타르코스, 앞의 책, p508

카이사르의 세력 기반은 갈리아의 두 속주였고, 폼페이우스의 세력 기반은 소아시아와 시리아, 그리스와 이집트였다. 이를 잘 알고 있는 카이사르는 폼페이우스의 출항을 저지하기 위해 서둘렀지만 실패했다. 이로써 내전의 2막이 시작되었다.

시오노 나나미는 폼페이우스가 두 집정관과 2개 군단, 원로원 의원들을 이끌고 그리스로 피했지만, 결과적으로 수도 로마를 비운 것은 커다란 실책이었다고 평가했다.[75] 폼페이우스 일행이 사라진 로마는 무주공산이나 마찬가지였다. 카이사르는 루비콘강 도하를 결행한 지 두 달 만에 한 명의 병사도 잃지 않고 이탈리아반도를 장악했다. 카이사르는 병사들에게 약탈과 폭력행위를 엄격히 금지했다.

카이사르는 법무관 레피두스에게 자신을 독재관으로 지명한다는 법안을 제출하게 해서 독재관이 되었다. 카이사르는 민회를 소집해서 자신이 집정관으로 선출되었다. 그는 각 속주의 총독을 자기 휘하의 사람들로 임명했다. 또한 안토니우스를 부독재관으로 임명했다.

카이사르는 함선이 부족하여 폼페이우스 추격을 뒤로 미루고, 발레리우스 부장에게 1개 군단을 주어 사르디니아로 파병하고 쿠리오에게 2개 군단을 주어 시칠리아로 보내 식량 보급 거점을 확보한 후 아프리카로 진군하라고 명령했다. 파비우스에게 3개 군단을 주어 히스파니아(에스파냐)로 출동시켰다. 거기엔 폼페이우스가 앉혀놓은 총독들이 버티고 있었다.

파비우스가 히스파니아에서 고전하고 있을 때 갈리아의 마실리아(마르세유) 공성전에 발이 묶여있던 카이사르가 뒤따라가 히스파니아 전쟁

---

75) 시오노 나나미, 앞의 책(5권), p22.

2부 역사　187

을 지휘했다. 카이사르 군대는 폭풍과 폭우로 식량과 군수품, 마초의 조달이 단절되어 큰 위기를 맞기도 했다. 이런 위기를 지혜와 인내로 극복하고 폼페이우스 군대를 물리치고 히스파니아를 최종적으로 장악했다. 카이사르는 카시우스에게 4개 군단을 주어 히스파니아 속주를 통치하게 했다.

한편 쿠리오는 시칠리아섬을 장악하고, 2개 군단과 5백 기병을 이끌고 북아프리카(튀니지) 원정에 나섰다. 이웃한 누미디아(알제리) 왕인 유바의 증원군이 도착하여 전투에서 패해 쿠리오가 전사하고 로마군은 항복했다.

히스파니아 전쟁터에서 돌아온 카이사르는 폼페이우스를 추격하기 위해 브룬디시움으로 내려가 12개 군단과 기병을 소집하라고 명령했다. 이런 대규모 부대를 수송하기에는 선박이 부족하여 1만 5천의 군단병과 500기의 기병밖에 수송할 수 없었다. 함선이 부족하여 1진, 2진으로 나누어 수송했다. 카이사르는 7개 군단을 이끌고 그리스 반도에 상륙했다.

카이사르는 2진으로 상륙한 안토니우스와 합류하여 디라키움으로 진군했다. 디라키움은 로마의 해상 요충지인 브룬디시움에서 최단거리로 그리스 반도로 갈 수 있는 항구였다. 폼페이우스는 디라키움 근처 해안을 장악하여 모든 군수물자를 거기에 비축하고 있었다.

카이사르는 디라키움을 포위하여 작전을 펼치던 중 기병인 갈리아 족장의 아들이 자신의 비리가 발각되자 폼페이우스 진영으로 도망쳤다. 그들로 인해 카이사르 군대의 허점이 노출되어 전투에 큰 어려움을 겪었다. 카이사르는 디라키움 포위 작전을 포기하고, 퇴각했다.

카이사르는 아폴로니아에 부상병을 남겨두고 도미티우스와 합류하기 위해 그의 진영을 향해 이동했다. 이는 폼페이우스를 가급적 해안으로부터 멀리 유인해 식량과 군수품 보급을 차단하기 위한 것이었다. 또한 폼페이우스가 바다를 건너 이탈리아로 가려 한다면 도미티우스의 병력과 함께 일리리쿰을 거쳐 이탈리아로 건너가 로마를 사수하기 위한 조치였다.

폼페이우스는 스키피오가 있는 곳으로 이동했다. 두 사람은 서로 자신의 군대를 지원하고 상대의 기선을 제압할 기회를 잡기 위해 행군을 서둘렀다. 폼페이우스는 카이사르가 디라키움에서 모든 병력을 잃고 패주하고 있다고 소문을 퍼뜨렸다.

카이사르는 곡식이 여물어 가는 테살리아의 파르살루스 평원에서 최후의 결전을 준비했다. 폼페이우스도 스키피오와 함께 테살리아에 도착했다. 그들은 4만 7천 명의 대군과 기병 7천으로 자신감이 넘쳐 승리를 확신하고 있었다.

폼페이우스 진영의 지휘관 에노발부스, 스키피오, 렌툴루스 등은 카이사르의 최고 제사장직을 놓고 매일 논쟁을 벌였다. 모든 자들이 자신의 직위나 경제적 보상을 선점하기 위해 또는 개인적인 원한을 갚는데, 혈안이 되어 승리를 얻을 방법보다 승리를 이용할 방법에 골몰했다. 이는 키케로에 의해 확인된 사실이었다.

폼페이우스는 언덕 위에 진영을 구축하고, 먼저 공격하지 않고 대형을 갖추고 있었다. 폼페이우스 병력은 4만 5천 명이고, 카이사르의 병력은 2만 2천 명이었다. 카이사르는 진영을 철수하고, 여러 지역으로 이동하면서 식량을 확보하고, 전투 기회를 엿보며, 힘든 일에 익숙하지 않은 폼페이우스 군을 지치게 만들었다.

카이사르는 폼페이우스 군단과 회전을 벌일 좋은 기회라 판단하고,

즉시 병력을 이끌고 진영 밖으로 출동했다. 좌익에 안토니우스를, 우익에 술라를, 중앙에 도미티우스를 배치하고, 자신은 폼페이우스의 맞은편에 자리를 잡았다. 각 군단의 제3열에서 1개 대대씩 차출해 제4열을 만들어 적의 기병 맞은편에 포진시켰다.

돌격 신호가 울리자, 카이사르 병사들이 적을 향해 창을 겨누고 앞으로 달려 나갔다. 병사들이 창을 던지고 칼을 뽑아 들자, 폼페이우스 군대도 기다렸다는 듯이 카이사르 병사들을 맞았다. 로마군의 창이 적의 방패에 맞으면 끝이 휘어져 창이 빠지지 않도록 제작되어 있었다. 창을 맞은 방패는 무거워 더 이상 들고 싸울 수 없었다.

카이사르의 기병이 폼페이우스의 기병에 밀리자, 제4열의 6개 대대의 병력이 공격 신호에 따라 폼페이우스 기병을 공격했다. 그들은 높은 언덕을 향해 줄달음을 쳤다. 적의 기병이 물러나자, 기병과 함께 있던 적의 궁수와 투석병들이 무기도 없는 상태에서 죽음을 맞이했다. 또 적의 좌익을 후방에서 공격하기 시작했다.

폼페이우스 군대는 더 이상 견디지 못하고 모두 등을 돌리고 도망치기 시작했다. 그들은 카이사르 병사들의 공격에 밀려 방벽 안으로 퇴각했다. 카이사르는 공포에 빠진 적에게 쉴 틈을 주지 않기 위해 진영을 습격하라고 명령했다. 폼페이우스 병사들은 진지를 포기하고 언덕으로 달아났다.

폼페이우스 진영은 사치스럽게 치장되어 있어서 승리에 대한 자신감이 곳곳에 배어 있었다. 모두가 일신의 편안함을 추구한 것으로 보아 그들은 승리를 조금도 의심하지 않았던 게 분명했다.

폼페이우스는 약간의 호위병과 기병을 이끌고 후문으로 빠져나가 라리사를 향해 전속력으로 질주했다. 카이사르는 불과 200명의 병사를 잃었고, 폼페이우스 군대는 약 1만 5천 명의 병사들이 쓰러졌고, 약2만 4천 명이 엎드려 목숨만은 살려달라고 애원했다. 파르살루스 전투의 승리로 카이사르는 폼페이우스 군대의 기선을 완전히 제압했고, 이는 내전을 종식시키는 결정적 계기가 되었다.

이를 두고 플루타르코스가 카이사르는 디라키움에서 패배하여 맨 나중에 후퇴했는데, 폼페이우스는 파르살루스에서 참패하고 맨 먼저 달아난 사령관이라며 비꼬았다.

카이사르는 만사를 제쳐두고 폼페이우스를 추격하기로 결심했다. 그는 기병과 함께 최대한의 거리를 이동했고, 1개 군단에게 가까운 거리를 유지하여 뒤를 따르라고 명령했다.

폼페이우스는 파르살루스에서 라리사와 암피폴리스를 거쳐 미틸레네에 도착했다. 거기서 배를 타고 킬리키아로 건너간 다음 키프로스에 도착했다. 거기서 안티오크 주민들이 패배자들을 받아들이지 않겠다고 한 것을 알고는 폼페이우스는 시리아로 건너갈 계획을 포기하고, 알렉산드리아로 가는 길목에 있는 펠루시움으로 건너갔다.

그곳 이집트에는 어린 왕과 누나인 클레오파트라 간에 왕권을 다투고 있었다. 어린 왕을 대신해 왕국을 다스리던 총신들이 보낸 아킬라스와 셉티미우스에 의해 폼페이우스는 살해되었다.

카이사르는 이집트와의 관계가 특별했던 폼페이우스가 이집트로 건너갈 것으로 판단했다. 카이사르는 뒤따라온 군단, 푸피우스에게서 불러들인 1개 군단과 약 800의 기병을 10척의 로도스 군선을 거느리고 알렉산드리아로 진군했다. 두 군단의 병력은 약 3,200명으로 취약했다.

카이사르는 알렉산드리아에서 폼페이우스의 죽음을 알았다. 이집트인들은 폼페이우스의 목을 잘라 머리를 항아리에 담아 카이사르에게 건

네주었다. 카이사르는 그 항아리를 폼페이우스의 아내 코르넬리아에게 보냈다.

　당시 이집트는 프톨레마이오스 왕과 그의 누이인 클레오파트라가 왕권을 다투고 있었다. 선왕의 유언장에는 첫째 왕자와 첫째 공주가 공동으로 왕국을 통치하라고 적혀있었다. 또한 그가 로마에서 맺은 협정에 따라 로마인에게 유언의 집행을 맡기겠다고 했다. 하지만 왕이 14세로 어려서 이집트 왕국은 환관 포티누스의 통치를 받고 있었다.

　카이사르는 두 오누이가 서로 화해하여 다시 공동으로 나라를 통치하라고 권고했다. 이에 클레오파트라를 몰아내고 어린 왕을 옹위하여 권력을 누리고 있는 포티누스 일당은 카이사르의 판결에 불만을 품고 군사 행동을 일으켰다. 아킬라스의 무장병력은 2만 명에 달했다.

　아킬라스는 카이사르의 군대가 주둔해 있는 곳을 제외한 알렉산드리아 전 지역을 장악하고 있었다. 항구에서는 승리와 생존을 놓고 치열한 공방전이 벌어졌다. 카이사르는 적군 함선 50척을 모두 불태운 후 서둘러 알렉산드리아 앞바다에 있는 파로스 섬으로 이동했다.

　왕의 섭정인 포티누스는 아킬라스에게 전령을 보내 용기를 잃지 말라고 격려했다. 그러나 그의 전령들이 고발당하고 체포됨으로써 결국 포티누스는 카이사르의 손에 죽음을 맞이했다. 카이사르는 《내전기》에서 '이것이 알렉산드리아 전쟁의 시작이었다.'라고 끝을 맺었다.

　이로써 카이사르는 5년 동안 이어진 내전을 3년째까지만 썼다. 그 후의 전쟁 상황을 기록한 《알렉산드리아 전쟁기》는 비서인 히르티우스가 썼고, 카이사르가 직접 참전했던 아프리카 전쟁과 히스파니아 전쟁에 대해서는 그의 구술에 따라 누가 썼는지 분명치 않았다.

카이사르, 폼페이우스의 잔당을 소탕하다

　프톨레마이오스 왕과 클레오파트라의 회담에서, 회담을 주선한 카이사르는 오누이가 화해하고 다시 공동으로 나라를 다스리라는 판정을 내렸다.
　후세의 역사가들이 카이사르가 클레오파트라의 매력에 사로잡혀 그녀에게 유리하게 판결했다고 여겼다. 파스칼은 클레오파트라의 코가 조금만 낮았다면 역사는 달라졌을 거라고 했다. 그런 해석을 무시하기도 어려웠던 것이 카이사르는 클레오파트라와 사랑에 빠졌고 카이사리온까지 낳았으니 말이다.
　알렉산드리아 앞바다의 작은 섬에 갇힌 카이사르는 수세에 몰리고 있었다. 그는 이미 소아시아에 원군을 보내라는 지령을 하달했었다. 카이사르는 어떻게 하든 원군이 도착할 때까지 수비에 전념하면서 원군을 기다리고 있었다.
　기원전 47년 도미티우스가 보낸 2개 군단이 이집트에 도착했다. 카이사르는 제해권을 장악하고 있었기 때문에 배를 타고 바다로 나가 원군과 합류하려고 했다. 소년 왕 쪽에서는 그 합류를 저지하려고 했다.
　이리하여 전쟁터는 알렉산드리아 시내에서 나일강 어귀로 이동했다. 카이사르는 원군과 합류하여 거기서 벌어진 전투에서 결정적 승기를 잡았다. 소년 왕은 전사하고, 둘째 공주인 아르시노에는 포로가 되었다.
　클레오파트라는 이집트의 실질적인 왕이 되었고, 그녀는 선왕과 마찬가지로 '로마인의 친구이자 동맹자'가 되겠다고 약속했다. 폼페이우스를 살해한 주모자들은 모두 죽었기 때문에, 카이사르에 맞선 알렉산드리아 시민들을 살해하지 않았다. 아르시노에 공주는 로마로 압송해서 왕권 다툼의 불씨를 없앴다.

  카이사르는 갈리아 전쟁에서 내전으로 이어져 전쟁을 치르는 기간 동안 한순간도 긴장을 늦출 수 없는 세월을 보냈다. 이집트의 왕위 문제가 해결된 만큼 휴식을 취하기로 했다. 그는 나일강의 수원을 찾는다는 명목으로 클레오파트라와 나일강 유람을 즐겼다.

  카이사르는 소아시아를 지키는 도미티우스로부터 급보를 받았다. 그는 지원군을 보낸 후 1개 군단만으로 폰투스 왕 파르나케스에게 쫓기는 신세가 되었다. 카이사르는 이집트 왕실의 안전을 위해 2개 군단을 남겨두고, 6군단과 게르만 기병 800기만을 데려가기로 했다.

  카이사르 일행은 알렉산드리아에서 뱃길로 팔레스타인을 거쳐, 시리아의 안티오키아를 방문했다. 도미티우스는 거기서 카이사르를 애타게 기다리고 있었다. 그는 파르나케스와 싸워서 지고, 시리아로 도망쳐 온 것이었다.

  그동안 파르나케스는 소아시아 거의 절반을 공략했다. 카이사르의 6군단과 도미티우스가 거느린 1개 군단으로 파르나케스를 응징하기로 했다. 양군은 카파도키아에서 마주쳤다. 수적으로는 열세였으나, 카이사르의 정예라 할 수 있는 6군단의 맹공 앞에 오리엔트 병사들은 적수가 되지 못했다.

  기원전 47년 카이사르는 6군단과 게르만 기병대를 이끌고 그리스를 거쳐 브룬디시움에 상륙했다. 카이사르는 이집트에 대한 패권을 확립하고, 폰투스 왕에게 승리를 거두어 로마 시민들을 열광케 했다. 민회는 그를 임기 5년의 독재관에 임명하는 것으로 카이사르를 환영했다.

  카이사르는 북아프리카에 남아있는 폼페이우스파 군대를 소탕하기로 했다. 이는 쿠리오의 전사와 로마군의 참패를 설욕하기 위한 전쟁이

기도 했다. 북아프리카에는 폼페이우스파의 스키피오, 카토, 라비에누스가 버티고 있었다. 그들의 군사력은 10개 군단 병력과 기병 9천, 누미디아 보병이 4개 군단, 누미디아 기병 6천으로 보병만 6만 명에 기병이 1만 5천기나 되는 막강한 전력이었다. 여기에 누미디아 코끼리 120마리까지 가세했다.

이에 대해 카이사르는 보병 10개 군단, 기병 4천기로 아프리카 전쟁을 치르기로 작정했다. 카이사르는 병력을 시칠리아의 마르살라에 집결하라고 명령했으나, 보병 1만 8천 명과 기병 2천기가 집결했을 때 출항 명령을 내렸다. 시칠리아 총독에게 후속 군단도 집결하는 대로 출항시키라는 지시를 남겼다.

로마군은 보통 시칠리아로부터 가까운 튀니지의 북부로 상륙했으나, 카이사르가 선택한 상륙지점은 튀니지의 동부였다. 이 지점은 스키피오 진영이나 누미디아(알제리)로부터도 먼 지점이었다. 누미디아 왕국 옆에는 마우리타니아(모로코와 알제리 일부)가 있었다. 마우리타니아 왕의 고문을 회유해서 마우리타니아 군대로 하여금 누미디아 영토를 침공하게 하여 누미디아의 유바 왕을 견제하는 것이 목적이었다.

카이사르는 적군과의 전투를 앞두고 병사들을 훈련시켰다. 코끼리를 조달해서 그 습성, 공격력, 결함, 약한 곳에 대해 배우게 했다. 또한 말도 데려오게 해서 코끼리라는 거대한 동물 앞에서도 두려워하지 않도록 길들였다.

카이사르는 3진과 4진이 도착하자 결전을 서둘렀다. 적지에서 오래 머무는 것은 불리했기 때문이었다. 카이사르는 전략 요충지인 탑수스를 공격했다. 누미디아 병사들이 도착하기 전에 붙은 탑수스 회전에서 카이사르는 폼페이우스파 군대를 크게 무찔렀다. 카이사르의 작전이 주효했다. 총사령관 스키피오는 병사들에게 살해되었다. 카토는 단검으로 할복자살했다. 이제 천하는 카이사르의 것이었다.

카이사르의 영광과 업적, 그리고 죽음

플루타르코스는 카이사르의 업적이 로마의 위대한 전쟁 영웅들인 파비우스, 스키피오, 술라, 폼페이우스 등을 능가한다고 평가했다. 그는 갈리아에서 격전을 벌인 결과 800개가 넘는 도시를 함락시켰고, 300이나 되는 부족을 제압했다고 했다.[76]

카이사르가 폼페이우스 군대를 평정하고 로마로 귀국하자 열흘 간격으로 네 차례에 걸쳐 개선식을 거행했다. 카이사르가 승리한 상대가 갈리아, 이집트, 폰투스, 누미디아로 네 나라였기 때문이었다. 개선장군이 되어 개선식을 한 차례 갖는 것은 로마인으로 태어난 사나이에게 최고의 영예였다.

개선식에는 로마 원로원 의원들과 고관들, 제사장들, 개선장군, 군단병들이 참가해 마르스 광장에서 출발하여 시가행진을 벌이며, 카피톨리노 언덕을 향해 나아갔다. 로마 시민들이 연도에 늘어서 개선장군에게 환호를 보냈다. 카피톨리노 언덕의 신전에서 제를 지내고, 시민들에게 잔치를 베풀었다. 이날은 로마 시민들의 축제로 군단병들에게 두둑한 포상금이 지급되었고, 시민들에게 기념주화 등을 선물로 나누어 주었다.

기원전 45년 원로원과 민회가 카이사르에게 안겨준 영예와 권력은

---

76) 플루타르코스, 앞의 책, p482

종신 독재관, 집정관도 겸임할 수 있는 권한, 임페라토르 호칭, '조국의 아버지' 칭호, 평상시에도 자줏빛 망토와 월계관 착용 등이었다.[77] 당시 로마 역사상 카이사르와 같은 영예와 권력을 한 몸에 받은 위인은 없었다. 역사가들은 카이사르가 사실상의 황제였으며, 이때부터 황제정이 시작되었다고 평가했다.

카이사르는 그에게 주어진 막강한 권한으로 국가 개조에 들어갔다. 그는 정치, 경제, 사회의 각 분야를 개혁하여 로마의 기틀을 새로 세웠다.

기원전 7세기부터 사용한 태음력은 1년을 355일로 한 것인데, 당시 달력상의 계절과 실제 계절 사이에 석 달 가까운 차이가 발생했다. 천문학자와 수학자들의 도움으로 1년을 365일 6시간으로 계산하는 태양력을 만들었다. 이를 율리우스의 이름을 따서 '율리우스曆'이라고 불렀다. 교황 그레고리우스 13세가 율리우스력을 조금 더 교정한 것이 '그레고리우스력'이고, 오늘날 우리가 사용하고 있는 태양력이다.[78]

카이사르는 국립조폐소를 신설했다. 이는 현대 민주국가의 조폐공사의 원조라 여겨졌다. 그때까지 원로원이 가지고 있던 조폐권을 넘겨주고, 금화와 은화 및 동화를 주조하는 업무를 체계화했다. 로마에서 기념 화폐만이 아니라 보통 화폐에도 생존 인물의 옆얼굴을 새기게 한 것은 카이사르가 처음이었다.

카이사르는 갈리아 전쟁과 내전 이후 로마의 속주를 18개로 구분했다. 이전과 달라진 부분은 갈리아 전쟁으로 기존 갈리아 속주 이외의 지

---

77) 시오노 나나미, 앞의 책(5권), p363
78) 시오노 나나미, 앞의 책(5권), p306

역을 '갈리아 코마타(장발의 갈리아)'라는 속주로 새로 편입했고, 카이사르에 대항했던 누미디아 왕국은 동맹국의 지위를 박탈하여 '새 아프리카'라는 속주로 편입시켰다. 반면에 카이사르를 도왔던 마우리타니아는 동맹국으로 독립시켰다.

이로써 로마의 방어선은 라인강과 도나우강에서 흑해를 거쳐 유프라테스강에 이르고, 지중해를 사이에 둔 남쪽에는 아프리카 속주를 가운데 두고 양쪽에 이집트와 마우리타니아라는 두 동맹국이 있다. 서쪽은 이베리아반도에 접해 있는 대서양 그리고 북쪽은 브리타니아와 갈리아가 접해 있는 북해였다.

카이사르는 루비콘에서 알프스에 이르는 '갈리아 키살피나' 속주의 모든 자유민에게 로마 시민권을 부여했다. 오래전 이곳으로 이주한 갈리아인들도 로마 시민이 되었다. 이들은 카이사르가 갈리아 전쟁을 치를 당시 후방 지원을 아끼지 않았다. 이곳 주민들은 선거를 통해 국정에 참여할 권한이 생겼고, 속주세를 낼 의무가 없어졌다. 그 외 시칠리아 시민들에게는 '라틴 시민권'을 부여했다.

카이사르는 정치개혁을 단행했다. 그는 원로원 의원의 정족수를 600명에서 900명으로 늘렸다. 또한 로마 시민권을 획득한 속주 출신들이 원로원에 대거 유입되었다. 이로써 속주 출신의 황제를 배출하는 계기가 되었다. 카이사르는 원로원이 행정관들을 모아두는 조직이며, 독재관을 보조하는 기관으로 여겼다.

로마의 세력 범위가 넓어지고, 로마 시민들의 수가 늘어나자, 민회가 사실상 유명무실해졌다. 이들이 한곳에 모여 회의하고, 투표하는 것이 어려웠다. 하지만 카이사르는 공화정의 상징인 민회를 공식적으로 폐지하지는 않았다.

카이사르는 로마 역사상 전례가 없는 종신 독재관이 되었다. 그에게 붙여진 호칭인 '임페라토르'는 개선장군에게 경의를 표하는 호칭이었으나, 나중에 황제라는 호칭으로 바뀌었다. 호민관이 가진 최대의 무기인 거부권도 독재관에게는 행사할 수 없도록 만들었다.

로마의 최고 기관인 집정관은 두 명인데, 두 명 중 한 명은 독재관이 집정관을 겸하도록 하고, 집정관의 거부권도 독재관에게는 행사할 수 없도록 했다. 따라서 동료 집정관은 독재관을 보필하는 부독재관 같은 존재로 바뀌었다. 행정기관에 해방 노예를 등용했다.

로마에는 피의자에게 항소할 기회도 주지 않고 형에 처하는 것을 금지한 '셈프로니우스 법'이 있었지만, 원로원의 최종권고가 발동되면 재판절차도 없이 항소할 기회도 주지 않고 사형에 처할 수 있었다. 사실상 셈프로니우스 법이 유명무실해진 상태였다. 카이사르는 '셈프로니우스 법'을 되살렸다. 이로써 로마 시민들은 재판받고 항소할 권리를 되찾았다. 이는 원로원의 권한을 억제하는 효과가 있었다.

로마 배심원은 원로원 의원이 독점해 오고 있었다. 카이사르는 40만 세스테르티우스 이상의 재산을 가진 로마 시민은 누구나 절차에 따라 배심원이 될 수 있도록 자격요건을 고쳤다. 배심원 구성을 둘러싼 계급투쟁에 마침표를 찍었다. 또한 항소는 민회에 제기할 수 있었는데, 독재관에게 항소를 제기하도록 바꾸었다.

그 외에도 카이사르는 복지, 실업자, 식민지, 치안, 교통 등과 관련된 사회문제에 대한 개혁을 단행했다.

기원전 44년 카이사르는 3월 18일 파르티아 원정에 나설 계획을 세웠다. 9년 전 파르티아 전쟁에서 크라수스가 전사하고 참패한 설욕전을 벌일 결심을 굳혔다. 따라서 3월 15일 열린 원로원 회의는 원정과 관련한 중요한 회의였다.

이날 회의는 폼페이우스 극장에서 열렸다. 이날 갑작스럽게 원로원 의원 14명이 카이사르에게 달려들어 단검으로 마구 찔렀다. 카이사르는 23군데를 찔려 토가 자락으로 몸을 감싸면서 쓰러졌고 잠시 후 숨을 거두었다. 오랜 정적이었던 폼페이우스 입상의 발치였다.[79] 카이사르가 폼페이우스의 최후를 목격했듯이 폼페이우스 입상이 카이사르의 피살을 목격한 셈이었다. 폼페이우스 극장에서 벌어진 한 편의 비극이었다. 그의 나이 56세였다.

카이사르 암살의 주모자는 카시우스로 알려졌으며, 암살에 가담한 자들은 카이사르의 오랜 연인 세르빌리아의 아들 마르쿠스 브루투스, 그 외 데키우스 브루투스, 가이우스 트레보니우스 등이었다. 이들 중 카이사르 휘하에서 부장으로 복무했던 자들이 많았다.

카이사르가 숨을 거두기 직전 "브루투스, 너마저!"라고 했는데, 그 브루투스가 누구인가에 대해 세인들의 관심이 쏠렸다. 시오노 나나미는 여러 가지 정황으로 볼 때 그 '브루투스'는 데키우스 브루투스였다고 추정했다.[80]

카이사르의 삶과 죽음은 드라마틱했다.

카이사르, 신(神)으로 추앙되다

---

79) 시오노 나나미, 앞의 책(5권), p391
80) 시오노 나나미, 앞의 책(5권), p395

갈리아 전쟁 8년 동안 카이사르의 발길이 닿지 않은 갈리아 땅이 없을 정도였다. 전쟁이 벌어지면 그가 맨 먼저 전선으로 달려갔다. 라인강을 두 번이나 건넜고, 도버해협을 건너 두 번이나 브리타니아 원정에 나섰다. 알레시아에서 벌인 공방전은 최대의 위기였으나, 카이사르는 특유의 위기관리로 갈리아의 대반란을 잠재웠다.

내전 5년 동안 카이사르는 폼페이우스 군대를 추격하면서 이탈리아반도, 이베리아반도, 그리스, 이집트, 소아시아, 북아프리카 등으로 종횡무진했다. 그는 전투에서 패한 경우가 있었지만, 전쟁에서는 모두 승리했다. 로마인들은 카이사르가 나서면 전쟁에서 이긴다는 것을 믿어 의심치 않았다.

시오노 나나미는 이탈리아 고등학교 역사 교과서에 수록된 지도자의 자질을 소개했다. '지도자에게 요구되는 자질은 다섯 가지다. 지성, 설득력, 지구력, 자제력, 지속적인 의지. 카이사르만이 이 모든 자질을 두루 갖추고 있었다.'라는 내용이었다.[81]

카이사르는 전쟁 중에도 《갈리아 전쟁기》를 직접 썼다. 이 책은 라틴 문학의 정수로 평가될 만큼 탁월한 작품으로 인정받았다. 이런 글을 쓸 수 있다는 것은 지성이 뒷받침되지 않으면 불가능한 일이었다. 어느 역사가는 갈리아 전쟁은 카이사르의 창의력이 돋보인 창작품이라 평가했다. 그는 카이사르의 창의적인 지성을 지적한 것으로 보였다. 카이사르는 문무를 겸비한 영웅이었다.

그는 폼페이우스와 크라수스를 설득하여 삼두정치를 주도했고, 전장에서는 연설로 병사들의 마음을 일거에 사로잡았다. 이러한 일이 가능

---

81) 시오노 나나미, 앞의 책(4권), p15

했던 것은 탁월한 설득력과 정치력의 결실로 보였다. 그는 수많은 전쟁터로 바람처럼 달려갔고, 계속되는 전쟁에도 지칠 줄 모르고 전쟁을 준비하고 전투에도 모범을 보인 것은 그의 지구력과 꺾이지 않는 의지에서 비롯되었다. 서기에게 구술하여 작성한 서찰로 로마의 정치인들과 끊임없이 소통했다. 또한 내전에서 폼페이우스 편의 지휘관이 붙잡혀 항복하면 그를 살해하지 않고, 그가 가고 싶은 곳으로 가도록 허락한 것은 자제력에서 비롯된 포용력이 아니었겠는가!

플루타르코스는 카이사르가 공화정을 무너뜨린 것에 비판적이었다. 하지만 카이사르의 지혜, 인간미, 정치력, 솔선수범, 인내력, 의사소통, 통솔력, 명예욕, 애국심 등에 대해 사례를 들어가며, 그의 미덕을 곳곳에서 칭송했다.

헤겔은 카이사르가 독재자로서 로마를 지배한 것은 현 체제의 부정을 목표로 실행한 행위였으나, 그것은 동시에 로마사와 세계사에 필연적인 방향성을 제시했다고 역설했다. 역사상 영웅이란 자신의 특수한 목적이 세계정신의 의지와 합치하는 실체적인 내용을 갖는 사람이라고 했다.[82]

헤겔은 영웅이란 통찰력을 지닌 사람들로 타인을 만족시키려 하는 것이 아니라 자신의 만족을 목표로 한다고 했다. 이러한 특수한 이해에 사로잡힌 정열이 일반이념을 실현하는 원동력이라고 역설했다.[83]

카이사르가 갈리아 전쟁이나 내전에서 솔선수범하고 줄기찬 투지력을 보인 것은 자신의 명예를 드높이고 개인적 목표를 달성하기 위한 열정에서 비롯되었다. 그가 이룬 업적은 카이사르에게 명예를 가져다주

---

82) 헤겔(권기철 옮김), 역사철학 강의, 동서문화사(2016), p39
83) 헤겔, 앞의 책, p40

고 자신의 목표를 달성한 것만으로 끝나지 않았다. 카이사르는 암살범들에 의해 쓰러졌으나, 로마의 공화정을 무너뜨리고 황제정으로 나아가는 시대정신 혹은 보편적 이념은 실현되었다. 헤겔은 이를 '이성의 奸智'라 명명했다.[84]

기원전 44년 3월 15일 영웅의 최후는 비극적이었다. 카이사르는 이미 유언장에서 젊은 옥타비아누스를 자신의 상속자로 지명해 놓고 있었다. 옥타비아누스는 그의 姓을 물려받고 카이사르의 후계자가 되었다. 그 후 역사의 물줄기는 암살자들의 의도와는 달리 영웅이 돌려놓은 물길로 세차게 흘러갔다. 옥타비아누스는 악티움 해전에서 승리한 후 초대 황제가 되었고, 아우구스투스라는 영예로운 호칭을 얻었다.

기원전 42년 로마 원로원은 카이사르를 신격화한다는 결의를 했다. 카이사르는 로마인들로부터 神으로 추앙되었다.

※ 텍스트
- 카이사르, 김한영 옮김, 갈리아 전쟁기, 사이, 2018
- 카이사르, 김한영 옮김, 내전기, 사이, 2015

※ 참고 문헌
- 시오노 나나미(김석희 옮김), 로마인 이야기 4권, 5권, 한길사, 2015
- 플루타르코스(천병희 옮김), 영웅전, 숲, 2019
- 헤겔(권기철 옮김), 역사철학 강의, 동서문화사, 2016

---

84) 헤겔, 앞의 책, p42

도전과 응전의 역사, 《로마 제국 쇠망사》

에드워드 기번(Edward Gibbon)과 《로마 제국 쇠망사》

1997년 가을 서부 유럽을 둘러보았다. 첫 해외여행이라 설레었고, 가이드를 조심스럽게 따라 다녔던 기억이 새로웠다. 이탈리아 로마에서 포로로마노, 판테온 신전, 콜로세움, 카타콤베, 바티칸 성당과 박물관 등을 둘러보고, 로마의 매력에 빠져들었다.

일행은 카피톨리누스 언덕에서 가이드의 안내에 귀를 기울였고, 2천 년 세월의 풍상에 폐허가 된 상흔을 내려다보았다. 그 언덕에서 수많은 여행객이 로마의 폐허를 내려다보며, 인간사의 무상함을 느꼈으리라 짐작했다.

1764년 그 자리에서 기번이 유피테르 신전에서 들려오는 수도승의 기도 소리를 듣고, 로마의 쇠망에 대해 집필해야겠다는 생각이 떠올랐다는 것[85]을 여행 후 알았다.

　에드워드 기번은 1737년 영국 런던 근처 퍼트니에서 태어났다. 그는 어린 시절 병약했고, 부모의 무관심 속에서 외롭게 자라 소심하고 수줍음 많은 성격이 형성되었다. 그는 자발적인 고립으로 독서에 몰입하면서 다양한 분야의 책을 읽었다. 이 시기에 그리스·로마의 고전과 다양한 역사서를 읽었다.

　그는 열다섯 살에 건강이 호전되어 옥스퍼드 대학에 입학했다. 그는 스위스 로잔에서 5년을 보냈는데, 거기서 라틴어를 완전히 익혔고, 프랑스의 문학과 철학을 접하게 되었으며, 프랑스어에 능통하게 되었다. 그는 프랑스 최고의 지성인 볼테르와 친교를 맺기도 했다.

　기번은 로마 여행에서 돌아온 후 5년간 사료를 수집하여 정리하고, 도서의 제목과 서술 범위, 서술 방향 등을 구상했다. 이어서 15년이란 세월을 《로마 제국 쇠망사》 집필에 매달렸다. 그 긴 시간은 고통과 좌절의 연속이었다고 고백했다. 기번이 40세가 되던 1776년 1권이 모습을 드러냈다.[86]

　김경현에 의하면, 1권에 대해 다양한 계층에서 찬사를 보냈지만, 그리스도교계의 거센 반발을 불러일으켰고, 그 반발은 지금도 이어지고 있다고 했다. 그는 《로마 제국 쇠망사》는 인류 역사상 가장 위대한 그리고 가장 혐오스러운 장면들에 대한 기록이라고 평가했다.[87]

　《로마 제국 쇠망사》는 2세기부터 15세기까지의 장구한 역사를 71장으로 구성해서 여섯 권의 책에 담고 있었다. 이는 3,686쪽에 이르는 방

---

85) 에드워드 기번(윤수인, 김희용 옮김), 로마 제국 쇠망사(해제), 민음사(2016), p.10
86) 에드워드 기번(윤수인, 김희용 옮김), 앞의 책(해제), p.5
87) 에드워드 기번(윤수인, 김희용 옮김), 앞의 책(해제), pp.6~7

대한 분량으로, 김경현에 의하면 총 150만 자의 단어로 이루어졌다고 했다.[88] '고대사의 호수[89]'라고 일컬어지는 로마의 쇠망사를 모두 담아내기는 이 방대한 분량으로도 부족했을 것이라 짐작되었다.

기번은 5권 첫 장에서 《로마 제국 쇠망사》의 전체적인 구성에 대해 간략하게 서술했다. 1권부터 4권까지는 트라야누스에서 콘스탄티누스까지, 콘스탄티누스에서 헤라클리우스의 치세까지 제국이 쇠퇴와 몰락으로 이어지는 5세기 동안의 황제 계보에 대해 서술했다고 했다. 5권과 6권에서는 투르크인이 콘스탄티노플을 지배하기까지의 800여 년의 기간을 포함할 것이라고 서술했다.

고등학교 학창시절부터 말로만 들었던 기번의 《로마 제국 쇠망사》를 독서 모임에서 처음 읽었다. 기번의 표현에 의하면 '인류 역사상 가장 위대하고 가장 장엄한 로마'의 쇠망사를 읽는다는데 가슴 벅찼다. 로마인들의 용기와 미덕을 접할 때마다 고무되기도 했고, 음모와 분열로 인한 내전과 야만족의 침략으로 인해 로마가 지속적으로 쇠퇴하여 거대한 제국이 뜯겨나가 해체되어가는 모습에 안타까워하기도 했다.

기번은 《로마 제국 쇠망사》에서 로마가 쇠퇴하게 된 원인을 황제에 대한 시해로 인한 폭력적인 제위 교체와 내전, 야만족들의 침략, 그리스도교의 성장과 교리 논쟁, 세속화라는 측면에서 분석했다. 이러한 과정에 로마인들의 미덕이 무엇이었으며, 이런 미덕들이 어떻게 사라져갔고, 그러한 미덕 상실이 로마의 쇠락에 어떤 영향을 미쳤는지를 뼈아프게 지적했다. 그의 통찰은 날카로웠고, 심금을 울렸다.

---

88) 에드워드 기번(윤수인, 김희용 옮김), 앞의 책(해제), p.5
89) 차하순, 서양사 총론 1, 탐구당(2011), p. 175

《로마 제국 쇠망사》의 개관

기원전 753년경 로물루스가 일곱 언덕이라는 좁은 영토를 터전으로 로마를 건국했다. 그 이전에 트로이가 멸망하자, 그 유민을 이끌고 이탈리아 반도로 온 아이네이아스가 알바롱가를 건설했고, 이 도시가 로마의 모체가 되었다[90]는 신화적인 역사가 덧붙여졌다.

로마는 왕조 국가로 시작해 왕이 244년 정도 통치했다. 기원전 508년부터 원로원이 선출한 2명의 집정관이 로마를 다스리는 공화정 체제로 변모했다. 이 체제가 479년간 이어지다, 카이사르에 의해 공화정 체제가 무너졌다. 기원전 29년 카이사르의 후계자인 옥타비아누스가 악티움 해전을 승리로 이끌어 황제의 자리에 오르고, 아우구스투스라는 칭호를 얻었다. 황제가 통치한 체제는 서기 476년 서로마가 멸망하고, 서기 1453년 동로마가 멸망하기까지 유지되었다. 일부 역사가들은 기번과 달리 로마의 존속기간을 서로마의 멸망까지로 한정했다.

기원전 27년 아우구스투스부터 '오현제 시대'까지를 '팍스 로마나'라 일컬었다. 팍스 로마나는 '로마에 의한 평화'라는 의미였다. 오현제란 12대 황제인 네르바(2년), 13대 트라야누스(16년), 14대 하드리아누스(18년), 15대 안토니누스 피우스(24년), 16대 마르쿠스 아우렐리우스(20년)를 일컬었다. 오현제 시기는 로마 역사상 국력이 강성했고, 법치는 엄격하게 작동하여 가장 평화롭고 안정된 시기였다.

오현제 중 앞선 네 명의 황제들은 자신의 핏줄이 아닌 유능한 인재를 발굴하여 양자로 들이고, 자신의 후계자로 교육시켜 제위를 물려주었

---

90) 테오도르 몸젠(김남우, 성중모 옮김), 몸젠의 로마사 4권, 푸른역사(2019), p. 354

다. 안토니누스 피우스 황제는 선황인 하드리아누스의 권고에 따라 친아들이 있었는데도 마르쿠스를 양자로 들여서 제위를 물려주었다. 마르쿠스 아우렐리우스 황제는 《명상록》을 쓴 스토아 철학자이기도 했다.

기번은 마르쿠스 아우렐리우스의 죽음에서부터 로마제국이 쇠퇴한 단서를 포착했다. 마르쿠스 아우렐리우스 황제는 가족을 사랑한 나머지 친자인 콤모두스에게 황제의 자의紫衣를 물려줌으로써 선황들의 전례를 따르지 않았다. 그 아들로 인해 로마 신민들은 큰 고통을 겪었고, 마르쿠스 황제는 수많은 공적과 미덕에도 불구하고 큰 흠결을 남기고 말았다.

콤모두스는 17대 황제로 등극해서 온갖 기행과 악행을 저지르다 31세의 젊은 나이에 암살당했다. 후세의 사가들은 콤모두스가 네로를 능가하는 최악의 황제라고 평가했다. 그의 사후 짧은 기간 동안 40여 명의 황제가 교체되는 대혼란기에 접어들자 군단 병사들이 사령관을 황제로 내세우면서 군인들이 황제가 되는 시대가 열렸다. 원로원이 인정한 군인황제만 해도 26명에 달했다. 기번은 콤모두스 이후 황제의 폭력적인 교체가 수십 차례 반복되면서 제국이 쇠망의 길로 들어섰다고 여겼다.

황제의 미덕은 제국을 선정으로 이끌었지만, 황제의 악덕이나 측근들의 사악한 음모는 제국을 혼란과 나락으로 빠뜨렸다. 저자는 황제의 미덕이나 악덕, 측근들의 사악한 음모가 어떤 결과를 가져왔는지를 사례를 들어가며 서술했다.

훈족이 엄청난 위력으로 유럽을 침공했을 때 그 위세에 밀려서 로마의 국경 밖에 살던 서고트족, 동고트족, 수에비족, 반달족, 프랑크족 등과 같은 게르만족들이 제국의 영토 안으로 밀려 들어왔다. 로마는 이들을 막아내기 위해 국력을 소모하거나, 이들을 막지 못해 제국의 영토 일부를 그들에게 내줄 수밖에 없었다. 서기 476년 동고트족에 의해 서로마가 멸망하고, 서기 1453년 동로마 제국이 오스만 왕가의 투르크족에게 멸망하는 과정을 서술했다.

로마는 본래 유피테르, 유노, 아폴론, 아테네 등과 같은 다양한 신을 믿었던 다신교 국가였다. 여기에 유일신으로 무장한 그리스도교가 퍼지면서, 초기 로마 황제들은 그리스도교도들을 탄압하면서 대혼란을 겪었다. 서기 313년 콘스탄티누스 황제는 밀라노 칙령으로 그리스도교를 공인했다.

그 후 가톨릭 신도의 수가 급격하게 늘어났고, 이에 따라 가톨릭교를 이끌어나가는 사제와 주교의 숫자가 늘어나면서 제국의 곳곳에 교회와 수도원이 건립되었다. 여기에 발맞추어 교황이 선출되는 등 그리스도교는 거대한 조직체계를 갖추게 되었다. 이로써 수많은 젊은 남녀들이 교회나 수도원으로 몰려들었다.

이러한 방대한 종교 조직이 교리 논쟁으로 내분에 휩싸여 수많은 신도가 살해되었고, 종교 지도자들이 세속화되면서 성직과 후원금 등을 둘러싸고 온갖 비리로 얼룩졌다. 이같이 그리스도교에 대한 과도한 몰입 현상은 제국의 인적·물적 자원의 배분을 왜곡시켰고, 화합을 해치는 결과를 초래해 제국의 쇠퇴에 결정적인 원인을 제공했다.

서기 1095년 교황 우르바누스 2세는 성지 해방을 선포하면서, 십자군 전쟁이 시작되었다. 십자군이 200년 동안 일곱 차례에 걸쳐 머나먼 동방까지 원정을 떠나면서 인적·물적 손실을 입혔다. 이러한 인적·물적 자원이 제국의 성장에 활용되지 못하고 실익이 없는 일에 소모된 것을 기번은 뼈아프게 지적했다.

기번은 《로마 제국 쇠망사》에서 황제의 교체와 그의 미덕이나 악덕이라는 관점에서, 야만족의 대이동이라는 관점에서, 가톨릭교의 성장과 내분이라는 관점에서, 로마인들의 미덕 상실이라는 관점에서 로마제국의 쇠퇴 원인을 조명했다.

황제의 폭력적 교체가 쇠퇴에 미친 영향

로마인의 주요 정복은 공화정 시대에 이루어졌으며, 제정 시대의 황제들은 영토를 유지하는데 골몰했다. 초대 황제인 아우구스투스는 유서에서 로마의 국경선을 서쪽으로는 대서양, 북쪽으로는 라인강과 도나우강, 동쪽으로는 유프라테스강, 남쪽으로는 아라비아와 아프리카의 사막으로 한정했다. 정복사업이 중단되면서 로마인들의 진취적인 기상도 멈추었고, 현실에 안주하게 되었다.

아우구스투스 시대의 로마는 22개 속주에 모두 30개 군단 이상을 배치했고, 상비군은 375,000명에 이르렀다. 그 속주들의 일부 지역만으로도 강력한 왕국을 수없이 이룰 수 있을 정도로, 로마제국의 영토는 거대했다. 로마는 이러한 영토를 속주와 동맹국의 형태로 지배했다.

공화정 시대에는 시민 계급만이 무기를 사용할 수 있었는데, 병력 자원이 부족해지자 속주의 주민들을 병사로 모집했고, 그 보상으로 속주민이 얻고 싶어 하는 로마 시민권을 부여했다. 로마의 통치체제, 군사체제, 행정체제는 수 세기에 걸친 지혜로 수립되었고, 굳건하게 유지되었다. 속주민은 법에 따라 통일되었고, 개방적인 로마에 동화되었다.

기원전 27년 아우구스투스가 재위한 후 서로마는 서기 476년 멸망할 때까지 약 504년간, 서기 1453년 동로마가 멸망할 때까지는 1,480년간 황제정이 존속했다. 전체 황제 계보를 확인하기도 쉽지 않을 정도로 황제들이 수없이 교체되었다.

마르쿠스 아우렐리우스 황제가 사망한 후 그의 아들 콤모두스는 17대 황제로 등극했다. 그는 선황이 집정관으로 중용하여 게르마니아 전쟁에서 큰 승리를 거두었던 막시무스 장군을 제거했다. 그는 13년 치세 동안 황제의 신분으로 735번이나 검투 시합에 나서는 등 온갖 기행과 악행을 저지르다 31세에 근위대장에 의해 살해당했다.

이를 극화한 영화가 〈글래디에이트〉였다. 영화의 스토리에는 마르쿠스 황제가 막시무스 장군에게 제위를 물려받을 것을 권하는 장면이 소개되었다. 마르쿠스 황제는 이미 아들 콤모두스를 공동 황제로 삼았던 것으로 보아, 영화에서 황제가 막시무스에게 제위를 넘겨받으라고 권한 장면은 픽션일 뿐이라고 시오노 나나미는 잘라 말했다.[91]

이렇게 칼을 휘둘러 피 맛을 본 근위대는 황제도 자신들이 얼마든지 교체시킬 수 있다는 자신감으로 오만방자해졌다. 페르티낙스 등 많은 황제가 근위대의 칼날에 쓰러졌다. 황제를 지켜야 할 근위대가 자신들의 불의한 이익을 위해 황제에게 칼날을 휘둘러 황제를 시해하고, 황제의 자질이 부족한 자를 황제에 추대했다. 심지어 근위대는 로마 황제 자리를 공매로 결정하기도 했다.

서기 211년부터 284년까지 73년 동안 22명의 황제가 교체되는 대혼란기를 맞이했다. 황제들이 근위대나 군대에 의해 연속적으로 살해당하거나 자살로 교체되었다. 이로써 군인황제 시대가 이어졌고, 원로원이 인정한 군인황제만 무려 26명이나 되었다.

기번은 로마제국 쇠퇴의 첫 번째 징후이자 원인은 제위의 폭력적 교

---

[91] 시오노 나나미(김석희 옮김), 로마인 이야기(11권), 한길사(2019), p.259

체와 황제의 악행, 근위대와 군단의 오만방자한 불의라고 판단했다. 황제가 누군가의 손에 의해 시해되고 자주 교체되면, 황제의 권위는 추락하고 올바른 정책을 세워 추진하기 어렵다는 것은 자명한 이치였다.

세베루스도 마르쿠스 황제가 단호한 판결을 내렸더라면 그의 아들 콤모두스의 폭정으로 신민들이 고통받지 않았을 것이라며 비난했다. 그런 그도 황제가 되자, 두 아들 카라칼라와 게타에게 황제의 지위를 주어 세 명의 황제가 제국을 통치했다. 카라칼라는 아버지 면전에서 동생의 장인이기도 한 근위대장을 칼로 찔러 죽이고, 세베루스 사후 어머니 면전에서 동생 게타를 찔러 죽이는 악행을 저질렀다. 카라칼라를 제거한 마크리누스도 열 살 된 아들에게 황제 칭호를 주었다. 핏줄에 이성을 빼앗기는 것은 인간의 본성인지도 모르겠다.

황제는 무능력한 핏줄에게 제위를 물려주었고, 그 어리거나 무능한 황제들은 방탕하거나 악행을 저질러 제국에서 미덕을 축출시켰고, 제국의 인적·물적 자원을 고갈시켰다. 아버지가 사망하면 국가라는 재산이 마치 가축 떼인 것처럼 자기 자신조차도 잘 알지 못하는 어린 아들에게 계승되었다며, 기번은 황제 세습을 맹렬히 비판했다.

군인들이 연이어 황제를 암살하자, 군신 간의 신의가 땅에 떨어졌고, 폭력적인 혁명으로 미천한 자를 황제로 옹립했다. 황제를 시해하는 폭력이 반복적으로 이루어져 황제의 권위는 땅에 떨어졌고, 제국의 법치와 군대의 기강마저 무너졌다. 제국의 적은 폭군이나 군대의 형태로 로마의 중심부에 자리 잡고 있었다고 기번은 지적했다.

서기 285년 디오클레티아누스는 황제에 즉위하자, 동료 군인인 막시미아누스를 공동 통치자로 합류시켰다. 이어서 갈레리우스와 콘스탄티우스에게 부황제의 지위를 부여했다. 네 명의 군주가 광대한 제국의 영토를 넷으로 나누어서 통치했다. 황제와 부황제가 제국의 영토를 나누어 공동으로 통치한 첫 사례였다.

디오클레티아누스는 니코메디아에, 막시미아누스 황제는 밀라노의 거처에 은거했다. 이탈리아반도 중부에 있는 로마보다는 북부에 있는 밀라노가 야만족 침입에 신속하게 대처할 수 있었고, 황제들이 근위대를 피해 거처를 옮긴 측면도 있었다. 이로써 원로원은 황실과의 모든 관계가 끊어졌고, 근위대는 시해할 황제가 로마에서 사라졌다. 디오클레티아누스는 근위대의 병력을 축소하고, 여러 가지 특권도 폐지했다.

디오클레티아누스는 제국과 속주 그리고 군사 행정은 물론 민간 행정의 각 부서까지 모두 나누었다. 이렇게 제국을 나누어 통치하기 위해 네 개의 웅장한 궁전을 건설했고, 행정관, 문관, 무관의 인원수가 대폭 늘어남으로써 체제 유지비용이 급격하게 증가했다. 이렇게 폭증한 체제 유지비용을 감당하기 위해 토지세와 인두세를 인상하자, 속주 주민의 불만과 불평이 야기되었다.

디오클레티아누스 사후 세 명의 황제와 세 명의 부황제가 세력 다툼을 벌여 제국은 내전이 벌어졌다. 이들의 내전은 이탈리아에 막심한 피해를 주었다. 부황제는 황제가 사망할 경우 제의를 자연스럽게 넘겨받을 수 있는 이점도 있었다. 하지만 제국을 효율적으로 통치하기 위한 공동 통치가 각자의 야심으로 인해 내전으로 치달았다. 황제의 선의나 지혜가 반드시 좋은 결과를 가져오는 것이 아니란 걸 깨달았다.

최종적으로 콘스탄티누스와 리키니우스가 승리하여, 콘스탄티누스는 서방 제국을, 리키니우스는 동방 제국을 지배했다. 그 후 콘스탄티누스와 리키니우스도 내전을 치렀으며, 두 차례 모두 콘스탄티누스가 승리했다. 로마제국은 37년 만에 다시 한 사람의 황제의 권위 아래 통일되었다. 콘스탄티누스는 참주를 황제로 추대한 책임을 물어 근위대를 전면 해체했다.

콘스탄티누스는 동방의 니코메디아에서 콘스탄티노플로 수도를 옮겼다. 그는 제국의 행정 구역을 13개의 대관구 즉 로마와 콘스탄티노플을 제외한 11개 대관구와 116개의 속주로 나누었다. 군사령관과 민정 총독이 속주의 군정과 민정을 분리하여 통치하도록 했다.

콘스탄티누스가 궁정을 콘스탄티노플로 옮기면서, 로마는 두 개의 궁정으로 분리되어 로마가 동서로 분리되는 단초가 되었다. 이로써 제국을 통치하는 조직도 두 배로 늘어나면서 통치 비용이 급격하게 증가했고, 서로 협조가 이루어지지 않아 국가의 활력도 떨어진 것이 제국의 쇠퇴에 큰 영향을 미쳤다.

콘스탄티누스가 죽은 후 그의 세 아들이 제국을 분할하여 통치했다. 공동 통치자인 형제간에 내전이 벌어지거나, 참주와도 내전이 발생했다. 내전으로 인한 피해는 희생자들이 모두 제국의 병사들과 신민들이었고, 양측의 전쟁 비용 또한 제국 내에서 조달되어야 했다. 내전은 야만족들에게 침략의 계기를 제공하기도 했고, 심지어 내전을 벌이면서 야만족과 내통하여 외적을 제국 내로 끌어들이기도 했다. 내전은 단순한 외침보다 제국의 존속에 치명적인 결과를 초래했다.

동로마 제국 황제 테오도시우스는 고트족과의 전쟁에 시달리며 국력을 소모했다. 갈리아의 참제인 막시무스가 이탈리아를 침입하자, 테오도시우스는 정예군을 이끌고 가서 야만족을 제압했다. 갈리아가 평정되면서 로마제국 전체가 테오도시우스의 수중에 들어갔다.

테오도시우스는 은인의 아들인 발렌티니아누스 2세를 다시 밀라노의 옥좌에 앉히고, 빼앗겼던 속주의 절대적인 지배권을 되돌려 주고, 콘스탄티노플로 귀환했다. 테오도시우스의 통치는 지혜로운 법과 군사적 성공으로 국민과 적들 모두로부터 존경을 받았다.

서기 395년 테오도시우스가 사망하자 미성년자인 두 아들에게 제위를 넘기면서, 로마의 명장인 스틸리코를 후견인으로 지명했다. 알라리크가 지휘하는 로마군의 보조군이었던 고트족이 반란을 일으켰다. 서로마에 있었던 스틸리코는 알라리크를 공격했으나, 콘스탄티노플의 대신들은 알라리크를 동부 일리리쿰의 총사령관으로 임명했다. 스틸리코도 알라리크를 동로마 황제의 사령관으로 인정할 수밖에 없었다. 이같이 황제나 총신의 알 수 없는 음모로 인해 동서 로마 간에 손발이 맞지 않는 경우가 허다했다. 역사가들은 테오도시우스의 사망 후 로마가 동서로 실질적으로 분할되었다고 평가했다.

이런 와중에 호노리우스의 총신인 올림피우스에 의해 스틸리코는 살해되었다. 호노리우스의 총신은 마치 알라리크와 내통한 것처럼 스틸리코의 파멸을 획책했다. 스틸리코의 공적은 의심의 여지가 없이 위대한 것이었다. 그는 스러져 가는 로마의 마지막 명장이었다.

후기의 호노리우스 등과 같이 어린 나이에 제위에 오른 황제들은 후견인이나 총신, 환관들에게 정사를 맡기고, 자신은 쾌락을 탐닉하면서 제국은 물론 자신마저 불행의 늪에 빠졌다. 이들은 야만족들에게 영토를 빼앗기고, 선황과 제국의 명예마저 더럽히면서 제국은 급격히 쇠퇴했다.

황제의 무능력과 악행은 격렬한 내란으로 이어졌으며, 잦은 내란으로 재정과 병력 자원이 크게 소모되어 국력이 크게 쇠퇴했다. 이런 혼란을 틈타 야만족들이 거침없이 제국을 침입하여 제국은 내우외환을 맞아서 크게 위축되었다. 초기의 황제들은 자의가 곧 수의라는 각오로 전쟁터에 직접 참가해 선두에 서서 전투를 독려했다. 테오도시우스 이후에는 황제가 직접 전장에 나가는 것을 거의 볼 수 없었다.

알라리크는 일리리쿰의 총사령관으로 재직하면서 서고트족의 왕으로 추대되었다. 서기 410년 알라리크는 서고트족 군대를 이끌고 스틸리코가 사라진 서로마를 겁탈했다. 그는 호노리우스 황제의 누이동생을 고트족 진영으로 끌고 갔다. 혼미한 군주가 제국의 기둥인 스틸리코를 제 손으로 시해하여 불행을 자초했다.

테오도시우스의 아들과 손자들이 미성년이었던 때 제국은 가장 깊은 상처를 입었는데, 이 무능력한 군주들은 성년에 이르러서도 교회는 주교에게, 나라는 환관에게, 속주는 야만족들에게 계속 내맡겨 두었다. 환관들의 매관매직, 기강해이, 무능력이 극에 달했다. 그 후계자들은 야만족 용병들에게 로마군 전술을 가르쳐주어 그들의 용맹에 날개를 달아주었다고 평가했다.

서기 455년경부터 서로마가 패망하기까지 20년 동안 아홉 명의 황제가 시해되고 사망하여 교체됨으로써 패망의 전조 증상을 보였다. 서기 476년경 아우구스툴루스가 퇴위하고 동고트족 출신 오도아케르가 서로마의 왕위를 차지함으로써, 서로마 제국은 멸망했다. 아우구스툴루스는 로물루스 아우구스투스라는 이름을 사용함으로써, 로마를 건국한 로물루스와 초대 황제인 아우구스투스의 이름을 더럽힌 꼴이 되었다.

서기 527년 동로마 황제 유스티니아누스는 10인 위원회를 통해 역대 황제의 법전에 담겨 있던 포고령을 수정하도록 지시했다. 이렇게 만들어진 것이 유스티니아누스 법전이었다. 그 주요 내용을 보면, 인권과 여권女權은 향상되었고, 비윤리적인 부권父權에 제동이 걸렸다. 노예 해방에 대한 제약도 폐지되었고, 그리스도교의 영향으로 결혼이 중시되었고, 이혼의 자유도 허락되었다. 로마의 '12표법'을 근간으로 하는 로마법은 영미법과 함께 법체계로서, 현대국가가 대부분 이를 채택했다.

로마의 초기 국민이 상무정신으로 무장되었을 때 제국은 급성장했으나, 쇠퇴기에는 상무정신의 흔적도 찾아보기 어려웠다. 쇠퇴기의 로마인들은 징집을 피하기 위해 수도원에 들어가거나, 오른손 손가락을 절단하기도 했다. 그 부족한 병력 자원을 게르만족이나 스키타이족과 같은 야만족으로 충당했다. 이들 중 능력이 출중한 자들은 로마의 지휘관이 되어 로마제국의 전투기술을 습득했다. 이렇게 전투기술까지 익힌 고트족들은 세력을 규합하여 로마에 칼을 겨누자, 로마는 속수무책이었다.

최초의 카이사르에서 최후의 콘스탄티누스에 이르기까지 로마 황제들의 전체 계보는 1500년 이상에 이르렀다. 동로마는 600년 동안 모두 예순 명의 황제들이 재위했다. 간혹 능력이 출중한 황제들과 장군들이 야만족을 물리쳐 속주를 회복하고, 제국의 권위를 다시 세워도 이어지는 무능력하고 방탕한 황제들이 회복한 영토보다 더 많은 영토를 빼앗겨버렸다. 이런 기복이 지속적으로 반복되면서, 제국의 영토는 눈에 띄게 뜯겨나가 왕국이나 공국의 수준으로 크게 위축된 후 멸망했다.

야만족과의 충돌이 제국에 미친 영향

로마의 가장 위험한 적은 프랑크족, 고트족, 반달족, 페르시아인이었다. 카시오도루스는 고트족의 최초 발상지는 광대한 스칸디나비아 섬 또는 반도라고 추정했다. 고트족은 서고트족과 동고트족, 게피다이족으로 나누어졌다. 고트족이나 반달족, 프랑크족도 풍습이나 피부색 및 언어 등으로 볼 때 모두 게르만족으로 분류되었다.

 카이사르가 갈리아를 평정한 후 게르만족은 대체로 라인강과 도나우강 이북에 산재하여 살았다. 고트족은 우크라이나 지역에 정착하여, 흑해의 북쪽 연안을 장악하고 있었다. 게르만족은 문자를 사용할 줄 몰랐다. 그들은 전쟁에 익숙했지만, 무기가 부족했을 뿐만 아니라 규율이나 군사 전술이 정립되지 않았다. 그들은 끊임없이 이동하고, 불규칙하게 이합집산을 일삼았다.

 발렌스 시대에 훈족이 유럽을 무자비하게 침략하자, 서고트족은 도나우강 유역으로 이동하여 동로마 제국의 황제에게 보호를 탄원했다. 발렌스는 그 탄원을 받아들여 궁정을 위해 봉사할 수 있게 했다. 이때 도나우강을 건너온 서고트족 전사들은 20만 명에 달했다. 이런 틈바구니에 동고트족은 로마제국의 영토 내에 독립된 진영을 마련했다. 발렌스는 제국의 심장부에 적을 끌어들인 결과를 초래했다.

 서기 378년 발렌스 황제는 자신이 끌어들인 서고트족을 방어하기 위해 하드리아노폴리스에서 전투를 벌였다. 이 전투에서 로마군 기병대는 패주했고, 보병대는 무차별적으로 살육당했다. 로마군의 3분의 2 이상이 희생되어 동로마의 생존에 치명적이었다. 발렌스도 화염 속에서 숨을 거두었다.

 서고트족은 트라키아에 집단 거주지를 얻었고, 4만여 명에 이르는 고트족 군대는 로마의 보조군으로 전투에 참가하면서 무기 쓰는 법을 배우고 군율을 익히게 되니 더욱 강해졌다. 알라리크도 테오도시우스의 훈련장에서 전쟁기술을 익혔는데, 서고트족 왕이기도 한 알라리크는 고트족을 강력한 군단병으로 길렀다. 그는 로마의 내정도 파악하게 되었고, 고위직과의 네트워크도 갖추게 되었을 것으로 짐작되었다.

로마 병사들은 갑옷이 무거워 잘 입지 않게 되었고, 흉갑과 투구를 폐지하는 허가를 얻어냈다. 선조들의 중량감 있는 무기, 단검, 강력한 투창은 그들의 나약한 손에서 서서히 버려졌다. 시민들은 돈을 주고 자신의 나라를 지킬 중대한 의무를 면제받았다. 기번은 로마인들이 군 복무를 회피하자, 부족한 병력 자원을 야만족 용병으로 받아들인 것이 제국의 멸망에 일조했다고 지적했다.

훈족 왕 아틸라는 또다시 유럽에 공포를 몰고 왔다. 서로마 제국은 훈족에게 밀려 도망쳐온 고트족과 반달족 밑에서 신음했다. 황제의 총신인 아이티우스는 훈족과 내통하여 언제든지 훈족 진영으로부터 강력한 지원을 얻을 수 있었고, 그 은혜로 판노니아의 소유권을 훈족에게 양도했다.

로마는 야만인들에게 많은 속주를 빼앗김으로써 국고로 들어오던 속주세가 급감했고, 이어지는 내란과 외침으로 인해 전쟁 경비는 눈덩이처럼 불어나 국고는 바닥이 났다. 속주에 있는 귀족들의 영지에서 들어오는 소작료도 전쟁으로 끊어진 상태였다. 고트족은 로마에서 얻은 급료와 배상금으로 부자가 되었다.

서기 410년 서고트족 왕인 알라리크는 로마를 침략해 시민들의 재산을 약탈하고, 시민들을 학살하면서 도시의 거리마다 매장조차 하지 못한 시체가 넘쳐났다. 알라리크는 로마군의 보조군 행세를 하다가 그들이 원하면 로마의 적으로 둔갑해 약탈했다. 부녀자들을 능욕하고, 건물에 불을 질렀다. 고트족 병사들은 4년 동안 이탈리아에 머물다 퇴각하면서 막대한 양의 곡물과 가축, 기름과 포도주를 요구했다.

알라리크의 후계자는 로마 장군의 칭호를 받아 갈리아의 남부 속주로 진군했다. 고트족은 동맹군이라는 허울 아래 갈리아를 잔인하게 약탈했다. 로마 정규군이 철수한 후 브리타니아는 해적들에게 무방비로 노출되어 로마제국에서 이탈했다. 동로마 제국은 아틸라에게 도나우강 남쪽 유역을 따라 넓은 영토를 양도했고, 보조금을 세 배로 인상하여 지불했다.

반달족의 가이세리크는 원로원 의원들의 아프리카 영지를 몰수했고, 국가의 보조금도 가로챘다. 그는 카르타고 항에서 함대를 띄워 시칠리아를 정복했고, 테베레강을 통해 로마의 성문으로 과감하게 진출했다. 로마 시민들은 반달족과 무어족의 폭력에 무자비하게 노출되었다. 가이세리크는 공공재산, 사유재산, 교회 재산을 가리지 않고 약탈해갔다.

5세기 말경 메로빙거 왕조의 클로비스가 지리멸렬한 갈리아를 통일하여 프랑크족 왕국을 건설하여 30년 동안 통치했다. 그는 고트족과의 전쟁에서 승리한 후 로마 집정관이라는 영예로운 직위를 받아들였다. 그는 충성을 바친 부하들에게 공적이나 총애의 정도에 따라 봉토를 나누어주었다. 이것이 봉건 영지의 최초의 명칭이자 단순한 형태였다.

서고트족은 갈리아에 있던 영토를 대부분 클로비스에게 빼앗겼지만, 그들은 에스파냐 속주를 정복했다. 색슨족은 서로마 제국에서 세 번째로 큰 브리타니아 관구를 정복했다. 이같이 서로마 제국은 큰 속주들을 야만족들에게 빼앗기고, 이탈리아 왕국으로 축소되었고, 이탈리아반도 내에서도 공국 수준으로 전락하다 패망했다.

동고트족은 동로마 황제 레오와의 동맹의 표시로 여덟 살인 테오도리크를 인질로 동로마로 보냈다. 어린 왕자는 콘스탄티노플에서 육체를 단련시켰고, 정신을 고양시켰다. 테오도리크는 성장하여 레오의 제위를 물려받은 제논 황제를 도왔다. 그는 황제에게 서로마를 지배하고 있는 오도아케르에 대항해 싸울 수 있게 해달라고 요청했다. 테오도리크가 밀라노로 진군하자, 오도아케르는 라벤나로 도망쳤다.

　테오도리크는 서기 476년 멸망한 서로마 영토를 서기 493년부터 33년간 통치했는데, 고트족과 이탈리아인들에게 사랑과 존경을 받았다. 이 고트족 왕의 주권은 시칠리아에서 도나우강과 대서양까지 확장되었다.

　유스티니아누스 황제는 벨리사리우스로 하여금 아프리카의 반달족을 토벌케 했다. 벨리사리우스는 아프리카에서 반달족을 물리치고 카르타고에 입성하여 주민들로부터 환영을 받았다. 로마 최후의 명장 벨리사리우스는 콘스탄티노플에서 한 번도 개최되지 않았던 성대한 개선식을 갖게 되었다. 이것이 로마의 마지막 개선식이었다.

　서기 536년 유스티니아누스는 벨리사리우스를 앞세워 이탈리아를 침공했다. 벨리사리우스가 로마에 입성하자 60년간 예속당하고 있던 로마는 야만족의 속박에서 벗어났다. 그는 6년 사이에 서로마 제국의 속주들의 절반을 되찾았다. 그 과정에 서로마 사람들은 도리어 심각한 타격을 입었다. 그는 페르시아 왕 호스로우마저 물리쳤다.

　동로마 제국도 지속적으로 쇠퇴했고, 야만족이 기승을 부렸던 시기에 벨리사리우스가 이룬 공적은 공화정 시대의 영웅들을 능가하는 것이었다. 유스티니아누스 황제가 83세까지 생존하고, 38년간 제국을 통치할 수 있었던 것은 벨리사리우스를 중용한 그의 통찰력 덕분으로 여겨졌다.

　서기 616년 페르시아의 호스로우는 이집트를 정복했고, 카르타고와 트리폴리 인근까지 나아갔다. 벨리사리우스가 회복한 아프리카 속주는 절멸되었다. 이로써 동로마 제국의 영토는 콘스탄티노플 성벽 안쪽과 그리스, 이탈리아, 아프리카의 몇 지역과 아시아 해안의 도시 몇 개로 줄어들었다.

 카롤링거 왕조의 샤를마뉴는 프랑스, 스페인, 이탈리아, 독일, 헝가리를 지배하는 정복자가 되었다. 스페인을 지배하고 있던 사라센인 즉 이슬람교도들을 복종케 하고 바르셀로나에 프랑스 총독이 주재했다. 독일을 한 왕조 아래에 통합시킨 것은 샤를마뉴가 처음이었다. 이미 멸망한 서로마 영토의 3분의 2가 샤를마뉴에게 복종하고 있었다.

 샤를마뉴 이후의 오토 제국은 각 민족 또는 속주의 공작들, 작은 지역의 백작들 또는 변경지역의 후작들에게 영토의 일부를 분배했고, 이들은 황제들이 부관들에게 위임한 모든 내정과 군사의 권리를 통합했다. 이러한 공작령 또는 백작령이 나중에 기득권이 되어 상속이 이루어졌고, 매각되어 분리되기도 했다.

 서기 1038년 오스만가의 투르크족은 페르시아를 정복했다. 투르크족은 전체가 이슬람교를 받아들였다. 서기 1451년 무라드 2세의 아들 마호메트 2세는 스물한 살의 나이에 술탄에 올라 31년간 통치했다.

 1453년 마호메트 2세는 콘스탄티노플을 공격하기 시작했다. 약 258,000명의 병력이 콘스탄티노플 성벽을 포위했다. 도시에는 10만 명 정도의 주민들이 살고 있었는데, 수도를 방어하기 위해 전투할 수 있는 사람은 고작 5,000명도 되지 않았다. 제노바의 외인 부대원 2,000명이 합류했다. 비잔티움과 이탈리아의 군함과 상선 몇 척이 항구를 방어했다.

 콘스탄티노플로 들어가는 해협에는 갤리선과 외돛배가 사슬처럼 연결되어 수도를 방위하고 있어서, 오스만군은 항구 쪽으로는 접근할 수가 없었다. 이에 마호메트는 좀 더 가벼운 배와 군수 물자를 보스포루스 해협에서 항구의 고지대까지 육로를 통해 운송하는 대담한 계획을 구상하고, 10마일 거리를 하룻밤 만에 운반했다.

술탄은 떠 있는 다리에 우르반이 만든 큰 대포(Greek fire)를 설치했다. 포위전이 40일 동안 이어지자 오스만군의 포격으로 성벽에 구멍이 생기고, 탑이 무너져 내렸다. 콘스탄티누스 팔라이올로구스는 최후의 순간까지 전쟁을 계속하리라는 각오를 다졌다. 자신의 가족과 재산을 버릴지라도 조국을 위해 목숨을 바치기로 결심했다.

투르크군이 성벽을 넘어오자, 절망 속에서도 콘스탄티누스는 현명하게도 자의를 벗어 던졌다. 이런 아수라장 속에서 그의 시신은 다른 수많은 전사자 속에 파묻혔다. 황제가 죽자 비잔티움 병사들은 성 밖으로 일제히 도망쳤다. 기번은 마지막 황제 콘스탄티누스의 고난과 죽음은 역대 비잔티움 황제들이 누리던 오랜 번영보다도 훨씬 더 영광스러웠다고 평가했다.

1453년 콘스탄티노플은 53일간의 공방전 끝에 마호메트 2세의 군대에 의해 정복당했다. 콘스탄티누스 대제가 건설한 콘스탄티노플이 같은 이름의 마지막 황제인 콘스탄티누스가 통치할 때 야만족에게 점령당했다는 것이 아이러니했다.

도시의 곳곳에서 쏟아져 나온 사람들은 성 소피아 대성당으로 몰려갔고, 대성당은 성직자와 신도들로 빈틈없이 꽉 들어찼다. 천사가 기둥 밑에 앉은 모든 사람을 구해 줄 것이라는 광신자의 예언을 믿었기 때문이었다.

사람들이 내려올 기미조차 없는 천사들을 기다리고 있는 동안 도끼날에 출입문이 부서졌다. 투르크 병사들은 아무런 저항도 받지 않자 피 묻은 손으로 포로들을 선별하고 확보하는 작업을 시작했다. 우선 젊은이나 미인, 부유해 보이는 사람을 골라냈다. 이런 과정에서 각 계층이 뒤섞였고, 가족들은 뿔뿔이 흩어졌다.

마호메트 2세는 대승을 거두고 하드리아노폴리스로 돌아갔다. 마호메트 2세는 요충지인 콘스탄티노플을 자신과 후계자들이 머물 곳으로 결정했다. 술탄은 아나톨리아와 로마니아의 주민들을 콘스탄티노플로 이주시켰다. 그는 살아남은 비잔티움인들을 다시 도시로 불러들였다. 그들의 종교도 자유를 보장했다.

마호메트 2세가 콘스탄티노플을 점령함으로써 오스만 제국이 그 모습을 드러냈다. 1481년 마호메트 2세는 51세의 나이로 세상을 떠났다.

그리스도교의 성장과 내분이 제국에 미친 영향

로마는 초기에 이방의 종교를 포용한 다신교 국가여서 유일신을 믿는 그리스도교를 박해했다. 신도들은 황제의 폭압을 피해 로마의 지하묘소인 카타콤베로 숨어들기도 했다. 네로나 도미티아누스 황제가 그리스도교의 박해자로 이름을 올렸으나, 서기 313년 콘스탄티누스 황제가 밀라노 칙령으로 그리스도교를 공인했다.

밀라노 칙령 후 그리스도교가 크게 번성하기 시작했다. 기번은 그리스도교가 크게 성장하게 된 요인으로 그리스도교인들의 굽히지 않는 편협한 열정, 내세에 대한 교리, 기적을 행사하는 능력, 순수하고 엄격한 도덕관, 단결과 계율의 다섯 가지로 요약했다. 그들은 영혼 불멸, 내세관, 종말론, 천국 도래, 천지 창조, 기적, 부활의 교리를 내세우며 그 세를 확장했다고 판단했다.

기번은 그리스도교의 폭발적인 성장과 오용이 로마제국의 쇠퇴에 큰 영향을 미쳤다고 주장했다. 그리스도교가 급성장하자, 신도들의 영적인 직무뿐 아니라 세속적인 지도까지 담당할 성직자들의 수가 늘어나면서 주교, 대주교 등을 선출했다. 교회 행정이 관행화되면서 지혜는 교활해지고 순결성도 서서히 타락했다. 교회 행정권은 종교적 투쟁의 대상이 되었을 뿐만 아니라, 그 전리품이 되기도 했다고 지적했다.

역사가 암미아누스는 성직자들은 주교직을 얻기 위해 파벌 싸움을 벌였는데, 이 싸움으로 추종자들의 부상과 죽음이 잇달았다고 기록했다. 주교를 선출하는 데 성직자들 간에 뒷거래가 이루어지고, 아리우스파와 아타나시우스파 등과 같이 파벌이 형성되어 교리와 이권을 두고 파벌 간의 다툼이 극에 달했다.

각 지역의 대주교, 주교 등이 제국 내 지정된 장소에 모여 이른바 '공의회'를 열었고, 여기서 교리와 교회운영 등에 대해 격론을 벌였다. 여기서 결의된 사항은 교회운영과 신앙생활에 대해 법률과 같은 권능이 형성되었다. 서기 3세기에는 성직자들의 어조가 권고조에서 명령조로 바뀌었다.

하느님의 성령이 그 아들 그리스도를 통해 발현된다는 설(아리우스파)과 하느님과 그리스도 모두에서 성령이 발현된다는 삼위일체설(아타나시우스파)이 대립하면서 큰 혼란을 일으켰다. 이러한 삼위의 위격에 관한 논쟁으로 유혈사태가 이어져 많은 신도가 불(화형)과 검(참수)에 희생되었다. 이러한 교리 논쟁이 수세기에 걸쳐 이어져, 제국의 통치에도 커다란 위해가 되었다.

테오도시우스 황제가 삼위일체설을 인정하고 다른 주장을 탄압하면서, 삼위의 위격 논쟁은 종결되는 듯했으나, 그 이후에도 이에 대한 논란은 그치지 않았다. 이같이 황제는 병영보다 종교 회의에 더 촉각을 곤두세웠다. 그때까지만 해도 황제의 속세 권능이 교황의 영적 권능과 균형을 이루는 듯이 보였다. 후기에는 교황이 황제의 권능을 넘어 왕을 제위에서 물러나게도 하고, 제위에 올려놓기도 했다.

제국의 곳곳에 수도원이 수없이 세워지면서 수많은 남녀가 수도사로 들어갔다. 파코미우스가 건립한 수도원에 여자 수도사들이 1만 명, 남자 수도사들이 2만 명이었다. 이들 중에는 비천한 자들도 있었고, 과도한 조세로부터 탈출하고, 군복무의 위험을 회피하기 위해 수도원의 고행을 선택한 젊은이들도 많았다. 성직자들은 이들에게 인내와 순종을 가르치는 데 성공했지만, 그들의 능동적인 활력과 상무정신을 파묻어 버렸다고 기번은 한탄했다.

자선과 헌금이라는 명목으로 공공재산과 사유재산의 상당 부분이 교회에 바쳐졌다. 이로써 제국의 재정은 축소되어 빚을 졌지만, 교회의 재산은 급격히 늘어났다. 이러한 교회 재산은 성직자들의 급료와 수도원에서 금욕과 순결을 주장하는 남녀의 생활비에 지출되었다. 수도사들의 급료는 병영 군단병들의 급료보다 많았다. 기번은 수도사의 시대에는 모든 남성적인 미덕들이 철저히 억압되었다고 지적했다.

서기 451년 수도사로 이루어진 군대가 예루살렘을 점령하면서, 수도사 군단이 그 모습을 드러냈다. 서기 514년 수도사 군단 앞에 문무의 권력은 무력해졌다. 제논 황제의 통일령에도 불구하고, 신의 영광을 찬양하거나 군주의 신민들을 약탈하고 살해했다. 이 종교적 반란으로 그리스도교도 6만5천 명이 말살되었다. 평화의 신이라는 이름으로 그의 사도들에 의해 벌어진 첫 번째 종교전쟁이었다.

초기 그리스도교는 로마의 신전이나 봉헌물, 종교의식을 우상 숭배라며 격렬하게 질타했다. 그들의 세상이 되자, 제국 내의 신전을 파괴하여 폐허로 만들어 대리석 건물의 잔해가 채석장처럼 쌓였다. 교리 논쟁이 일기 시작한 어느 순간 교회에 성상이 등장하더니, 우상 숭배라고 질타했던 종교의식에 촛불을 켜는 등 미신적인 요소가 관행화되었다. 심지어 효모를 넣지 않은 빵으로 성찬식을 드리는 무리를 '아주몬 무리'라며 격렬하게 비난했다.

황제 레오 3세가 우상 숭배를 일소하자는 칙령을 반포하자, 성모 마리아 성상 등을 파괴했다. 이에 교황 그레고리우스 2세는 황제에게 우상 파괴를 멈출 것을 요구했다. 이같이 내정의 권한과 성직자의 권한의 범위는 교황이 규정했다. 정의의 칼은 통치자의 손에 있었지만, 그보다 강력한 파문이라는 무기는 성직자들의 손에 있었다.

니케아 공의회에서 성직자들은 만장일치로 성상 숭배가 성서와 이성, 교부와 공의회의 결정에 어긋나지 않는 것이라고 선언했다. 그 후에도 우상 숭배에 관한 논란이 이어졌지만, 결국 여제 테오도라에 의해 성상은 최종적인 승리를 거두었다. 라틴 교회에서는 이를 받아들였지만, 동방의 그리스 교회에서는 이를 받아들이지 않았다. 이는 그리스도교가 라틴의 가톨릭교회와 그리스정교회로 분리되는 원인이 되기도 했다.

성직자들은 은수자들의 유골에 기적 담을 더했다. 이들의 유골에 기도를 드리면 고질병을 고친다는 허무맹랑한 이야기들이 신도들의 이성, 신앙, 도덕에 지대한 영향을 미쳤다. 신도들의 무조건적인 믿음은 정신작용을 저하시키고 타락시켰으며, 역사적 증거마저 왜곡시켜 미신이 되었다.

아우구스티누스 주교는 70여 가지의 대표적인 기적을 추려 정리했는데, 그 가운데 2년 동안 죽은 자가 부활한 사례가 세 건이나 포함되어 있었다. 기적이나 환상에 대한 허구와 오류들은 헤아리기 어려울 정도로 신도들 사이에 흘러넘쳤다. 이같이 미신이 판치는 시대에는 기적이 정상적이고, 자연법칙의 일탈로 인식되지 않았다.

　서기 365년 대지진이 로마 전역을 강타하여, 쓰나미 등으로 수천 명이 희생되었다. 사람들은 제국이 멸망할 징조라며 일시적인 자연재해를 확대하여 공포를 조성했다. 이에 성직자들마저 이단이 설치면 지진이 일어나는 법이라느니, 대홍수는 죄와 과오가 세상에 만연하여 오는 필연적인 결과라느니 하는 해석을 내렸다.

　서로마가 멸망한 후 교황은 황제의 세속적 권능도 뛰어넘었다. 교황은 갈리아에서 쇠퇴한 메로빙거 왕조를 밀어내고, 카롤링거 가의 피핀을 왕위에 올렸다. 그 후 교황 아드리아누스는 로마를 샤를마뉴의 왕권에 복속시켰다. 이 은혜에 감읍하여 카롤링거 가는 교회의 세습 재산을 도시와 속주의 지배령으로 하사했고, 피핀이 소유했던 총독령을 교황에게 기증했다. 이로써 이탈리아에서는 가톨릭교회가 일정 영토를 지배하는 교황령이 형성되었고, 샤를마뉴는 콘스탄티누스와 테오도시우스, 유스티니아누스에게 내려졌던 '대제'라는 호칭을 얻게 되었다.

　서기 1095년 프랑스의 페트루스라는 은자가 투르크인이 예루살렘을 정복하여 그리스도를 탄압하는 모습을 보고, 군대를 일으킬 것을 제의했다. 이에 교황 우르바누스 2세는 지원을 약속하고 성지 해방을 선포하도록 격려했다.

　서기 1095년 알렉시우스 황제의 사절이 공의회에서 콘스탄티노플의 위험한 상황을 호소했다. 몇 달 후 열린 공의회에서 교황이 연단에 오르자, 수천 명이 "신이 원하신다."라고 외치자, 교황도 "그것이야말로 진짜 신의 뜻이오."라고 답했다. 이로써 레이몽 백작을 최고 사령관으로 하는 십자군이 조직되었다.

　교황은 십자군에 참여하는 자들에게 완전 사면을 내렸고, 다양한 사람들이 저마다의 동기로 십자군에 참여했다. 무지는 희망을 부풀리는 동시에 이 원정에 따르는 위험은 축소되었다. 원정 경비를 마련하기 위해 군주들은 속주를, 귀족은 영지와 성곽을, 농부는 가축과 농기구를 팔았다. 수많은 사람이 서로 팔려고 아우성을 치다 보니 자산 가치는 폭락하고, 무기와 말의 가격은 천정부지로 치솟았다.

1차 십자군은 고드프루아, 보두앵, 위그, 레이몽 백작 등이 이끌었다. 서기 1098년 십자군은 안티오크에서 투르크 군을 물리치고 승리했으나, 먼저 출발했던 페트루스가 이끌었던 오합지졸들을 포함하여 약 30만 명이 투르크군에 의해 혹은 기근과 역병으로 희생되었다.

서기 1099년 고드프루아, 보에몽, 탕크레드 등이 지휘한 십자군은 예루살렘을 마호메트의 멍에로부터 해방시켰다. 이로써 고드프루아는 예루살렘을 다스릴 왕으로 선출되었다. 보두앵은 에데사에, 보에몽은 안티오크에 각각 터를 잡았다.

십자군의 모태는 요하네스 기사단, 템플 기사단과 같은 기사단이었다. 기사단은 수도원과 군대 생활을 기묘하게 결합해 놓은 조직이었다. 기사는 귀족 출신으로 엄숙한 의식에 따라 신과 성 게오르기우스, 성 미카엘의 이름으로 기사가 되었다. 이들에게 믿음, 정의, 인간애의 원칙을 불어넣었다는 점에서 이 제도의 긍정적인 면을 확인할 수 있었다.

서기 1147년 콘라드 3세와 루이 7세가 라틴인들을 지원하고자 2차 원정에 나섰다. 그 2년 후 신성로마제국의 프리드리히 황제가 3차 원정에 나섰다. 2차, 3차 십자군은 봉신들의 이탈로 원정에 실패했다. 교황 이노겐티우스 3세의 요구에 따라 4차, 5차의 십자군이 조직되었다. 십자군은 200년 동안 일곱 차례에 걸쳐 원정에 나섰다.

서기 1203년 베네치아의 대공 엔리코 단돌로를 중심으로 한 라틴인들이 콘스탄티노플을 포위 공격해서 수도를 정복했다. 라틴인들이 성 소피아 성당의 성상, 성화, 문짝, 유골 등을 약탈했다. 이러한 약탈품은 유럽의 교회로 쏟아져 들어와 고가에 팔려나갔다. 오늘날에도 성 소피아 성당에는 약탈의 상흔이 남아있었고, 엔리코 단돌로의 무덤이 안치되어 있었다.

서기 1204년 동로마 황제가 사망한 후 프랑스인과 베네치아인은 동로마 제국의 황제를 제비뽑기로 선출했다. 연로한 엔리코 단돌로가 사양하자, 보두앵이 동로마 황제로 추대되었다. 보두앵 황제 이후 5대째 이어지면서 라틴인들이 60년간 콘스탄티노플을 통치했다.

이러한 십자군 성전으로 종교 재판이 제도화되었고, 우상 숭배가 심화되었다. 가톨릭교도의 신앙은 새로운 전설로, 실천은 새로운 미신으로 타락해갔다고 기번은 평가했다. 그는 9세기와 10세기가 암흑의 시대였다면, 13세기와 14세기는 부조리와 전설의 시대였다고 지적했다.

이어서 십자군 원정 200년은 유럽의 성장과 성숙을 저해했다고 평가했다. 동방에 묻힌 수백만 명의 생명과 노고는 조국의 발전을 위해 더 이롭게 사용될 수 있었고, 축적된 노동과 부는 해운과 무역 분야로 흘러 들어갈 수도 있었다고 지적했다.

그레고리우스 7세는 교황 군주제의 창시자로서 숭배와 혐오를 동시에 받았다. 특히 교황 그레고리우스 7세와 독일의 하인리히 4세가 성직 임명권을 두고 다투다, 교황은 하인리히 4세를 파문했다. 1077년 하인리히 4세가 자신을 파문한 교황 그레고리우스 7세를 만나기 위해 이탈리아 북부의 카노사성으로 가서 용서를 구하는 굴욕을 맛보았다. 교황 권력이 왕의 권력보다 우위에 있음을 만방에 알린 상징적인 사건이었다.

하인리히 4세가 권력 장악에 성공해 신성로마제국의 황제가 된 후, 1084년 로마를 탈환하여 교황을 폐위하며 복수했다. 교황 그레고리우스 7세는 로마에서 추방당해 이듬해 망명지 살레르노에서 쓸쓸히 객사했다.

서기 1377년 서방 교회는 로마 교황과 아비뇽 교황으로 분열되어 50년 이상이나 지속되었다. 교황 클레멘스 5세는 로마의 파벌주의를 피해 교황청을 아비뇽으로 옮겼다. 이에 영국과 독일이 반대하여 그레고리우스 17세가 교황청을 로마로 옮겼다. 아비뇽에서도 교황을 선출하면서 교황청이 분열되었다. 로마와 아비뇽은 치열한 공방전을 벌이면서 서로의 악행을 만방에 드러내면서 두 교황청의 권위는 추락했고 규율은 느슨해졌다.

1529년 루터의 종교개혁으로 면죄부의 남발에서 성 처녀의 중개에 이르기까지 방대한 미신의 체계가 무너졌다. 수도 생활에 전념하던 수많은 남녀가 자유로운 사회생활로 복귀했다. 광신자들이 기적 담과 환상을 매일 읊어대어 경박한 대중을 현혹하는 권위의 체계도 무너졌다. 이제 교황과 교부, 종교회의의 심판을 신성하고 무오류라 여기지 않았다.

로마는 하루아침에 망하지 않았다!

로마가 '어떻게 망했는가?'보다 '어떻게 장구한 세월 동안 존속할 수 있었는가?'가 더 합리적인 물음으로 다가왔다. 《로마 제국 쇠망사》는 로마가 어떻게 망했는가에 초점을 맞춘 서술이었지만, 이를 통해 로마가 어떻게 장구한 세월 동안 존속했는가를 읽을 수도 있었다. 인간의 수명이 짧은데, 인간이 만든 제국이 어떻게 무한할 수 있겠는가? 인간이 본래 불완전한 존재인데, 인간이 만든 제도나 통치가 어떻게 완벽할 수 있겠는가?

로마는 기원전 753년경 건국되어 서로마는 서기 476년까지 약 1,229년간, 동로마는 서기 1453년까지 약 2,206년간 존속했다. 기번을 비롯한 많은 역사가가 공화정을 선호하는 듯 보였지만, 제국이 존속하는 데는 그 공화정도 결함이 있었다고 여겨졌다. 오히려 당시 상황에 따라 통치체제를 바꾸었기 때문에 제국이 더 오래 존속할 수 있었다고 여겨졌다.

콘스탄티누스가 제국의 수도를 콘스탄티노플로 옮김으로써 서로마가 치명상을 입은 것은 사실이었다. 황제들이 거처를 로마에서 밀라노 등으로 옮긴 것은 라인강이나 도나우강 유역을 드나들었던 야만족에 신속하게 대처하기 위한 방편이었지만, 로마 궁정에 서식하고 있었던 근위대의 잔혹한 횡포를 피하기 위한 조치이기도 했다. 근위대가 황제를 로마에서 쫓아낸 것이나 마찬가지라는 생각이 들었다.

기번은 로마가 동서로 분리되어 통치 비용이 곱절로 늘어나 로마가 쇠퇴한 원인이 되었다고 진단했다. 통치 비용의 증가는 그런 위험이 있었던 것이 분명했다. 하지만 마치 고목 나무에 어린 가지가 나와 어미 둥치가 썩어도 곁가지는 무럭무럭 자라는 것처럼 동로마는 한때 서로마보다 번영을 구가하면서 약 1000년을 더 버텼다.

오현제와 같이 황제의 미덕인 용기와 지혜가 살아있는 동안 제국은 강성했고, 법치가 온전히 작동하여 신민들은 안녕과 평화를 누렸다. 콤모두스로 상징되는 수많은 폭군과 혼군들이 쾌락을 탐닉하고, 악행이 악행을 부르는 늪에 빠져 자신을 파멸시키고, 제국을 나락으로 몰아갔다. 신이 인간을 파멸시킬 때 이성을 먼저 빼앗는다고 했다.

서기 285년 디오클레티아누스가 처음 시도한 공동 통치는 그가 제위를 물려준 공동 통치자들 간에 내전이 벌어지는 심각한 혼란을 겪었다. 황제의 선의나 미덕이 정책에 반영될 때 반드시 좋은 결과로 이어지는 것은 아니었다. 이는 권력의 양면성이나 인간 본성의 양면성에서 오는 당연한 귀결인지도 모르겠다.

로마의 전성기에는 황제뿐만 아니라 젊은이들과 군인들도 마찬가지로, 그들의 상무정신이 로마제국을 건설한 원동력이었다. 그들은 애국심으로 군 복무를 자원했고, 거칠고 고된 훈련을 감내하며 상무정신으로 무장한 용감한 전사로 거듭났다. 전장에 나가 선두에 서서 승리하는 것을 큰 영광으로 여겼다.

후기의 로마 젊은이들은 전쟁을 두려워하고, 무거운 갑옷이나 흉갑을 착용하는 것조차 거부했다. 젊은이들이 징집을 회피하기 위해 손가락을 절단하거나, 수도원으로 몸을 피했다. 이로써 병력 자원이 줄어들자, 로마는 야만인 용병들로 보조군을 조직하여 제국을 방어했다. 이로써 제국은 용병들의 잦은 반란에 몸살을 앓았고, 그들에게 지급되는 급료는 국고에 큰 부담이 되었다. 국민이 국가를 방위할 애국심과 용기가 없다면, 나라가 무너지는 것은 자명한 이치였다.

로마 후기 테오도시우스 황제는 스틸리코의 능력을 간파하고, 그를 총사령관에 임명하여 게르만족을 크게 무찔렀다. 유스티니아누스 황제도 벨리사리우스를 총사령관에 임명하여 아프리카 속주를 점령하고 있던 반달족을 절멸시키고 속주를 되찾았다. 황제의 통찰이 인재의 능력을 알아보았고, 그의 도움으로 제국을 안정적으로 통치했다. 이들이 무너져 가는 제국에 마지막 활기를 불어넣었지만, 그것은 부분적이고 일시적이어서 제국의 전반적이고 지속적인 쇠퇴를 막을 수는 없었다.

그리스도교의 세가 확장되면서 성직자의 수가 폭증했고, 이들을 대표하는 교황의 권능이 종국에는 황제의 통치권보다 우위에 섰다. 성직자들 간의 교리 논쟁으로 내란이 벌어져 수많은 신도가 불과 검에 희생되었다. 교황의 서임권과 교회 행정권이 세속화되면서, 온갖 종류의 비리가 드러나기도 했다. 이러한 종교전쟁과 성직자의 타락은 제국의 통치에 커다란 위해요소가 되었다.

울필라스 주교는 고트족에게 그리스도교의 교리를 전파하여 그들로부터 사랑과 존경을 받았다. 로마가 멸망하기 전에도 야만족들의 상당수는 그리스도교에 교화되어 사나운 기질이 순화되었다. 로마가 멸망한 후에도 그리스도교는 로마인들과 야만족들의 신앙으로 살아남았다. 서로마가 멸망한 후 샤를마뉴는 이탈리아와 갈리아에 그리스도교라는 연결고리로 로마인들과 게르만인들을 정신적으로 통합하는 왕국을 건설할 수 있었다. 샤를마뉴의 카롤링거 왕가는 교황과 밀접한 관계를 유지했다. 이로 인해 현재의 유럽인들은 그리스도교인으로서 정신적인 공감대를 형성하게 되었다.

아놀드 토인비는 로마제국이 쇠퇴한 원인은 창조성을 잃었기 때문이라고 지적했다. 그는 로마제국이 붕괴한 후 서유럽 사회가 출현하기까지 일종의 공백 기간이 계속되었다고 진단하면서, 그리스도교회와 변방 민족의 이동이 그 공백 기간을 채웠다고 평가했다. 그 공백기에 살아남은 교회는 새로운 사회를 탄생시키는 모체가 되었다고 주장했다.[92]

기번은 그리스도교가 신도들에게 순종과 믿음을 강조하면서 이성적

---

[92] 아놀드 토인비(홍사중 옮김), 역사의 연구, 동서문화사(2013), p.27

인 사고를 약화시켜, 그리스도교가 번창한 시기에 철학적 학문적인 연구 성과를 찾아볼 수 없었다고 지적했다. 교리 논쟁으로 인한 내분이나 교황 권능에 대한 견제 등으로 사회 에너지가 분산되었고, 이로 인해 국방과 행정에 대한 황제의 관심이 약화된 것은 분명했다. 제국의 인적 물적 자원과 역량이 그리스도교에 과도하게 집중되어 제국의 통치에 큰 부담을 안겼다.

기번은 로마가 폐허로 변해가는 데 1000년 이상 내내 작용해 온 네 가지 주요 원인은 첫째, 시간과 자연에 의한 훼손, 둘째 야만족의 약탈과 그리스도교도들의 적대적인 파괴, 셋째 건물 자재들의 도용과 남용, 로마 내부의 분쟁으로 인한 파괴라고 진단했다.

기번은 교황의 보좌관이었던 포키우스의 글을 인용했다. 그는 팔라티누스 언덕에 파괴되어 쓰러져 있는 극장, 오벨리스크들, 거대한 조각상들, 궁전 주랑의 거대한 대리석 잔해들을 거인의 절단된 사지처럼 볼품없이 쓰러져 있다고 표현했다. 로마의 후손들은 이 폐허를 채석장보다 값싸고 편리하게 건축 자재를 무진장 제공해주는 광산쯤으로 여겼다.

그는 로마의 폐허를 둘러보고 운명의 변화무쌍함이 인간에게든 인간이 만들어낸 가장 자랑스러운 결과물에든 마찬가지로 적용된다고 했다. 시간이라는 끝없는 연대기에서는 인간의 삶이나 인간의 노고는 모두 덧없는 순간의 것으로 치부해야 마땅하다고 했다. 제국이 전성기를 맞이했을 때 수도는 잿더미에서 다시 아름다운 모습으로 일어섰으나, 궁핍하고 무질서한 시대에는 모든 상처가 치명적이고 모든 붕괴가 회복 불가능한 것이라고 진단했다.

로마인들의 미덕은 점차로 하향 평준화되었고, 천재성은 소멸했으며, 상무정신마저 사라졌다. 로마인들은 제국의 방어를 용병들에게 맡겼다. 용병들에게서 애국심에 의해 고무되는 공적인 용기를 기대할 수는 없었다. 국가의 방위를 전적으로 용병에게 맡기는 것은 생선가게를 고양이에게 맡기는 격이었다. 《로마 제국 쇠망사》는 나라를 지키기 위해 전쟁을 준비하는 상무정신으로 무장된 국민만이 진정한 동맹을 곁에 둘 수 있고, 생명수 같은 자유와 평화를 얻을 수 있다는 교훈을 일깨워주었다.

로마의 역사는 권력 투쟁의 역사였고, 로마인의 생존과 영토 확장을 위한 전쟁의 역사였으며, 광대한 영토를 효율적으로 통치하기 위한 지혜의 역사였다. 그리고 그리스도교의 박해와 성장의 역사이기도 했다. 그 속에는 통치, 전쟁, 군사, 행정, 제도, 해양, 법치, 종교 등과 관련한 인간의 온갖 경험들이 총체적으로 축적되어 있었다. 이러한 경험들은 오늘날에도 여러 나라에 많은 영향을 미쳤을 뿐 아니라, 그 흔적을 찾을 수 있었다. 이것이 로마가 세계를 무력으로, 법으로, 종교로 세 번이나 점령했다는 말이 회자되는 이유이기도 했다.

※ 텍스트
- 에드워드 기번(송은주, 윤수인, 김희용 옮김), 로마 제국 쇠망사, 민음사, 2015

※ 참고도서
- 시오노 나나미(김석희 옮김), 로마인 이야기(11권), 한길사, 2019
- 아놀드 토인비(홍사중 옮김), 역사의 연구, 동서문화사, 2013
- 차하순, 서양사 총론 1, 탐구당, 2011
- 테오도르 몸젠(김남우, 성중모 옮김), 몸젠의 로마사(4권), 푸른역사, 2019

3부

소설

어둠이 빛을 더 빛나게 하듯이
죽음이 사랑을 더욱 아름답게 하고,
사랑이 죽음을 존엄하게 한다.

– 인간과 삶의 대서사, 《전쟁과 평화》 중에서

세르반테스의 자화상, 《돈키호테》

소설 《돈키호테》와의 만남

1860년 러시아의 시인 투르게네프가 에세이 〈햄릿과 돈키호테〉를 발표한 후 '햄릿형과 돈키호테형 인간'[93] 이 회자되었다. 세르반테스의 《돈키호테》를 읽기도 전에 '돈키호테'를 먼저 알게 되었다.

1980년 무렵 성인이 되어 초등학교 국어 교과서에 수록된 〈돈키호테 이야기〉를 처음 읽었다. 그 글은 기사임명식과 풍차를 거인으로 알고 돌진하는 두 장면을 중심으로 정리된 짧은 글이었다.

그 후 완역본을 읽으면서 《돈키호테》는 두 권으로 되어있었고, 소설의 전체 분량은 모두 1,600쪽이나 된다는 것을 알았다. 《돈키호테》는 현대 평론가들에 의해 '최초의 근대소설'로 평가되었다. 그리고 성서 다

---

93) 네이버 블로그, 〈햄릿형과 돈키호테형 인간〉

음으로 많이 번역되었을 뿐만 아니라,[94] 세계 유명 작가들에 의해 '세계 제1의 소설'로 선정되었다는 데 놀랐다.

시골 귀족인 돈키호테는 몇 날 밤을 한숨도 자지 않고 기사소설을 읽었고, 낮에는 비몽사몽이었다. 그는 기사소설에 빠진 나머지 기사에 대한 환상과 광기로 판단력을 잃어버렸다. 그는 이런 환상적인 이야기들을 현실로 받아들였다.

12세기 무렵부터 유럽에는 기사소설이 유행했는데, 그 대표적인 작품이 프랑스의 《롤랑 이야기》와 영국의 《원탁의 기사》, 독일의 《니벨룽겐의 노래》였다. 세 작품의 내용은 대체로 정형화되어 있었다.

첫째는 샤를마뉴 대제가 아랍인들이 지배하고 있는 히스파니아를 침공할 때 롤랑을 비롯한 무공이 절륜한 열두 기사들이 큰 공을 세웠으나, 가늘롱의 배신으로 롤랑이 전사한다는 내용이었다. 둘째는 아더왕을 따르는 열두 기사들의 이야기였다. 셋째는 네덜란드 크산텐 왕국의 지크프리트 왕자와 독일 군터 왕국의 크림힐드 공주와의 사랑을 테마로 한 이야기였다. 지크프리트가 크림힐드의 사랑을 얻기 위해 군터 왕국으로 들어갈 때도 열두 명의 기사였다.

세 작품의 공통점은 기사들의 무공이 출중했으며, 이들은 명검을 소유했고, 명마를 타고 전쟁터로 향했거나 다른 왕국으로 들어갔다. 세 작품 모두 기사가 열두 명인 것은 예수의 열두 제자를 상징하는 것으로 해석되었다. 주인공은 큰 공을 세우고도 가룟 유다와 같은 배신자로 인해 전사하는 점도 닮았다. 그들의 미덕은 무공과 용기, 충성, 정의, 사랑, 약자를 돕는 인간애가 주류를 이루었다.

---

[94] 세르반테스(민용태 옮김), 돈 끼호떼 2권(해설), 창비(2013), p875

독자들은 어려운 현실 속에서 편력기사들의 용기와 사랑, 정의로움, 환상적인 무공을 통해 대리만족을 얻었다. 17세기 초 세르반테스는 사라진 기사도를 돈키호테로 소환했다. 돈키호테는 자신에게 가장 필요한 것이 기사도를 부활시키는 것이라고 열변을 토했다. 세르반테스는 인간애와 정의, 사랑을 위해 목숨도 바칠 수 있는 기사도 정신이 그리웠던 것일까?

세르반테스의 굴곡진 삶과 시대적 배경

세르반테스는 1547년 스페인 마드리드 근처에서 태어났다. 24세가 되던 해 터키와 에스파냐가 맞붙은 레판토 해전에 자원입대하여 싸웠다. 조국은 승리했으나, 작가는 왼쪽 팔을 잃고 '레판토의 외팔이'라는 별명을 얻었다.

레판토 해전에서 총탄을 맞아 왼쪽 팔을 잃었을 때 그 아픔과 정신적 충격은 컸을 것이다. 큰 부상을 입은 후 '외상후스트레스장애'를 겪었을 가능성이 높았고, 그 정신적 스트레스는 평생 그를 떠나지 않았을 것으로 보였다.

28세 되던 해 프랑스 마르세유 해안에서 알제리 해적들에게 잡혀가 알제리의 아르헬에서 5년간 감금되었다. 포로수용소의 억압된 생활에 얼마나 질렸겠는가? 네 번이나 탈출을 시도했으나, 그때마다 붙잡혀서 모진 고문을 받았다. 이러한 불쾌한 경험들은 소설 속에 고스란히 드러나 있었다. 터키에 노예로 팔려가기 직전 에스파냐 종교단체의 도움으로 몸값을 지불하고 구출되었다.

그리고 40세 되던 1587년 '무적함대 지원 병참 참모'로 근무하다, 공금을 저축해둔 은행이 파산하자 공금 횡령죄로 세비야에서 옥살이했다. 그가 실제로 공금을 횡령했는지는 알 수 없었다.

이때 세비야 감옥에서 《돈키호테》를 구상한 후 18년이 지난 58세에 《돈키호테》 1권을 출간했다. 《돈키호테》는 출간되자 큰 인기를 누려 세르반테스는 일약 유명작가로 클로즈업되었다.

본래 1권 출간 후 2권을 출간할 계획은 없었던 것으로 보였다. 하지만 1권 발간 후 다른 사람들이 《돈키호테》의 후속 작품을 내놓자 세르반테스는 그것을 위작이라며 비난하고, 매우 불쾌하게 여겼다. 이를 막기 위해 2권을 쓰기 시작해서 10년 후인 68세 되던 해 2권을 출간했다. 그는 이듬해 세상을 떠났으니, 반평생을 《돈키호테》 집필에 매달린 셈이었다.

세르반테스가 51세가 될 때까지 펠리페 2세가 스페인을 통치했다. 국왕은 독실한 로마 가톨릭 신자로서 개신교와 이슬람교를 탄압했다. 그는 종교개혁 사상을 차단하기 위해 금서목록을 공포했을 정도로 저작물을 철저히 감시하고 감독했다. 당시 종교경찰과 종교재판이 무슬림이나 작가들에게 공포의 대상이었다.

소설 속에서 돈키호테 일행이 길을 가는데 종교경찰이 등장하기도 했고, 신부가 돈키호테가 가진 기사소설들을 전부 훑어본 후 내용이 불순하다는 이유로 마당에 던져 모두 불살라버리는 분서焚書 장면도 있었다. 이는 종교경찰이 작가들에게 얼마나 심리적인 압박으로 크게 작용했는지를 은연중에 드러낸 것으로 당시의 시대 상황을 말해주었다.

돈키호테는 첫 출정 중 톨레도 상인들과의 결투에서 참담하게 패해 만신창이가 되어 고향 집으로 되돌아갔다. 조카는 기사소설이 '재앙의 책'으로 이단자들과 같아서 불태워 없애버려야 한다고 했다. 신부는 돈키호테의 정신없는 소릴 듣고, 기사도 책들을 재판에 회부하여 화형에 처해버려야겠다고 다짐했다.

　신부의 주도 아래 기사도 소설들에 대한 종교재판이 열렸다. 《십자가의 기사》는 십자가라는 거룩한 이름을 생각해서 용서해주려다가, '십자가 뒤에 악마가 숨어 있다.'고 하자 불태우기로 했다. 어떤 책들은 저자가 절친한 사이라서 남겨두었다. 신부는 큰 책들을 창밖으로 던지라고 했다. 이발사가 그 책을 보니, 《유명한 백기사 티란테의 이야기》였다. 신부는 그 책이야말로 흥미와 즐거움의 보고라며 이야기 줄거리를 줄줄이 꿰며 살려야 한다고 소리쳤다. 신부나 이발사도 기사소설의 애독자였다. 이같이 금서로 판단하는 기준이 자의적으로 해석될 여지가 많았다.

　작가는 이러한 저작물 검열에 걸리지 않기 위해 여러 가지 수단을 강구했다. 그는 마치 '시데 아메떼 베넹헬리'라는 무어인 작가가 《돈키호테》를 쓴 것처럼 위장했다. 자신은 그 무어인 작가의 작품을 번역했을 뿐이라는 것이었다.

　서문에서 자신은 돈키호테의 의붓아비에 지나지 않는 만큼, 세상의 풍조를 따르지 않을 생각이라고 했다. 그리고 돈키호테가 미쳤으므로, 그가 현실의 부조리를 지적할 때 그 지적을 마음에 담아두지 말라는 방편으로 돈키호테의 광기를 이용한 것처럼 보이기도 했다.

　작가는 레판토 해전에서 팔을 잃었고, 해적소굴에 억류되었을 때 여러 번의 탈출 시도로 매질과 고문을 당해 죽음 일보 직전에 이르렀고, 공금 횡령죄로 억울한 옥살이까지 했다. 자신의 굴곡진 삶을 되돌아보았을 때 어찌 자신에 대한 연민의 정이 솟구치지 않을 수 있었겠는가?

　세르반테스는 서문에서 '나는 자연 속의 모든 것들이 자신을 닮은 것을 생산한다는 자연법칙을 거스를 수는 없었다.'95) 라고 밝혔듯이, 자신의 성향이나 경험치를 뛰어넘을 수 없었다고 고백했다. 소설 속에 작가의 굴곡진 삶의 조각들이 투영되어 있었다. 그리고 당시의 시대 상황과 풍습이 곳곳에 지문처럼 남아있었다.

돈키호테와 산초의 이중주, 해학의 멋

돈키호테가 첫 출정에서 톨레도 상인들에게 두들겨 맞아 만신창이가 되어 고향으로 돌아왔다. 돈키호테는 몸과 마음을 추스르고 난 후 약간 아둔한 이웃집 농부를 구슬려 종자로 삼았다. 산초 판사라 불리는 가난한 농부는 앞으로 얻게 될 섬의 영주로 삼겠노라는 약속에 넘어갔다.

어느 날 밤 그들은 아무도 모르게 마을을 빠져나왔다. 돈키호테가 비쩍 마른 로시난테를 타고 두 번째 출정 길에 나서자 산초는 당나귀를 타고 그 뒤를 따랐다.

돈키호테는 길쭉하고 말랐으며, 산초 판사는 땅딸막하고 배불뚝이에다 새 다리였다.

산초의 별명은 판사와 상카스의 두 가지로 불렸다. 판사는 배불뚝이라는 의미이고, 상카스는 새 다리라는 의미였다. 상반된 체형의 두 사람이 함께 서 있는 걸 상상만 해도 입가에 웃음을 머금게 했다.

길을 가다 낯선 무리를 만나면 돈키호테는 광기로 손발이 먼저 나가는데, 산초는 뒷걸음질이었다. 마치 돈키호테가 높고 날카로운 꽹과리 소리를 낸다면, 산초는 낮고 부드러운 장구 소리로 박자를 맞추었다.

---

95) 세르반테스(박철 옮김), 돈키호테(서문), 시공사(2014), p9

돈키호테는 세상 모든 근심 걱정을 혼자 다 하며, 날밤을 새는데, 산초는 세상만사 태평하게 늘어져서 잘 먹고 잘 잔다. 그는 산초에게 "자넨 대리석이나 딱딱한 청동으로 만들어졌나 봐. 자네가 잠을 자면 난 눈을 뜨고 지키고, 자네가 배부르게 먹고 게으름 피우고 있을 때 난 굶어서 기절하고 말 걸세."라며 핀잔을 주었다. 산초는 "나리께서는 원하시는 대로 얼마든지 시를 지으시죠. 뭐, 저도 저 원하는 대로 얼마든지 잘 테니까요."라며 너스레를 떨었다.

산초가 말마다 속담을 끼워 넣자 돈키호테가 "난 속담들을 사리에 맞게 끌어대면 손가락의 반지처럼 딱 맞지. 자네는 속담을 도나캐나 머리채로 질질 끌고 온단 말이야."라며 나무랐고, 산초는 "저는 대부분 제가 무슨 말을 하는지도 모르는데, 제 말을 듣는 모든 사람은 웃고 있다니까요."라고 대꾸했다. 그는 산초에게 "말이 입에서 튀어나오기 전에 그 말을 생각하고 되새김질해 보라."고 했다.

산초가 "영리한 사람이 다른 사람 집 아는 것보다는 미련한 놈이 자기 집 아는 게 더 많다."고 하자, 돈키호테가 "미련한 놈은 자기 집도 남의 집도 아는 게 하나도 없어."라며 면박했다. 둘의 생긴 모습이 상반되듯이 두 사람이 나누는 대화 또한 엇박자를 냈다.

돈키호테가 애지중지하는 마구를 이발사는 당나귀 안장으로 자기 것이라며 서로 다투었다. 그때 주막에 종교경찰이 나타나 그 마구를 안장이라고 하자 돈키호테가 그를 내려치면서 종교경찰들과 투숙객 사이에 난장판이 벌어졌다. 돈페르난도는 종교경찰 한 사람을 발아래 두고 그 몸뚱이를 맘껏 짓밟았다. 세르반테스가 심중에 담아두었던 것을 펜으로 종교경찰에게 화풀이하는 것처럼 여겨졌다. 돈키호테의 고집대로 안장은 마구가 되었고, 놋대야는 맘브리노 투구로, 주막은 성이 되었다.

본래 맘브리노 투구는 아랍 왕이 레이날도 왕을 죽이고 탈취한 마법의 투구로 알려졌다. 이발사가 사용하던 놋대야를 돈키호테는 맘브리노 투구라 우기며 끈으로 묶어 머리에 쓰고 다녔다. 이는 독자들에게 웃음을 자아내게 했지만, 아랍인들이 성스럽게 여길 만한 맘브리노 투구를 놋대야에 비유해 희화함으로써 아랍인들을 조롱한 듯한 표현으로 여겨지기도 했다.

돈키호테가 풍차를 거인이라며 돌진하다 나뒹굴어지자, 산초는 "저게 풍차가 아니고 무어란 말입니까?"라고 울부짖었다. 돈키호테에게 풍차는 거인으로 거악의 상징이었고, 산초에게 풍차는 풍차에 불과했다. 돈키호테는 풍차를 거인으로 착각한 것을 마법 탓으로 돌렸다. 마법은 돈키호테가 자신의 비현실적인 인식과 인과 오류를 합리화하는 방어기제였다. 돈키호테와 산초는 세르반테스의 이상과 현실을 나누어 가진 두 분신이었다. '이상과 현실'은 서로 괴리를 이루어 대립되는 주요인으로 소설 전체의 맥락을 이루고 있었다.

호세프 석사는 《돈키호테 2권》의 허가증에서 소설의 이원적인 맥락을 지적했다. 작가가 농담에는 진실을, 교훈에는 재미를 섞고, 촌스러운 것에 고상한 것을 혼합해서 비판의 낚시에 칭찬의 미끼를 달았다고 썼다.[96]

《돈키호테》는 단순히 재미로 읽으면 웃음을 자아내게 하는 가볍고 유쾌한 소설이었지만, 그 웃음 뒤에 숨겨진 풍자의 잔물결은 애잔했다.

---

96) 세르반테스(민용태 옮김), 앞의 책(허가증), p19

인물과 인과관계의 모호성

《돈키호테》를 읽다 보면 돈키호테와 산초의 인물됨이 뚜렷하게 클로즈업되었다. 이는 주변 인물들의 캐릭터를 희미하게 처리함으로써 전경과 배경의 효과를 높인 것으로 보였다. 주변 인물들을 톨레도 상인들, 포로들, 노새몰이꾼들, 양구아스인들, 목동들, 사냥꾼들과 같이 집합명사로 등장시켜 그들의 전체적인 이미지만 희미하게 드러낼 뿐 각자의 캐릭터는 집합명사에 덮여 구체적으로 알 수 없었다.

돈키호테는 공작의 성에서 공작 부부의 후한 대접을 받았다. 공작 부부는 훌륭한 성품을 지닌 것으로 여겨졌지만, 그 성격이 구체적으로 묘사되지 않았다. 돈키호테의 고향 이웃인 신부와 이발사, 산손 가라스꼬 학사는 돈키호테의 광기를 걱정하며 그를 도우려고 하면서도 그들의 정체성은 구체적으로 묘사되지 않았다.

돈키호테가 모험을 찾아 여러 곳을 여행했지만, 그 여정이 뚜렷하게 묘사되지 않았다. 그는 길을 가다가 밤이 되어 주막에 들어가거나, 날이 저물어 숲속 너도밤나무 아래서 노숙했다. 공작이 산초에게 섬을 통치하라고 명했으나, 산초가 섬으로 가는 도중 배를 타거나 바다를 보았다는 묘사는 없었다.

그리고 사건과 사건의 연결에서 인과관계가 모호하거나, 아귀가 맞지 않는 경우가 있었다. 산초가 당나귀를 잃어버렸는데 길에서 우연히 도둑 파시몬테를 만나 당나귀를 되찾는 것처럼 사건 전개에 있어서 우연성이 두드러졌다. 이러한 인과관계의 불일치와 우연성은 사건의 발생이 황당해 웃음을 자아내기도 했다. 이러한 황당무계한 사건들을 돈키호테는 마법 탓으로 돌리는 기지를 발휘했다.

이같이 마법은 돈키호테가 자신의 황당무계한 행동과 처참한 결과를 방어하는 기제로 자주 활용되었다. 어쩌면 세르반테스가 레판토 해전에서 왼팔을 잃고, 해적들에게 붙잡혀 포로 생활 중 탈옥을 시도하다 모진 고문을 당하고, 횡령죄를 뒤집어쓰고 수감되었던 지난 일들을 되돌아보았을 때 자신의 삶이 마법에 의한 비현실처럼 느껴졌을 것으로 짐작해보았다.

세르반테스는 소설 속의 '작은 소설'인 액자소설을 여러 개 삽입했다. 이는 바티칸 시국 박물관에 들어가서 액자 속의 여러 그림을 보는 느낌이었다. 작은 소설들이 그림들의 이야기들처럼 서로 관련성은 없었으나, 다양한 이야기들을 접하는 변화와 다양성을 느낄 수 있어서 독자들의 호기심이나 재미를 이어갈 수 있었다. 작가도 이러한 변화나 재미를 이어가기 위해 액자소설을 삽입했다고 고백했다.

이러한 액자소설은 각자 이야기 내용이 독립적이라서 이야기 간의 인과관계가 유지될 수 없었다. 하지만 주제가 대부분 사랑과 결혼이라서 주제의 공통점으로 인해 전체 이야기 구성의 일관된 맥락은 유지할 수 있었다. 이를 통해 작가는 남녀 간의 사랑과 결혼에 대한 세간의 행태를 비판적으로 고발했다.

아름다운 여인들의 사랑 이야기

세르반테스는 소설에서 아름다운 여인들을 여러 명 등장시켰다. 마르셀라, 루신다, 도로테아, 레안드라, 카밀라, 소라이다, 키테리아, 클라라! 이들은 대체로 열다섯에서 열여덟 살 정도 되고 매우 아리따운 아가씨들이었다. 이들의 사랑 이야기들을 통해 결혼 풍습에 대한 작가의 비판적 시각을 읽을 수 있었다.

산양치기인 젊은 그리소스토모가 아름다운 마르셀라를 사랑했으나, 그녀의 마음을 얻지 못했다. 그는 마르셀라에 대한 상사병으로 사망했다. 그의 가족들과 친구들은 그녀를 '인간의 탈을 쓴 불구대천의 원수'라고 비난했다. 이에 마르셀라는 '사랑받는다는 이유로 그 사람을 사랑해야 된다는 것'은 납득하기 어렵다고 했다. 그녀는 '자신의 잔혹함이 그를 죽였다기에 앞서 그의 집착이 그를 죽였다고 하는 것'이 맞는다고 주장했다.

남녀의 사랑과 결혼은 상호적인 것으로 남자의 일방적인 구애에 여자가 무조건 응할 필요가 없고, 남녀 모두 신분 차이를 떠나서 각자의 자유의지에 의해 선택해야 한다는 것을 세르반테스는 주장했다.

젊은 카르데니오는 아름다운 루신다를 열렬히 사랑했다. 두 집안은 혈통이나 경제적 수준이 비슷해서 결혼에 이를 가능성이 높았다. 카르데니오는 공작의 아들인 페르난도에게 루신다의 아름다움을 자랑했다. 페르난도는 이미 결혼을 빙자하여 부유한 농부의 딸을 농락한 경험이 있었다. 그는 아름다운 루신다를 보고 반해서 그녀를 탈취하고 말았다. 이에 카르데니오는 두 사람에게 복수하기보다 자신에게 복수하기로 마음먹고 모레나 산속에 들어가 쓰러졌으나, 산양치기의 도움으로 살아났다.

당시 귀족 계급의 젊은이들이 혈통과 부의 힘을 이용해서 신분이 낮은 처녀들을 농락한 단면을 보여주었다. 그리고 카르데니오는 자신의 연인을 다른 사람에게 자랑함으로써 연인을 빼앗기고 자신은 파멸하게 되었음을 교훈적으로 보여주었다.

신부가 주막에서 기사소설에 등장하는 기사 안셀모와 로타리오 이야기를 들려주었다. 두 친구는 의기투합한 절친했다. 안셀모는 정숙한 카밀라와 결혼함으로써 로타리오는 안셀모의 집에 가는 것을 조심했다. 반면 안셀모는 사랑스러운 아내의 정숙함을 시험해보고 싶었다. 이 사랑의 전투에 로타리오를 끌어들였다.

로타리오는 친구에게 이런 시험에 자신을 끌어들이지 말라고 충고했다. 이는 다이아몬드의 순도를 실험하기 위해 다이아몬드를 모루 위에 올려놓고 망치로 내려치는 것과 같은 어리석은 실험이라고 했다. 그러나 안셀모는 자신의 광태를 굽히지 않았다. 이에 로타리오는 친구의 부탁을 들어주었다.

안셀모는 자신의 아내와 친구가 자신의 집에서 둘만 있도록 했다. 처음엔 로타리오는 친구 아내와 적당한 거리를 유지하며 조심했다. 그러나 카밀라의 많은 미덕과 아름다움에 점차 연정을 품게 되었다. 로타리오는 울고, 간청하고, 아첨하고, 헌신을 약속하여 카밀라를 정복하고 말았다.

모든 게 안셀모에게 발각되자 카밀라와 로타리오가 사라졌다. 안셀모는 이성을 잃고 친구 집으로 가서 죽었고, 로타리오는 전장에서 죽었다. 이로써 안셀모의 어리석은 실험은 비극으로 막을 내렸다. 안셀모는 '무모한 욕망이 내 삶을 앗아가는구나. 그녀가 기적을 만들어야 할 의무도 없고, 나는 그녀가 그렇게 하길 바랄 필요도 없기 때문이다.'라는 유서를 남겼다.

이 이야기는 헤로도토스의 《역사》에 소개된 리디아 왕 칸다울레스를 떠올리게 했다. 그는 왕비가 너무 아름다워 경호원인 귀게스에게 자랑하고 싶어 왕비의 알몸을 한번 보도록 요구했다. 귀게스는 여자란 옷을 벗으면서 수치심도 벗어 던져버린다며, 자신에게 불의한 짓을 요구하지 말라며 거절했다.

왕은 왕비가 전혀 눈치채지 못하도록 침실의 열려 있는 문 뒤에 서서 보라고 강하게 권했고, 이에 못 이겨 그는 그녀의 알몸을 보았다. 그날 밤 그녀 또한 그가 나가는 뒷모습을 보았고, 이 모든 짓이 남편의 소행임을 알아챘다.

다음날 왕비는 귀게스를 불러 "그대 앞에는 두 갈래 길이 있는데, 그 선택은 그대에게 맡기겠다."고 했다. 하나는 칸다울레스를 죽이고 리디아 왕권을 차지하든지, 아니면 그대가 죽든지 둘 중 하나는 죽어야겠다고 위협했다. 귀게스는 칸다울레스 왕을 죽이고 리디아 왕권을 차지했다.[97] 칸다울레스는 경호원에게 아내의 몸매를 자랑하려다 아내도 잃고, 목숨도 잃고 왕권마저 빼앗겼다.

안셀모나 칸다울레스 이야기는 닮은꼴로 귀중한 아내를 보물처럼 소중하게 보호하지 못한 어리석음의 대가가 너무 컸다는 교훈을 전해주었다. 우리 속담에도 '마누라 자랑은 팔불출에 든다.'는 말이 있다.

세르반테스가 소환한 호메로스

호메로스는 《일리아스》에서 '노래하소서, 여신이여! 펠레우스의 아들 아킬레우스의 분노를.'[98]이라고 첫머리를 시작했다. 시인이 무사 여신에게 영감을 내려달라는 간절함과 엄숙함이 글귀에 담겨있었다.

이같이 세르반테스는 태양의 신 아폴론에게 '우리의 영원한 빛이여,

---

97) 헤로도토스(천병희 옮김), 역사, 숲(2015), pp30~32
98) 호메로스(천병희 옮김), 일리아스, 숲(2011), p25

세상의 횃불이여. (중략) 부디 나에게 은총을 베푸시어 내 어두운 재주를 더욱 밝게 해주시고, (중략) 그대 없이는 나는 열의도, 의욕도 없고 혼란스러운 느낌뿐이니까.'라고 기원했다. 이는 호메로스의 기원을 노골적으로 흉내 내어 웃음을 짓게 했다. 그것도 소설의 첫머리가 아닌 2권의 중간에 이런 모방을 삽입해서 호메로스의 간절함이나 엄숙함보다 오히려 해학이 느껴졌다.

하지만 세르반테스가 단순히 웃자고 이를 모방했던 것은 아닌 듯했다. 그는 서문에서 이 책을 지어내는 데 굉장히 고생했으며, 서론을 쓰려고 펜을 들었다가 무얼 써야 할지 몰라 펜을 내동댕이친 적이 한두 번이 아니었다고 고백했다.[99] 그도 신으로부터 영감을 받기를 바랐을 것으로 추측했다.

알띠시도라가 돈키호테를 '도망치는 아이네이아스'에 비유했다. 베르길리우스가 쓴 로마 건국 신화인 《아이네이스》에 의하면, 트로이의 영웅이었던 아이네이아스가 트로이 패망 후 유민들을 이끌고 이탈리아로 항해하던 중 북아프리카의 카르타고에 닿았다. 그곳에서 여왕 디도와 사랑을 나누었으나, 자신의 나라를 건국하기 위해 도망치듯 디도의 곁을 떠났다. 이로써 아이네이아스는 연인을 뿌리치고 도망치는 도망자의 전형이 되었다.

돈키호테가 묵은 여인숙 방에 두 점의 그림이 붙어 있었다. 하나는 디도와 아이네이아스의 이야기를 주제로 한 그림이었고, 다른 하나는 파리스가 남편 메넬라오스에게서 헬레네를 빼앗아 달아났을 때 헬레네를 납치하는 장면이었다.

---

99) 세르반테스(박철 옮김), 앞의 책(서문), p10

파리스는 트로이 왕인 프리아모스의 아들로 헥토르의 동생이었고, 메넬라오스는 아가멤논의 동생으로 라케다이몬의 왕이었다. 파리스가 메넬라오스의 아내인 절세미녀 헬레네를 납치하자, 그리스 연합군이 트로이를 공격했다.

호메로스 이후 헬레네는 경국지색이라 할 만한 미인의 이상형으로 그려져 왔다. 괴테는 헬레네를 소환해서 파우스트와 결혼시키는 상상력을 발휘했다. 세르반테스 또한 그림의 한 장면을 통해 헬레네를 저승에서 불러냈다.

돈키호테는 "두 여인은 우리 시대에 태어나지 않아서 대단히 불행한 아씨들이었고, 나는 그 시대에 태어나지 못해 불행한 사람이야."라며 중얼거렸다. 돈키호테가 자신이 대단한 기사라는 착각에 빠져 중얼거린 독백에 웃음 짓지 않을 수 없었다. 남녀노소를 불문하고 사랑에 대한 욕구는 자신의 자유의지로 시공간을 초월하여 떠돌 수 있다는 것이 재미있었다.

소설에서 드러난 작가의 심리

세르반테스는 24세 되던 해 해군으로 자원입대하여 터키와 에스파냐가 맞붙은 '레판토 해전'에서 총상으로 왼팔을 잃고 평생 외팔로 살았다. 팔 부상과 수술로 인한 극심한 통증, 정신적 충격, 신체 일부의 상실로 외상후스트레스장애(PTSD)로 고통받았을 것으로 추측되었다. 그로 인해 잠재된 심리가 터키인에 대한 적개심을 더욱 고착시켰을 것으로 짐작되었다.

그는 레판토 해전을 승리로 이끈 주역은 아닐지라도, 해전 승리에 참전한 자부심이 강했다. 또한 '레판토의 외팔이'라는 별명을 명예롭게 생각했지만, 일부 식자들이 자신을 외팔이라고 조롱하는 데 대해 마음이 아팠고, 강한 거부감을 가졌다.

돈안토니오는 돈키호테 일행과 함께 군함을 방문해서 치리미아 피리 소리 속에 함장과 악수했고 그의 환영을 받았다. 배 안으로 들어가 죄수들이 옷을 벗은 상태에서 노를 젓고, 감독이 채찍으로 죄수들의 등을 때리자 군함이 바다로 나아가는 장면을 구체적으로 묘사했다. 세르반테스는 자신이 포로수용소에서 매질 당했던 고통을 떠올리며 죄수들이 매질 당하는 것을 묘사했을 것이다.

그는 문文과 무武를 비교하며, 무를 경시하는 풍조에 대해 불만을 드러냈다. 군인들은 순간마다 목숨을 담보로 하며, 그들에겐 땅이 곧 침대라며 군인들의 고통을 하소연했다. 무는 무식쟁이나 하는 일로 보아서는 안 된다고 했다. 무라는 것은 체력만큼이나 지성과 정신, 용기를 겸비해야 한다고 주장했다. 이같이 더 많은 미덕이 필요한 것일수록 높이 평가되어야 한다는 것은 당연한 논리라고 주장했다.

작가는 28세 되던 해 알제리 해적들에 의해 마르세유에서 형과 함께 납치되었다. 그는 포로로 5년간 감금되었던 아르헬을 지옥으로 표현했다. 여기서 네 번에 걸쳐 탈출을 시도했으나 모두 실패해서 모진 고문을 당했다. 그는 몸과 마음이 피폐해졌을 것이고, 자유의 소중함을 절감했을 것이다. 더구나 자신의 몸값을 지불할 돈이 없다는 데 절망했다. 이런 나쁜 기억들로 무어인에 대한 적개심이 농축되었다.

돈키호테는 페드로의 인형극을 보던 중 무어군로부터 추격당하는 가이페로스를 돕기 위해 무어군 인형들에 칼질을 퍼붓기 시작했다. 넘어뜨리고, 목을 치고, 때려 부수고, 뭉개 죽였다. 빵가루 인형들이 깨지고 부서지고, 조각조각 나 마르실리오 왕은 심한 부상을 당했고, 샤를마뉴 대제는 왕관이 쪼개지고 머리가 두 쪽이 났다. 산초는 주인이 그토록 정신없이 분노를 터뜨리는 걸 한 번도 본 적이 없었다. 세르반테스의 심중에 쌓였던 무어족에 대한 분노가 일시에 폭발하여 광기를 드러냈다. 그는 무어인들에게 "개새끼"라고 욕을 퍼부었고, "방랑 기사도여, 영원하라."고 외쳤다.

그는 억압된 포로 생활을 통해 자유가 얼마나 소중한 것인지 절감했다. 네 번에 걸쳐 시도한 목숨 건 탈출은 자유를 얻기 위함이었다. 돈키호테는 "잃었던 자유를 되찾는 기쁨에 견줄 수 있는 것은 아무것도 없다."고 했다. 이는 해적에게 납치되어 감금되었던 체험에서 우러나온 독백이었다.

돈키호테는 길 건너편에서 걸어오고 있는 남자들을 보았다. 이들은 쇠사슬에 염주처럼 목과 목이 서로 연결되어 묶여있었고, 두 손에는 수갑을 차고 있었다. 이들은 갤리선 노역 형을 판결받은 죄인들로 교도관들이 강제노역을 위해 끌고 가고 있었다.

돈키호테가 그들에게 다가가 무엇 때문에 끌려가는지 일일이 물었다. 옷 도둑, 가축 도둑, 뚜쟁이, 근친상간자 등. 그는 교도관들에게 죄수들을 험하게 다루지 말아 달라고 간청했다. 저렇게 두 손이 꽁꽁 묶여있으니 혓바닥이라도 마음대로 놀리도록 놓아둔들 무엇이 문제가 되느냐는 것이었다.

그는 갑자기 죄수들이 탄압받는 약자들로 보였다. "어떤 이는 고문 속에서 용기가 좀 부족했고, 또 어떤 이는 돈이 부족했으며, 다른 사람의 호의가 좀 부족했던 경우도 있었소. 종국에는 재판관의 잘못된 판단이 여러분에게 파멸을 초래했으며, 여러분들이 지니고 있었던 정의를 끌어

내지 못했소."라고 주장했다.

그는 모진 고문으로 허위자백을 하거나, 무전유죄, 재판관의 오심 등으로 자신의 잘못보다 더 무거운 형량을 받거나, 억울한 옥살이를 하게 되는 경우를 지적했다. 법이 정의를 끌어내지 못했다고 꼬집었다. 작가가 몸값을 지불하지 못해 오랜 기간 아르헬에 감금되었던 것이나, 은행이 파산하여 억울한 옥살이를 했던 체험을 통해 깨달은 것으로 보였다.

돈키호테는 죄수 중 파시몬테에게 갤리선형을 받아본 적이 있느냐고 물었다. "주님과 국왕 폐하를 섬기는 마음으로 그곳에 4년 동안 있었지요. 저는 그곳이 고통스럽지 않습니다. 그곳에서 제 책을 끝내면 되니까요."라고 말했다. 세르반테스가 은행파산으로 억울한 옥살이를 하면서 소설을 구상했다. 작가는 자신의 경험담을 파시몬테를 통해 투사했다.

파시몬테는 딱딱한 빵과 채찍의 맛을 잘 알고 있다고 했다. 작가는 해적에게 납치되어 감금되어 억울한 옥살이도 했다. 그곳에서 딱딱한 빵을 씹으며 수시로 매질을 당했다. 돈키호테는 구멍이 나 너덜너덜하게 해진 자신의 양말을 보며 마음이 아팠다고 했다. 작가는 파시몬테와 돈키호테를 통해 자기연민을 드러냈다.

세르반테스는 공금 횡령죄로 수감되면서 《돈키호테》를 구상했다. 1605년 1권이 출간되어 큰 성공을 거두었다. 그는 자기 작품이 '좋은 명성으로 출판되어 살아 있는 동안 사람들의 입에 오르내리는 걸' 보면서 자신의 작품에 대해 큰 자부심을 가졌다.

그는 애초에 《돈키호테》 후속편을 고려하지 않았던 것으로 보였다. 다른 작가가 《돈키호테》의 명성을 업고 후속편을 써서 발간하자 크게 분노했다. 그는 열두 명의 악마들을 등장시켜 위작을 비판했다.

악마는 "첫 작가인 시데 아메떼가 쓴 책이 아니라 무슨 아라곤 작가

3부 소설 255

가 쓴 거래." 다른 악마가 "지옥의 심연 속으로 집어 넣어버리라고, 더 이상 내 눈에 띄지 않는 곳으로 말이야."라고 받았다. 작가는 악마를 등장시켜 위작을 쓴 사람에게 사기 작가라고 공격함으로써 증오심을 드러냈다.

그는 1권을 출간한 후 위작이 등장하자 2권을 집필하기 시작해 1권 출간 후 10년이 지나 2권을 출간했다. 그는 2권을 쓰면서 집에 있던 돈키호테를 다시 무장시켜 산초와 함께 세 번째 출정에 나서게 했다.

사회 부조리에 대한 비판

당시 통치자나 정부의 고위관리가 되기 위해서는 신분이 뒷받침되어야 했다. 산초는 "인간인 이상 누구나 교황도 될 수 있고, 섬의 영주도 될 수 있다."고 했다. 교황이나 영주가 될 사람의 씨가 따로 있는 것이 아니라는 이야기였다. 그는 돈키호테의 입을 빌려 '고위관료는 선거로 선출해야 된다.'는 제안까지 했다. 작가는 사람을 신분으로 차별하는 것에 강한 거부감을 보였다.

돈키호테는 산초에게 "죄 많은 고관대작보다 덕 많은 보통 사람이 되는 걸 더욱 자랑으로 여기라."고 했다. 피는 이어받지만 덕은 습득해야 하고, 핏줄이 가치가 없을 때도 덕은 스스로 혼자서도 빛난다고 했다. 통치자의 신분보다 통치자의 미덕이 더 중요하다는 것이었다. 핏줄은 자신이 어찌할 수 없는 일이지만, 덕은 자신의 노력으로 쌓을 수 있는 것 아니겠는가? 산초는 "제가 이 나이에 다스리지 못할 섬이란 없다."며, 통치에 자신감을 보였다.

산초 총독은 열흘 동안 섬을 통치한 후 바라따리아를 떠나기로 했다.

마구간으로 가서 당나귀 점박이를 끌어안고 눈물을 글썽였다. "나의 동반자이며 나의 친구여, 그대를 떠나 야심과 오만의 탑으로 내가 올라섰을 때 내 영혼 속으로 수천의 수고와 수천의 빈곤, 수천의 불안이 쳐들어오더라,"라며, 나의 오랜 자유로 돌아가겠다고 외쳤다. 성 베드로는 로마에 있어야 하고, 땡전 한 푼 없이 이 섬에 들어와 땡전 한 푼 없이 떠난다고 했다. 산초는 열흘 동안 통치한 후 세상 모든 정부나 통치를 경멸하는 법을 배웠다며, 섬을 떠났다. 세르반테스는 산초를 통해 섬을 통치해본 셈이었다. 산초에게 통치자의 길을 알려줌으로써 모든 통치자에게 경종을 울렸다.

산초는 '세상에서 가장 좋은 바탕과 건축 토대는 돈'이라고 했다. 돈이 많아야 훌륭한 직업을 구하기도 쉽고, 좋은 배필을 만날 수도 있고, 불법을 저질러도 벌을 받지 않고 돈으로 해결할 방도가 많았을 것이다. 이것은 동서고금을 꿰뚫는 돈의 마력이라 할 수도 있을 것이다.

세르반테스는 〈쎄기디야스 민요〉를 소개했다.

> 전쟁터로 나를 내 몬다네. 이 궁핍한 내 신세가.
> 돈만 있다면 안 가지. 정말이지 안 가고 말고.

군인 급료를 받아 생계를 유지하겠다는 사람들이 많았다는 내용이었다. 세르반테스도 군에 자원입대했는데, 과연 애국심에서 자원하여 군에 입대했던 것인지, 아니면 생계를 위한 것이었는지 확실하지 않았다. 그는 아르헬 수용소에 억류되었을 때 몸값을 내지 못해 노예로 팔려갈 위기에 처할 정도로 빈궁했다.

작가는 '이런 거물급 큰 자리치고 많고 적은 차이는 있지만 어떤 형태든 뒷돈 없이 공짜로 얻는 일은 없는 법이지.'라며, 사회에 만연한 매관매직을 비판했다.

둘시네아 아씨가 마법에 의해 땀 냄새 나는 농부로 변했는데, 이 마법을 풀기 위해서 산초가 매를 맞아야 한다는 황당한 제안을 내놓았다. 이에 산초는 아씨가 마법에서 풀리는 거와 자신이 매 맞는 것하고 무슨 상관이냐며 펄쩍 뛰었다.

돈키호테는 매 한 대당 얼마씩 값을 계산해 주겠다고 하니, 산초가 매 맞는 시늉을 하며 매 맞는 값을 계산하기 시작했다. 이는 당시 '돈 많은 죄인'이 자신이 맞을 매를 '매 맞을 사람'을 돈으로 고용해서 대신 매를 맞게 한 사례를 풍자한 것은 아닌지 궁금했다.

작가는 평소 문文에 비해 무武가 천시받는 것에 대해서도 불만이 많았다. 학자들에 비해 군인들이 얼마나 큰 고통을 당하는지를 밝혔다. 군인들은 비참한 급료에다 가죽옷이 난도질당해 예복도 되고 평상복이 된다며 늘 부상의 위험에 노출되어 있음을 강조했다. 군복에 달린 술 장식은 총상 치료를 위한 실뭉치이며, 여러 번 전투에서 죽지 않고 승리하기란 기적과 같다고 했다. 작가 자신이 레판토 해전에 참전해서 한쪽 팔을 잃는 중상을 입었던 경험들이 고스란히 담겨있는 푸념이었다.

학자들은 전쟁에도 법규를 따라야 하는데, 그 법규가 문의 일에 해당해서 문이 없다면 무도 유지될 수 없다고 주장하지만, 그 법규란 것이 무력의 힘이 없으면 지켜질 수 없고, 무에 의해 공화국이 방위 되고, 왕국이 보존된다고 주장했다. 무가 문보다 더 많은 노력이 필요하고, 공화국을 지키는데 더 중요한 역할을 하므로, 문보다 무가 더 대접받아야 한다고 주장했다.

세르반테스는 결코 칼이 펜을 누른 적도 없었고, 또 펜이 창을 누른 적도 없었다는 사실을 상기시켰다. 그는 문이 무보다 우대받는 현실을 비판했다. 그는 통치자가 문관과 무관을 고루 선발해서 적재적소에 배치하여 문무의 균형을 이루는 것이 바람직하다고 여기는 듯했다.

돈키호테의 말년, 세르반테스의 자화상

돈 안토니오는 '이 사람이 돈키호테다.'라고 쓴 양피지를 돈키호테 등에 붙였다. 이를 모르고 거리를 활보하는 돈키호테를 보고, 고향 사람들이 "돈키호테 좀 봐! 수많은 몽둥이찜질을 당하고도 어떻게 죽지 않고 여기까지 왔을까? 그대는 미치광이야."라고 수군거렸다.

세르반테스는 알제리 해적에게 납치되어 감금되어 지냈던 아르헬을 지옥으로 표현했다. 사막을 횡단하는 나그네가 타는 갈증으로 물을 찾듯이 자유를 그리며 탈옥을 네 번이나 시도하다 붙잡혀 매질을 당했다. 언제 노예로 팔려갈지 어떻게 죽을지 몰랐다. 그는 포기하지 않고 광기로 버텼다.

그는 말에서 굴러떨어져 갈비뼈가 부러졌고, 매질과 몽둥이찜질로 초주검이 되기도 했다. 돌에 얻어맞아 이빨이 빠져 결국 아래 어금니 두 개만 남았고, 광기마저 빠진 채 고향으로 돌아갔다.

그는 공작 부부의 호의로 성에 머무르면서 시녀들의 대접을 받았던 기억이 가물거렸을 것이다. 산초를 통해 비록 '싸구려 섬'이지만, 바라따리아 섬을 열흘 동안 통치하면서 오만을 떨었던 기억도 희미해졌을 것이다. 한때 즐거웠던 추억은 순식간에 구름처럼 사라져 연극처럼 여겨졌다.

연극이 끝나고 나면 모든 배우가 모두 의상을 벗고 평범한 사람으로 되돌아왔다. 장기놀이도 말마다 자기 길이 있지만, 놀이가 끝나면 한 자루에 넣어 흔들어 섞으면 말은 모두 나무토막에 불과했다. 이같이 세상 사는 연극이나 장기놀이와 다를 바 없다는 걸 깨달았다.

돈키호테는 산양치기들과 하룻밤을 보낼 때 '네 것, 내 것'이라는 두 단어를 모르고 평화롭게 살았던 '황금시대'를 목동들에게 설파했다. 돈키호테는 말년에 목가적인 생활을 꿈꿨다. 풀과 나무가 있는 숲속에서 소나 양을 기르는 목가적 이상향인 아르카디아를 꿈꿨다. 자신의 이름을 '키호티스'로 개명하여 목동이 되어 숲속으로 돌아가고 싶어 했다. 목가적인 생활은 황금시대를 추구하는 것으로 세르반테스가 꿈꾸었던 이상향이었다.

사람은 자연으로 돌아가고 싶어 하는 속성이 있는 것 같았다. 인간은 원래 수렵채취인으로 숲에서 살았기 때문에 숲에 대한 친화력이 잠재해 있다고 보는 가설이 바이오필리아(Biophilia)이다. 숲에 들어가 녹색 잎을 보면 마음이 편안해지는 것은 이 가설을 증명하는 것 같기도 했다. 나이 들어 정년퇴직하고 고향으로 돌아가 전원생활을 꿈꾸는 사람들이 증가했고, 요즘 '자연인'에 대한 방송을 시청하는 사람들이 많았다. 이 프로그램을 시청하는 사람들의 상당수가 나이 지긋한 사람들일 것으로 추측되었다. 현실에서 이루지 못하는 자연 속의 삶을 눈요기하려는 것은 아닐까?

돈키호테는 편력기사의 광기를 버리고 목동으로 살고자 했지만, 목동 생활을 해보지 못하고 죽었다. 세르반테스도 《돈키호테》 2권을 출간한 다음 해 숨졌다. 돈키호테가 죽은 이듬해 세르반테스도 눈을 감았다. 돈키호테의 이상향은 세르반테스의 이상향이었다. 이상향은 실현되지 않아서 더욱 이상향으로 남았다.

　돈키호테는 죽음을 목전에 두고 "지난날의 보금자리에 오늘의 새들은 없지요. 나는 미치광이였습니다."라고 소회를 밝혔다. 산손 가라스코는 돈키호테의 비명으로 다음과 같이 적었다.

　　온 세상 사람들을 얕보았던 그는 온 세상의 허수아비이며, 무서운 도깨비였다.
　　미쳐서 살고 정신 들어 죽다.

　시데 아메떼 베넹헬리는 '돈키호테는 오직 나만을 위해 태어났고 나는 그를 위해 태어났다. 그는 행동할 줄 알았고, 나는 그것을 적을 줄 알았다.'고 썼다. 세르반테스는 돈키호테가 자신의 분신임을 밝혔다.

　돈키호테는 광기로 사회악과 좌충우돌 싸웠으며, 세르반테스는 그걸 용기 있게 적었다. 그는 미쳐서 온 세상의 웃음거리가 되었던 허수아비였지만, 인간애와 용기로 사회악에 맞선 당랑거철螳螂拒轍의 기사였고, 무서운 도깨비였다.

※ 텍스트
■ 세르반테스(민용태 옮김), 기발한 기사 라만차의 돈끼호테 2, 창비, 2013
■ 세르반테스(박철 옮김), 돈키호테, 시공사, 2014

※ 참고문헌
■ 헤로도토스(천병희 옮김), 역사, 숲, 2015
■ 호메로스(천병희 옮김), 일리아스, 숲, 2011

정치 풍자의 백미, 《걸리버 여행기》

조나단 스위프트Jonathan Swift의 삶과 시대적 배경

스위프트는 1667년 아일랜드 더블린에서 유복자로 태어났다. 부모는 모두 영국인이었는데, 어머니는 아기를 유모에게 맡기고 영국으로 돌아갔다. 그는 고아 신세가 되어 삼촌의 도움으로 양육되었다.

그는 태어나 성장하기까지 22년을 아일랜드에서 머물면서 더블린의 트리니티 대학을 졸업했다. 1689년 영국으로 건너가 20년 만에 어머니를 만났다. 스위프트는 한때 유력 정치인이었던 템플 경의 저택에서 10여 년 동안 개인비서로 기거했다. 송낙헌은 템플 경의 아버지가 스위프트의 진짜 아버지였다는 설도 있지만, 그가 어떻게 템플 경의 저택에 들어가게 되었는지 불확실하다고 했다.[100] 박홍규는 어머니의 소개로 기

---
100) 조나단 스위프트(송낙헌 옮김), 걸리버 여행기(해설), 서울대학교출판문화원(2020), p358

거하게 되었다고 했다.[101] 그는 템플 경의 서재에서 많은 책을 읽었는데, 그것이 글쓰기의 바탕이 되었다.

1692년 옥스퍼드 대학에서 석사학위를 받았고, 정치에 입문하여 토리당에서 활동하면서 25년을 보냈다. 스위프트는 40대에 토리당에 입당하여 당 기관지인 〈이그재미너〉를 편집하고, 토리 정부를 옹호하는 소책자를 발간하기도 했다. 그는 토리당을 옹호하면서 유력 정치인들과 친분을 쌓았고, 정치와 궁정의 내막을 알게 되었다.

1699년 템플 경이 사망하자, 그는 일시적으로 아일랜드로 건너가 더블린에서 버클리 경의 개인 사제 겸 비서로 취임했다. 1714년 앤 여왕이 서거하고 토리당이 몰락한 후 스위프트는 모든 기대를 버리고 아일랜드 더블린에서 정착했다.

스위프트는 영국이 식민지인 아일랜드 사람들을 착취하는 것에 대해 격렬하게 비판했다. 그는 평소 '비참한 아일랜드에 있는 형편없는 더블린'이라 불렀다. 그는 고향이자 은둔처였던 더블린에서 《걸리버 여행기》를 썼다. 그는 아일랜드에서 31년 동안 활동하다 1745년 78세로 눈을 감았다.

아일랜드는 게일인, 잉글랜드인, 스코트랜드인으로 구성되어 민족이 다르고, 그에 따라 종교와 언어가 달라 내부적으로 단결되기 어려웠다. 잉글랜드인인 스위프트는 고향인 아일랜드를 사랑했지만, 아일랜드로부터도 잉글랜드로부터도 버림받은 이방인이었다. 박지향에 의하면 그는 민족 정체성에 대한 혼란을 겪었지만, 진정한 애국자로 아일랜드의

---

[101] 박홍규, 걸리버를 따라서, 스위프트를 찾아서, 들녘(2015), p99

가난과 비참함에 분노하여 영국의 식민지 정책을 맹렬히 비난했다.[102]

아일랜드 출신의 유명한 문학인으로 조나단 스위프트, 오스카 와일드, 버나드 쇼, 예이츠 등이 있었는데, 이들은 모두 잉글랜드의 피를 이어받았다. 이들은 이중적인 민족 정체성으로 인해 경계인으로 살아갈 수밖에 없었다. 박지향은 이러한 경계성이 그들의 문학적 성취를 높여준 원동력이라고 주장했다.[103] 특히 스위프트의 정치 풍자는 조지 오웰의 글쓰기에 깊은 영향을 미쳤다.

스위프트는 묘비에 '그 격렬한 분노도 여기서는 그의 가슴을 찢지 못하리라.'라는 글귀를 새겨 넣었다. 그 '격렬한 분노'가 인간과 사회를 냉소적으로 풍자케 한 추동력이었다. 그 분노는 인간사회에 대한 혐오에서 비롯되었다고 밝혔다. 무엇이 그를 그토록 분노케 했을까?

《걸리버 여행기》는 우리에게 청소년을 대상으로 한 환상적인 동화로 많이 알려졌다. 이는 정치적인 주제와 냉소적인 표현을 완화하고, '소인국'을 중심으로 상상의 나래를 펼칠 수 있도록 정리한 도서였다.

완역본을 읽고 난 후《걸리버 여행기》는 동심의 나래를 펼 수 있는 환상적인 동화와는 거리가 멀다는 것을 알게 되었다. 인간의 악덕에서 비롯된 사악한 모습들을 적나라하게 까발린 매우 냉소적인 풍자소설로 우리 사회를 되돌아보게 했다. 이 소설을 읽으면서 그 내용이 독창적이고, 풍자적이고, 정치적이고, 현대적이라는 인상을 강하게 받았다.

---

[102] 박지향, 슬픈 아일랜드, 기파랑(2019), p73
[103] 박지향, 앞의 책, p102

소설은 어떻게 구성되었나?

1695년 영국은 출판물검열법을 폐지했지만, 저자는 걸리버 선장이 보내는 편지에서 '누군가를 화나게 할지 모르며, 세도가들이 출판물을 예의 주시하고 있고, 명예훼손처럼 보이는 암시는 모두 오해받아 처벌받기 쉽다고 했소.'[104] 라며, 출판물검열을 두려워했다. 1726년 60세 되던 해 《걸리버 여행기》를 발간하면서, 자신의 이름을 감춘 속내를 드러냈다.

송낙헌은 걸리버의 뒤에는 항상 스위프트의 존재를 감지하게 된다고 했다. 그건 스위프트가 항상 걸리버를 통해서 무엇인가를 말하고 있기 때문이라고 했다.[105] 걸리버는 스위프트의 분신이라는 느낌이 들었다.

당시 유럽에는 15세기 초반부터 시작된 대항해시대[106]가 콜롬버스(1492년), 바스코 다 가마(1498년), 마젤란(1519년) 등의 탐험으로 정점을 이루었다. 그와 함께 항해술이 급속히 발전해서 항해가 더욱 활발해졌다. 유럽의 여러 나라가 새로운 섬을 탐험하기 위해 치열한 '해양 탐험 경쟁'을 벌였다. 1770년경 영국의 쿡 선장이 뉴질랜드와 오스트레일리아를 발견해서 섬과 대륙을 영국의 국토에 편입시켰다. 이같이 스위프트가 왕성한 사회활동을 할 당시에도 대항해시대의 열기는 식지 않았다.

당시 유럽에는 해양 모험을 주제로 한 여행기들이 많이 출판되었다. 일반인들도 배를 타고 대양으로 나가서 새로운 섬을 발견하는 모험에

---

104) 조나단 스위프트(송낙헌 옮김), 앞의 책(서문), p5
105) 스위프트(송낙헌 옮김), 앞의 책(해설), p367
106) 나무 위키, 〈대항해시대〉

대한 로망이 많았을 것으로 추측되었다. 이같이 대양을 떠도는 모험으로 새로운 섬이나 육지를 발견하는 것이 《걸리버 여행기》의 기본적인 틀을 이루었다.

《걸리버 여행기》는 1부 릴리펏(소인국) 항해기, 2부 브롭딩낵(대인국) 항해기, 3부 라퓨타, 발니바비, 글럽덥드립, 럭낵 및 일본에의 항해기, 4부 휘늠(말)의 나라 항해기로 구성되어 있었다.

송낙헌에 의하면 제3부 라퓨타 등지로의 여행기는 저술을 끝낸 후 제일 마지막으로 써서 삽입한 것이었다. 아마도 작품을 일단 끝낸 후 이야기 속에 충분히 담지 못하고 남아 있는 여러 생각을 추가한 것이라 짐작했다. 그는 전체 작품 중에서 제3부가 통일성이 없고 산만하다고 했다.[107]

걸리버는 모험을 좋아해서 대양을 항해하다, 릴리펏(소인국), 브롭딩낵(대인국), 라퓨타, 휘늠(말)의 나라에 닿아 그곳 사람들과 지내면서 보고 듣고, 느낀 것을 바탕으로 여행기를 썼다. 그 섬들은 모두 허구였지만, 지도에 실제 지명과 섞어 그려 넣음으로써 허구를 실제처럼 느끼게 했다. 가령 지도에서 수마트라섬의 인근 해역에 릴리펏을 그려 넣는 식이었다.

박홍규에 의하면 작가가 상상의 나라를 묘사했지만, 그것은 무대장치에 불과할 뿐, 내용은 모두 리얼리즘으로 현실을 극명하게 묘사했다.[108]

모든 풍자는 황당해 보이지만, 현실의 관찰에서 비롯된 것이기 때문이었다. 그 상상의 나라는 풍자를 위한 상황설정이었다.

---

107) 스위프트(송낙헌 옮김), 앞의 책(해설), p372
108) 박홍규, 앞의 책, p6

스위프트는 1부에서 '1699년 5월 4일 브리스톨에서 출항했다.'라고 썼다. 이같이 섬에 도착하거나 떠난 날짜를 명시했다. 이것도 허구를 사실처럼 인식하도록 꾸미기 위한 것이라는 느낌이 들었다. 그러나 그 연도와 날짜에는 독자들이 알기 어려운 어떤 의미가 담겨있을 것으로 짐작했다.

특히 걸리버가 처음 출항한 1699년은 템플 경이 사망한 해였다. 작가가 한때 정치 거물이었던 템플 경의 저택에서 10여 년 동안 머물면서 보살핌을 받았던 은혜를 깊이 새겼을 것으로 짐작되었다. 1699년은 템플 경의 죽음을 의미하는 연도인 것은 확실해 보였다. 그의 후원자이자 보호자였던 템플 경의 죽음으로 실의에 빠져 그의 마음은 영국을 떠나 바다를 떠돌았을 것으로 짐작해 보았다.

걸리버는 선상 의사로서 배를 탔다가 폭풍으로 조난을 당해 릴리펏의 해안으로 떠밀려가서 소인들에게 붙잡혔다. 그는 2년 가까이 릴리펏에서 소인들과 함께 지내던 중 이웃 제국인 블레프스큐와 전쟁이 벌어졌다. 그는 두 나라의 전쟁에서 큰 공을 세워 작위까지 받았다. 이를 질시한 해군 총독이 대신들과 결탁하여 걸리버를 탄핵하자, 블레프스큐로 피신했다. 그곳에서 작은 배를 타고 망망대해를 떠돌다 영국 상선을 만나 고향으로 돌아왔다.

영국에서 가족들과 한가하게 지내다 방랑기가 도져 상선을 타고 또 출항했다. 선원들은 섬에 물을 구하러 갔다가 브롭딩낵의 거인들에게 붙잡혀 그곳에서 생활하다, 그곳을 떠나 영국으로 돌아왔다.

이런 형식의 반복으로 릴리펏, 브롭딩낵, 라퓨타, 휘늠의 나라에 머물게 되었다. 여기서 보고 듣고 느낀 것을 쓴 형식을 취했지만,《걸리버 여행기》는 영국의 정치사회의 어두운 현실을 냉소적으로 풍자한 소설이었다.

왜 동화로 편집되었을까?

《걸리버 여행기》가 처음 출판되자 큰 성공을 거두었다. 그 후 식자층이 그의 풍자에 대해 혹평을 쏟아냈다. 특히 대커리Thackeray는 이 책을 숙녀들에게 절대로 읽지 말라고 권하며, 작가는 인류를 저주하는 괴물이라고 평했다.[109] 이러한 혹평은 당시 지식인들이나 성직자들의 일반적인 인식이었을 것으로 추측되었다.

조지 오웰이 여덟 살 때 《걸리버 여행기》를 생일선물로 받아 읽었을 정도였으니, 이 소설은 본래 동화적인 요소를 지니고 있었다. 우리나라에서는 1992년 완역본이 처음 출판되었는데, 소인국 중심의 동화로 편집되어 청소년들의 사랑을 받았다. 거기에는 거칠고 시니컬한 표현들이 완화되거나 삭제되었다.

이처럼 지식인으로부터 극단적인 혹평을 받았던 소설이 동화로 편집되었던 까닭은 소설의 독창성에서 비롯되었다고 여겨졌다. 걸리버가 소인국에 가서 소인들을 개미처럼 손바닥에 올려놓고 본다는 것 자체가 환상적인 동화였다. 인간이라는 거인이 단잠을 자는 사이 소인들에게 묶여 움직일 수 없는 상황을 짐작이나 했겠는가?

소인국에서는 모든 사물이 인간 세계의 12분의 1로 축소되어 있었다. 큰 나무가 2m 정도 되고, 밭이 화단 같고, 걸리버가 변을 보면, 인부가 손수레로 실어 갔다. 주민들의 키는 15cm 정도, 시력은 매우 예민했다.

---

[109] 스위프트(송낙헌 옮김), 앞의 책(해설), p357

그들은 누워있는 걸리버를 관찰하기 위해 사다리를 놓고 올라와야 눈이며 코 등을 볼 수 있었다.

걸리버는 수심이 얕은 해협을 건너가서 블레프스큐 제국(프랑스) 함선의 선수에 있는 구멍에다 갈고리를 걸고, 닻에 매여 있는 줄을 끊고, 함대 전체를 이끌고 릴리펏 항구에 도착했다. 적은 망연자실했고, 릴리펏 황제는 그의 공적을 기려 작위를 수여했다. 그는 소인국에서 '인간 산악'이라 불리며, 거인으로 행세했다.

반대로 걸리버가 브롭딩낵에서 거인의 손바닥에 놓여 애완동물 취급을 받는 장면에서 크고 작음은 절대적인 것이 아니라, 상대적이라는 걸 깨닫게 해주었다.

대인국인 브롭딩낵에 갔을 때 원주민의 키가 9m나 되고, 건초용 풀이 6m, 접시의 직경이 7m, 개는 코끼리의 4배나 되었다. 걸리버는 그들 앞에선 작은 인형이나 벌레와 같았다. 거인의 아기가 그의 허리를 작은 인형처럼 잡고, 그의 머리를 입속에 집어넣기도 했다.

약장수가 작은 원숭이를 데리고 다니며 원숭이 재주를 구경거리로 파는 것처럼, 주인은 걸리버를 이용해서 굉장한 돈을 벌 수 있다는 것을 알고서, 대도시로 데리고 다녔다. 구경꾼들이 걸리버를 보기 위해 구름처럼 모였다. 주인은 돈을 벌수록 더 탐욕스러워졌다.

이런 소문이 궁정까지 퍼져 궁정 사람이 걸리버를 궁정으로 데리고 갔다. 대인국 국왕은 수조에 물을 채워 유람 보트에 그를 태운 채로 띄워 실험해 보라고 지시했다. 걸리버는 왕비를 즐겁게 해주기 위해 열심히 노를 저었다. 때로는 시녀들이 부채로 바람을 보내주어 조종만 했다. 그들은 걸리버를 장난감 보트에 태워 수조에 띄워놓고, 걸리버의 일거수일투족을 즐겼다.

휘늠의 나라에서는 걸리버와 같은 모습의 야만인(인간)을 '야후'라 불렀다. 야후는 원숭이와 닮았는데, 온몸이 털로 덮여있고, 네 발로 걸었다. 야후는 사악하고 탐욕적인 본성을 지닌 인간을 지칭한 어휘로, 작가가 독창적으로 만든 어휘였다. 미국인 제리 양(Jerry Yang)과 데이비드 파일로(David Filo)가 인터넷 포털사이트의 이름을 야후(Yahoo)라[110] 붙였을 정도로, 그 어휘는 독창성의 상징처럼 여겨졌다.

고대 그리스 신화에 아폴론이 바다 위에 떠다니는 섬을 고정시켰는데, 그 섬이 델로스였다. 여기서 힌트를 얻었는지는 알 수 없지만, 작가는 라퓨타 섬을 공중에서 떠다니는 섬으로 묘사했다. 섬이 공중에 떠다닌다는 것은 허황됐지만, 환상적이고 독창적이었다. 라퓨타 섬은 천연자석의 견인력과 반발력에 의해 올라가기도 하고 내려가기도 하며, 이곳저곳으로 이동한다는 과학적 근거도 덧붙였다. 공중에 떠다니는 섬은 수년 전 상영되었던 영화 〈아바타〉의 장면들을 연상시켰다.

이런 이야기들은 허무맹랑한 환상이었지만, 청소년들의 상상력을 자극하는 독창성이 돋보였다. 환상의 나라인 소인국에서 일어난 일들이 모두 우리 사회에서 일어나는 일들의 축소판으로 우리의 일그러진 모습을 비추는 거울이었다.

소인배들의 정치를 풍자하다!

스위프트는 제3부에서 라퓨타와 발니바비를 등장시켰다. 라퓨타는 공중에 떠다니는 섬으로 그 아래 있었던 발니바비 사람들을 복종시키기

---

110) 위키 백과, 야후 포털사이트

위해 두 가지 방법을 사용했다. 하나는 그 도시의 상공에 떠서 햇빛과 비가 내리는 혜택을 박탈해서 기근과 질병으로 벌할 수 있었다. 다른 하나는 큰 돌을 위에서 투하할 수 있었다.

스위프트는 영국이 식민지인 아일랜드 사람들을 착취하여, 그들이 비참하게 살아가는 모습에 분노한다고 고백한 것으로 볼 때, 라퓨타가 영국을, 발니바비는 영국의 식민지였던 아일랜드를 풍자한 것으로 보였다. 스위프트가 제국주의의 만행을 풍자한 것이라 해석한 것으로 보였다.

궁내대신이 걸리버에게 릴리펏(소인국)의 두 가지 커다란 재앙을 설명했다. 대외적으로 또 하나의 제국인 블레프스큐 섬으로부터 침공받을 위험에 처한 것이고, 내부적인 문제는 트리멕산당과 슬라멕산당의 당파싸움이라고 했다.

스위프트는 영국을 소인국 릴리펏으로, 프랑스를 소인국 블레프스큐로 풍자했다. 역사적으로 영국과 프랑스는 해협을 사이에 두고 전쟁과 협력을 반복하며, 경쟁한 나라였다.

릴리펏의 트리멕산당과 슬라멕산당은 신발의 높은 굽과 낮은 굽에서 유래한 것이었다. 그 하찮은 차이로 두 당은 적개심이 대단해서 같이 먹지도 걷지도 않으려 했다. 두 당의 당파싸움으로 국왕은 제대로 걸을 수가 없었다. 양쪽 발굽의 높이가 달라 걸을 때마다 절룩거릴 수밖에 없었다. 이는 영국의 토리당과 휘그당을 풍자한 것이었다.

스위프트가 영국을 소인국인 릴리펏에 비유한 것은 영국의 정치인들을 소인국의 소인배로 여겼기 때문이었다. 작가가 대인국 국왕의 말을 빌려 영국의 귀족이나 성직자, 군인과 국회의원을 '작고 역겨운 벌레 중에서도 가장 고약한 족속'에 비유하고, 인간을 야후에 비유하면서 인간의 야수성을 질타했다. 인간사회에서 일어나는 모든 악의 근원은 인간의 타고난 야수성과 이성의 타락에서 비롯된 것이라 여겼다.

원문에는 소인국의 왕은 황제(Emperor)로 서술되어 있고, 대인국의 왕은 왕(King)으로 되어 있었다. 스위프트는 소인국의 통치자와 대인국의 통치자를 비교해서 어휘로 풍자한 것이라 여겨졌다. 어마어마한 규모의 제국을 통치하는 황제를 소인배로, 국가를 통치하는 왕을 대인배로 희화하여 황제를 웃음거리로 만들고, 제국의 소인배 같은 정치를 비판한 것이라 여겨졌다.

소인국에서 돈 많고, 할 일 없고, 호기심 많은 소인들이 걸리버를 구경하고자 구름처럼 몰려들었다. 황제는 여러 가지 포고와 법령을 내려서 황제의 허가 없이는 걸리버가 기거하는 집의 50야드 안에 들어가지 말 것을 지시했다. 그 허가를 내주는 대가로 뇌물을 챙겨 국무대신들이 톡톡히 재미를 보았다. 이는 고관들의 비리를 고발한 풍자로, 요즘도 고위직들이 각종 인·허가권으로 뇌물을 챙기는 사례들이 심심찮게 보도되지 않았는가!

소인국에서 줄타기 춤을 추어 고위직을 얻는다든지, 나무막대기를 뛰어넘거나 그 밑을 기어 다님으로써 은총과 명예의 훈장을 받았다. 이런 고약한 제도는 정당과 파벌이 많아짐에 따라 현재와 같은 극악한 상태가 되었다고 했다. 고위직으로 승진하기 위해 줄타기와 알랑거림을 소인배 나라가 아닌 우리 사회에서도 목격하고 있지 않은가!

스위프트는 모든 직업에 적임자를 선택할 때는 능력보다는 도덕성에 더 중점을 두어야 한다고 주장했다. 아무리 천부적인 지능을 갖춘 사람이라도 덕망의 결함을 메울 수 없으며, 도덕성이라곤 찾아보기 어려운 능력자에게 고위직을 맡긴다는 건 위험천만하다고 역설했다.

학벌 좋고 말만 요리조리 돌리며 미꾸라지처럼 잘 빠져나가는 사람이 직위를 악용하여 자신의 안위와 사익을 위해 국가기밀을 적국에 빼돌린다든지, 재판거래로 거액의 뒷돈을 챙긴다든지, 인·허가권을 악용해서 뇌물을 챙기는 사례들이 심심찮게 보도되지 않았던가! 이들은 권력과 사익을 챙기는 데는 천재적이나, 도덕성이나 정의감, 양심이라곤 찾아볼 수 없는 사악한 야후의 표본이었다.

정치는 어떻게 괴물이 되었는가?

당시 영국의 정치체제는 의회정치로 정당 정치가 근간이었고, 동서고금을 막론하고 정치의 요체는 법치라 할 수 있었다. 스위프트는 영국의 정치와 법치에 대한 혐오감과 절망감으로 정치와 법치를 격렬하게 비판했다.

소인국인 릴리펏에서 트리멕산당과 슬라멕산당이 서로 권력을 잡기 위해 아귀다툼을 벌여 국왕은 어느 장단에 맞추어야 할지 판단하기 어려웠다. 이는 영국의 토리당과 휘그당의 당파싸움을 풍자한 것이었다. 그는 두 정당이 국리민복을 위해 머리를 맞대고 협의하여 통치하는 모습은 보이지 않고, 서로 권력을 잡기 위해 아귀다툼을 벌이는 행태를 신랄히 비판했다.

국왕은 달걀을 깨는 방식을 고쳐 새로운 방식을 포고했다. 옛날엔 달걀의 큰 쪽의 끝을 먼저 깨는 것이었다. 이를 고쳐 달걀의 작은 쪽의 끝을 먼저 깨야 하며, 이를 위반하면 엄벌한다는 포고를 선포했다.

백성들은 이 법령에 분노해서 여섯 번의 반란이 일어났고, 이 과정에 황제가 목숨을 잃거나 제위를 잃었다. 달걀의 작은 쪽의 끝을 깨느니 차

라리 죽임을 당하는 사람들이 소요 때마다 발생했다. 큰 쪽 깨기 파의 책은 금지된 지 오래였고, 이 파의 사람들은 공직을 가지지 못하게 했다.

그런 혼란을 겪은 후 모든 진실한 신자는 '편리한 쪽으로 달걀을 깨는 것'으로 결론이 났다. 이는 종교의 교리를 어떻게 해석하느냐와 같은 논쟁에서 비롯된 사생결단의 분란을 풍자한 것이었다. 이는 조선시대 국왕의 장례를 며칠로 할 것인가를 두고 당파싸움을 벌여 벼슬아치들이 처형되거나 유배된 것을 연상케 했다.

작가는 법비法匪들이 카르텔을 형성하여 법을 악용해서 금전과 권력을 챙기는 악질적인 행태를 고발했다. 모든 사람을 구조하기로 되어 있는 법률이 어떻게 사람을 망하게 하는지 알 수 없다며, 법률가가 받는 보수의 액수에 따라, 검은 것은 희고 흰 것은 검다고 증명하는 기술을 훈련받았다고 했다. 법 적용이 코에 걸면 코걸이, 귀에 걸면 귀걸이라는 식이었다.

그리고 피의자가 제공하는 고액의 뇌물을 거절하는 판사를 보았다고 했는데, 이는 보이지 않는 곳에서 뇌물을 받는 판사들이 있다는 역설적인 표현이었다. 오늘날 '재판거래'라는 사악한 용어가 널리 알려졌다. 그 자체가 그런 판사들이 많다는 것을 의미하는 것이 아닐까?

변호사들은 피의자의 범법행위가 확실할 경우 그 사건의 옳고 그름의 핵심을 논하기를 교묘히 피하여 재판을 연기시킨다고도 했다. 그들은 심지어 위증을 암묵적으로 교사하거나, 온갖 술수로 재판을 연기하여, 5년, 10년 후에도 판결이 나지 않도록 해서 성공보수를 두둑하게 챙겼다.

마르틴 루터 킹 목사가 감옥에서 '지체된 정의는 정의가 아니다.'라고 울부짖었다. 이는 점잖은 표현일 뿐이고, '지체된 정의는 사악한 법률가들이 금권金權과 결탁한 불의'라고 여겨졌다. 법의 정의를 지체시킴으로써 범법자를 비호하고, 피해자의 피해를 더 키우기 때문이었다. 이는 탐욕적인 인간들의 범죄 심리를 더욱 부추기는 역효과도 있을 것이다.

작가는 '변호사들은 가장 어리석은 족속들이며, 가장 비열하고, 인류의 보편적 이성을 짓밟는 기질이 있다.'며 혹평했다. 이들의 사악한 행태는 권력욕과 물욕이라는 인간의 탐욕에서 비롯되었다. 당시 법의 집행이 얼마나 편파적이고 왜곡되어 있었는지를 파악할 수 있는 대목이었다.

법이 범죄행위에 대해 그에 합당한 처벌이 즉각적으로 이루어져야 사회 정의를 바로 세울 수 있다. 법과 양심에 따라 정의를 구현해야 할 법률가들이 권력이나 돈을 탐하여, 있는 죄를 없애거나 없는 죄를 상대에게 뒤집어씌운다면, 왜 법조인들이 필요한가? 이런 사실들을 꿰뚫어 보고 있었던 스위프트는 분노하지 않을 수 없었다.

스위프트는 영국의 인사제도에 대해서도 신랄하게 비판했다. 릴리펏에서 높은 관직에 임명할 고관을 선발할 때 후보자들이 줄 위에서 떨어지지 않고 제일 높이 뛰는 사람이 그 자리를 계승했다.

이런 줄타기로 플립냅이 목이 부러질 뻔한 사고가 발생했는데, 땅에 우연히 왕의 방석이 하나 놓여있어서 위기를 모면했다. 왕의 애첩을 왕의 방석에 비유했다. 고관들은 줄타기에서 떨어지지 않기 위해서 혹은 떨어져도 다치지 않기 위해서 왕의 애첩과 같은 문고리 권력이라도 붙잡아야 살아남을 수 있었다.

대인국의 국왕은 걸리버에게 '귀족 승격과 관련한 뇌물 액수, 자기 당파를 강화하려는 음모, 재판에 관여하는 귀족은 뇌물이나 사악한 권유에 빠져들 여지가 없는지, 상원의원이 선거인들을 돈으로 움직여서 덕이 많은 신사를 제치고 당선되는 일은 없는지, 판결하는 데 보통 기간이 얼마나 걸리는지, 비용은 얼마나 드는지, 변명할 자유가 있는지' 등을 물었다.

국왕이 질문하는 형식을 빌려 영국 정치 현실의 어두운 면을 지적했고, 걸리버가 국왕의 질문에 대답하는 형식으로 정치인들의 탐욕을 신랄하게 비판했다. 국왕은 역사적인 사건들에 경악했고, 그것은 음모, 위증, 반역, 배신, 살인, 학살, 혁명, 추방의 연속이며, 탐욕, 당파심, 위선, 잔인, 분노, 광기, 증오, 질투, 악의 및 야심이 빚어낸 최악의 결과라고 논평했다.

사람들은 고결한 인격 때문에 귀족이 되지도 않고, 성직자는 신앙심과 학식으로 승진되지도 않으며, 군인은 그 행동의 용감성으로 재판관은 그 성실성으로 국회의원은 그 애국심으로 중용되는 것 같지 않다고 했다. 국왕은 '너의 나라 인간은 작고 역겨운 벌레 중에서도 가장 고약한 족속'이라고 했다.

군주가 자신의 야망을 위해, 부패한 대신들이 국민의 소란을 억압하거나 달래기 위해 국왕을 충동질하여 전쟁을 일으키거나, 영토를 빼앗기 위해 전쟁을 일으킨다고 했다. 나라 안에서는 두 진영의 의견 차이로 전쟁이 발발하는데, 이런 전쟁일수록 극악하여 피비린내 나고, 오래 간다고 했다. 특히 종교전쟁과 같이 좋은 일에 관한 의견의 차이일수록 더욱 잔인하다고 했다.

이성을 가졌다고 자처하는 족속이 그런 엄청난 잔학 행위를 할 수 있는 것을 보면, 이성의 타락이 야수성 그 자체보다 더 고약한 것이 아닌지 염려된다고 했다. 우리가 가지고 있는 것은 이성이 아니라, 우리가 타고난 악덕을 증대시키기에 알맞은 자질에 불과하다고 주인은 확신했다.

걸리버는 말馬들의 나라인 휘늠에서 말들이 이성적으로 보이는 행위와 움직임을 보이는 것에 놀라지 않을 수 없었다. 이 말들에 비례하는 이성을 가진 사람들이라면, 그들은 이 세상에서 가장 현명한 민족일 것이라 주장했다. 휘늠은 걸리버와 같은 인간을 야후라고 불렀다.

휘늠의 미덕은 통찰력, 진실 추구, 이성을 함양하고, 전적으로 이성의 지배를 받는 것이었다. 휘늠들은 우정과 자비를 중요한 미덕으로 여기고, 야후를 가축이나 하인처럼 다루었다. 주인은 '당신은 야후로 이성의 한 조각을 나눠 가진 일종의 동물'인데, 그 이성을 타고난 타락성을 악화시키는 데만 사용한다고 했다.

야후들은 자연이 만든 동물 중에서 가장 더럽고, 역겹고 못생긴 동물로 가장 반항적이고 불순하며, 해코지만 하고 심술궂다고 했다. 야후들이 지배적이고 이성적인 동물로 행세하고, 휘늠들을 노예처럼 다루고 있다는 터무니없는 소리를 하는데, 거세라는 발명을 젊은 야후에게 실행해 볼 수 있을 것이라고 했다.

작가는 인간을 야후에 비유해서 인간의 야수성을 질타했다. 인간사회에서 일어나는 모든 악의 근원은 인간의 타고난 야수성과 이성의 타락에서 비롯된 것으로 여겼다. 야후와 같은 인간이 휘늠(말)을 타고 거들먹거리는 것은 터무니없는 짓이라 했다.

휘늠 나라에는 자신의 악덕 덕분으로 흙먼지에서 출세하는 불한당이나, 덕망 때문에 흙먼지에 빠지는 인격자도 없었고, 귀족이나 판사도 없다고 했다. 작가는 나쁜 짓을 일삼는 인간이 출세하고, 상식에 따라 묵묵히 일하는 양심적인 사람들이 대접받지 못하는 인간사회를 질타했다.

조지 오웰은 스위프트를 무정부주의자로 여겼으며, 휘늠의 나라는 일반적인 의미의 법이 아니라 모두가 자발적으로 받아들이는 이성의 명령

이 지배하는 무정부주의 사회를 그린 것으로 보았다.[111]

무엇이 현대적인가?

스위프트는 야후와 같은 인간들의 칭찬을 받기 위해서가 아니라, 그들이 거짓말하고, 둘러대고, 속이려 하는 저주스럽고 고질적인 습성을 교도하기 위해 《걸리버 여행기》를 썼다고 했다. 그는 소설을 통해 야후나 다를 바 없는 정치인들의 탐욕과 악덕을 신랄하게 풍자했다.

그는 주로 인간이라 불리는 저 동물을 미워하고, '인간이 이성적인 동물'이라는 정의가 거짓임을 증명하고, 그것은 다만 '이성의 능력이 있는 동물'이라고 논증할 자료들을 가지고 있다고 했다. 이러한 인간혐오의 바탕 위에 《걸리버 여행기》라는 건물이 세워졌다고 고백했다.

스위프트가 포프에게 보낸 서한에서 그의 목적은 세상 사람들을 즐겁게 해주려는 것이 아니라 화나게 하려는 것이라고 밝혔다. 그는 법률가 족속은 미워하지만, ○○○ 변호사, ○○○ 판사는 사랑한다고 했다. 군인, 영국인 등에 대해서도 마찬가지라 했다.[112]

작가는 소설에서 당시 영국의 정치와 법치에 대해 얼마나 분노하고 절망했는지를 역력히 보여주었다. 조지 오웰은 스위프트의 정치적 충절과 그의 궁극적 절망 사이의 관련성이 책의 가장 흥미로운 특징이라는 느낌이 들었다고 밝혔다.[113]

그가 오늘날 '우리 정치와 법치의 행태를 보았다면, 더욱 분노하고 절

---

111) 조지 오웰(이한중 옮김), 나는 왜 쓰는가, 한겨레출판(2024), p317
112) 스위프트(송낙헌 옮김), 앞의 책(해설), p367~368
113) 조지 오웰, 앞의 책, p305

망하지 않았을까!' 하는 생각마저 들었다.

　나는 스위프트와 달리 정치인들이나 법조인들, 언론인들을 대부분 존중하지만, 일부 사악한 정치인들이나 법조인들, 언론인들을 구역질나도록 혐오한다. 오늘날의 정치인, 법조인, 고위공직자, 언론인을 비판할 때 전체를 향한 비판이 아니고, 일부 소수의 일탈이나 불법적인 행위를 비판한 것임을 밝혀두고자 한다.

　1990년대 모 기업인이 '우리 정치를 4류'라고 비판했다가, 모 정치인으로부터 거센 공격을 받았다. 정치인이 정치의 후진성이나 야후성을 반성하지 않고, 자신들의 사악한 곳을 지적하자 벌컥 화부터 냈다. 지금은 그때보다 더 탁류라 오류(汚流)로 진단한다. 우리 사회는 조작, 사기, 뇌물, 가짜뉴스, 위증교사, 재판거래 등과 같은 타락한 오수가 흘러든 하수구처럼 썩은 냄새가 진동한다.

　일부 사회단체들이 인권, 정의, 여권女權, 환경 등을 내세우며, 정치권력과 결탁하여 권력과 사익을 챙기는 모습에 분노한다. 그들은 정의를 내세워 불의를 저지르고, 인권을 내세우며 타인의 인권을 짓밟았다. 언론기관은 표현의 자유라는 방패막이 뒤에 숨어서 사실을 왜곡하고 조작해서 가짜뉴스로 국민을 선동했다. 언론이나 사회단체가 권력화하고, '정의와 인권'이라는 장막 뒤에서 비리를 저지르고, 사악한 정치집단의 시녀가 되었다.

　소인배 나라에 있는 트리멕산당과 슬라멕산당이 서로 적개심을 품고 당파싸움을 벌이는 모습은 영국의 토리당과 휘그당의 싸움을 풍자한 것이었지만, 오늘날 우리나라 정당에서도 이와 판박이의 모습을 발견할 수 있었다. 그들은 한 가지 정책에 대해 이성적으로 토론하는 법이 없었다. 한쪽이 동쪽을 보면, 다른 쪽은 서쪽을 쳐다보았다.

스위프트는 모든 사람을 구조하기로 되어 있는 법률이 어떻게 사람을 망하게 하는지 알 수 없다고 했다. 변호사들은 사건의 옳고 그름의 핵심을 교묘히 피하고, 별로 관련이 없는 모든 정황을 따지는 데는 요란하고 격렬하기 짝이 없다고 했다. 그는 범법자에게 어떻게 하면 법망을 미꾸라지처럼 빠져나갈지를 조언하는 등, 그 소송 사건의 재판을 지연시켜 10년, 20년 후에도 판결이 나지 않도록 한다고 질타했다. 오늘날 권력자의 범법 행위를 심판하는 법정에서 판결을 지연시키는 사례를 보았다.

오늘날 '전관예우, 재판거래, 재판지연, 위증, 위증교사' 등과 같은 용어가 난무했다. 자기 패거리들의 범법행위에 대해서는 수사하지 않고, 재판을 지연시켜 중대 범법자를 비호하고, 종범從犯이 주범보다 더 중형을 선고받는 사례도 있었다. 스위프트의 눈으로 본다면 우리의 법치는 더 망가질 것이 없을 정도라 여길 것 같았다.

그리고 고위공직자들이 각종 인허가를 미끼로 뇌물을 챙기는 사례도 보도되지 않았던가? 그 뇌물을 핥기 위해 정치권과 법조계, 언론계 등이 먹이사슬을 형성하여, 그 폐해가 악성 종양처럼 전이된 현상을 목격했다.

발니바니의 몇 사람이 라퓨타로 올라갔다가 허공에서 어설픈 지식을 얻어 발니바니로 내려왔다. 그들은 기존에 행해지던 모든 운영 방식을 트집 잡고, 모든 부문을 뜯어고쳤다. 우리 사회도 얼치기 전문가들을 모아 각종 위원회를 만들어, 통계를 조작하는 방식으로 기존의 경제정책이나 산업정책을 바꾸어 국가적으로 막대한 손실을 입히기도 했다.

그리고 'ㅇㅇ조사위원회'를 만들어 수년간 무언가를 조사했다. 그들의 조사 결과는 사실관계를 뒤집는 것이 있어 실망을 넘어 분노하지 않을 수 없었다. 그들은 입맛에 맞는 답을 정해놓고 거기에 유리한 자료는 부풀리고, 불리한 자료는 제외하고 위정자의 입맛에 맞게 통계를 조작했다. 그들은 결국 진실을 조사하지 않고 정치 이념에 맞는 조사 결과를 만들어 발표했다.

이 소설에 묘사된 정치, 사법, 사회의 모든 영역에서 야후를 닮은 정치인들의 구역질 나는 모습들이 우리 정치판을 관찰하고 묘사한 것처럼 여겨졌다. 수백 년 전 스위프트가 지적한 영국의 문제점들이 오늘날 우리 사회에서 고스란히 발견되고 있다는 점에서 충격적이고 현대적이라 생각했다.

오늘날 다원화되고 훨씬 더 복잡해진 현대사회에서 야후들은 더욱 지능적으로 진화되어, 그 수법 또한 더욱 야비하고 다양해졌다. 현대의 야후들은 정치, 법조, 언론, 사회단체 등 각계각층의 야후들이 정치 이념에 따라 카르텔을 형성하여 집단화되었다는 점에서 충격적이었다. 그 근저에는 혈세에 빨대 꽂기, 수뢰와 권력 쟁취의 사악한 탐욕이 자리 잡고 있었다.

우리에게 주는 교훈은 무엇인가?

스위프트는 소설의 끝부분에서 흥밋거리보다 가르침을 주기 위해, 인류를 계몽하고 교육한다는 고귀한 목적으로 여행기를 썼다고 했다. 귀족이나 정치인들, 변호사나 판사를 비롯한 법률가들이 교만에 빠져 우쭐대는 꼴을 보면 금방 화가 머리끝까지 치민다고 분노를 터뜨렸다.

작가는 영국이 식민지 아일랜드를 착취하여 주민들이 비참하게 살아가는 현실과 정치인들이 공익을 내팽개치고 권력을 쟁탈하기 위해 아귀다툼을 벌이며, 법조인들이 금권에 대한 추악한 탐욕에 사로잡혀 편향적인 판결로 불의와 결탁하는 것에 대해 격렬한 분노와 증오를 드러냈다.

작가는 정책을 입안하는 고위직이나 정치인들의 상당수를 차지하고 있는 귀족들을 비판했다. 이들이 권력을 쟁취하거나 유지하기 위해 혹은 공익보다 사익을 챙기려고 필요한 법의 제정을 가로막고, 오히려 악법을 양산하며, 기존의 악법을 방치한다고 주장했다. 작가는 귀족들의 근엄한 겉모습과 달리 추악한 사생활을 들추어내어 귀족들을 조롱했다.

작가는 소설의 곳곳에서 법조인들의 타락상을 적나라하게 묘사했다. 이러한 지적은 우리의 일그러진 법치 현실을 지적하는 것처럼 여겨졌다. 한 나라의 법체계는 인체의 신경망과 같다고 생각했다. 인체의 신경망이 망가지면 인체 기관에 극심한 통증이 유발되고, 마비를 일으켜 생명을 위협하게 된다. 이처럼 법치의 정상적인 작동 여부에 나라의 존망이 걸려있다.

2023년 영국의 싱크탱크 레가툼(Legatum)에서 세계 여러 나라의 사법 신뢰도를 조사하여 발표했다. 한국의 사법 신뢰도 지수는 167개국 중 155위로 최하 수준이었다.[114] 우리나라 사법에 대한 신뢰도는 극악한 수준이라 할 수 있었다.

검사가 사건을 사실대로 수사해서 법에 따라 기소하고, 판사가 법과 양심에 따라 공정하고 신속하게 판결하는 것이 사법의 요체이자 근간이라 할 수 있다. 사법에 대한 신뢰도가 낮다는 것은 판사와 검사를 믿지 못하겠다는 것이다. 사법에 대한 신뢰가 무너진 것은 법치가 무너진 것

---

114) 조선일보(2025.08.04.)

이나 마찬가지였다. 우리나라 정치 위기의 가장 큰 원인도 사법이 제 역할을 하지 못한 데서 비롯된 측면이 컸다.

오늘날 다원화된 우리 사회에서 18세기 영국보다 더 사악한 '이성의 타락상'을 다양하게 목격할 수 있다. 조작, 날조, 사기, 위증, 교사敎唆, 공갈, 협박, 선동, 가짜뉴스, 공모, 재판거래, 악법양산 등은 모두 이성이 타락한 데서 비롯되었다. 우리의 사법 신뢰도가 땅에 떨어진 것도 일부 정치인, 법조인, 고위공직자, 언론인, 사회운동가 등이 금권을 중심으로 유착되어 카르텔을 형성하고 있기 때문이라 판단되었다. 이들은 불의로 정의를 뒤덮어 악화가 양화를 구축하게 했다.

그들은 입으로는 정의, 민주, 국민, 법치, 인권, 환경을 내세우지만, 그들은 정의를 내세워 불의를 저지르고, 인권을 내세우며 다른 진영의 인권을 짓밟고, 법을 지켜야 할 법조인들이 법을 악용해서 법치를 허물고, 사회의 소금이 되어야 할 언론이 가짜뉴스를 만들어 국민을 선동하여 혹세무민했다. 두 진영이 내란 상태에 돌입한 근저엔 금전과 권력을 챙기려는 인간의 사악한 탐욕이 도사리고 있었다.

이들은 법을 악용해서 돈을 챙기고, 법조인들이 정치인들과 결탁하여 음험한 뒷거래로 권력을 챙겼다. 재판지연이나 재판거래의 이면에는 법조인과 정치인이 금전과 권력을 챙기려는 사악한 탐욕이 따리를 틀고 있었다. 오죽하면 AI 로봇에게 판결을 맡기자는 자조적인 말이 나오겠는가!

언론인들도 정치인, 법조인과 카르텔을 형성해서 비리를 보고도 눈감았다. 그 이면에도 어김없이 금전과 권력에 대한 추악한 탐욕이 자리 잡고 있었다. 이들은 선거철만 되면 더욱 기승을 부렸는데, 상대 진영을 비방할 목적으로 가짜뉴스를 만들어 선동했다. 언론이 편파적으로 보도하면서, 표현의 자유를 내세우는 꼴이 너무나 추악하게 여겨졌다.

이러한 정치사회의 혼탁한 현실은 이미 자정 능력을 상실한 것으로 보여 더욱 안타깝다. 정치인, 법조인, 언론인들이 자신의 본래 역할을 하며, 서로 견제하는 기능이 작동할 때 편파성이 교정되고, 공정성이 확보될 것이다. 이러한 역사적인 계기가 마련되길 기대하는 것이 헛되어 보여 허탈하다.

몽테스키외는 국가 권력을 행정, 입법, 사법으로 분리해서 서로 견제하도록 정부 조직을 구상했다. 오늘날 대부분의 자유민주주의 국가가 삼권분립을 받아들이고 있다. 우리의 사법 신뢰도가 매우 낮다는 것은 삼권분립의 기능이 상실되었음을 나타낸 것이다.

이같이 국가의 삼권분립 기능이 훼손된 데 대해 국민도 상당한 책임이 있다고 여겨졌다. 몽테스키외의 의미심장하고 날카로운 통찰을 몇 번이고 곱씹어 보았다.[115]

> 위정자의 편견은 국민이 갖는 편견으로부터 비롯된다. 무지몽매한 시대에는 가장 큰 악을 행할 때도 사람들은 아무런 의혹도 품지 않는다. 계몽된 시대에는 가장 큰 선을 행할 때조차 사람들은 겁을 먹는다. 최악을 두려워해 악을 방치하고 최선을 의심해 선을 방치한다.

우리의 사법 신뢰도가 낮고, 법치가 망가진 데는 국민의 무관심, 편견, 아집이 그러한 사태를 고착시킨 원인이라 여겨졌다. 무언가 이상한 점이 느껴지면 거기에 대해 의혹을 품고 검토하고 조사하는 것이 당연하다. 그런 점에 의혹을 제기하면 음모론자로 몰리는 경우가 있는데, 그

---

115) 몽테스키외(하재홍 옮김), 법의 정신, 동서문화사(2020), 32

건 거대한 세력에 의해 가스라이팅 당하는 것으로 여기고, 더욱 챙겨보아야 마땅하다.

로마의 오현제 시대가 평화스러웠던 것은 로마법에 따라 나라가 슬기롭게 다스려져, 범법 행위가 줄어들어 시민들의 권익이 보호되었기 때문이었다. 누구나 수긍할 수 있는 타당한 법을 제정해서 모두에게 같은 잣대로 법에 따라 신속하게 판결하는 것이 법치의 요체다.

고대 아테네의 알키비아데스는 재능이 뛰어났지만, 그 재능으로 권력 쟁취와 자신의 안위만 추구했다. 그는 펠로폰네소스 전쟁 중에 권력을 잡기 위해 시칠리아 원정을 밀어붙여 전쟁을 부추겼다. 자신이 민회에 소환되자 자신의 안위를 위해 정보를 적국에 넘겨 아군이 몰살되는 사태를 맞았다. 자신은 적국으로 피신해서 살아남았지만, 조국을 불행의 구렁텅이에 빠뜨렸다.

스위프트는 모든 직업에 사람을 선택할 때는 능력보다는 도덕성에 더 중점을 두어야 한다고 역설했다. 능력은 뛰어나나 도덕성에 흠집이 많은 사람은 큰일을 맡아서 오히려 나라와 국민에게 더 큰 피해를 주기 때문이었다. 오늘날에도 그러한 사례들을 많이 보았다.

스위프트는 정신적 덕망이 없는 사람은 아무리 훌륭한 지능을 천부적으로 갖추었더라도 덕망의 결함을 메울 수 없다고 했다. 그런 사람에게 공직을 맡기는 것만큼, 위험천만한 일은 없다고 했다. 그는 진실과 정의, 절제 등의 미덕을 가질 수 있으며, 이런 미덕을 실천하고 경험과 선의가 뒷받침한다면, 누구라도 국가에 봉사할 자격이 있다고 역설했다.

스위프트는 소설에서 "이성을 가졌다고 자처하는 족속이 엄청난 잔학 행위를 할 수 있는 것을 보면, 이성의 타락이 야수성 그 자체보다 더 고약한 것이 아닌지 염려됩니다."라고 했다. 그는 이성의 타락을 방지할 수 있는 덕목을 지성보다 도덕성에서 찾았다.

그는 인간사회에 만연한 배은망덕, 술수와 음모, 책임 전가, 거짓말, 허위, 오만 등의 악덕은 '이성의 타락상'을 보여준 것이라 질타했다. 이성의 타락은 도덕성의 결함에서 비롯되고, 그 결함은 메우기 어렵다고 보았다. 우리는 이성을 함양하고, 전적으로 이성의 지배를 받도록 노력해야 한다고 주장했다.

스위프트는 대인국 국왕의 입을 빌려 통치에 관한 소신을 밝혔다. 통치에 관한 복잡한 이론보다 이에 대한 지식을 극히 좁은 범위, 즉 상식과 이성, 정의와 관용, 민사 및 형사 소송의 신속한 판결 등에 한정시켰다. 그는 자유와 진실을 추구하며, 이성이 지배하는 나라를 꿈꾸었다.

※ 텍스트
- 조나단 스위프트(송낙헌 옮김), 걸리버 여행기, 서울대학교출판문화원, 2020

※ 참고문헌
- 몽테스키외(하재홍 옮김), 법의 정신, 동서문화사, 2020
- 박지향, 슬픈 아일랜드, 기파랑, 2019
- 박홍규, 걸리버를 따라서, 스위프트를 찾아서, 들녘, 2015
- 조지 오웰(이한중 옮김), 나는 왜 쓰는가, 한겨레출판, 2024

인간과 고래의 사투, 《모비 딕》

허먼 멜빌의 삶과 《모비 딕》

허먼 멜빌은 1819년 부유한 집안에서 태어나 어린 시절을 유복하게 지냈으나, 아버지가 사업 실패로 사망하자 13세 때부터 농장 일꾼, 점원, 교사 등을 전전하며 가족의 생계를 꾸렸다. 멜빌은 젊은 시절 상선과 포경선의 선원으로 망망대해에서 거친 파도를 헤쳤듯이 그의 삶은 부침이 심했다.

그는 젊은 시절 포경선을 타고 고래를 잡았던 경험을 토대로 32세에 《모비 딕》을 썼다. 그는 소설의 대중성과 예술성 사이에서의 갈등 속에서[116] 《모비 딕》을 썼다. 《모비 딕》은 예술성을 더 중요시한다는 신념을 바탕으로 쓴 소설로 보였다. 1891년 73세에 심장병으로 세상을 떠날 때까지 40여 년 동안 《모비 딕》은 큰 관심을 받지 못했다. 그는 무명작가

---
116) 나무 위키, 허먼 멜빌

로서 가난과 아들의 죽음으로 불운한 말년을 보냈다.

　1920년 위버 교수가 〈허먼 멜빌의 삶과 문학〉에 대한 학문적 연구에 착수하면서, 《모비 딕》은 재조명받게 되었다.[117] 피쿼드호의 침몰과 함께 선원들, 선체와 선구들이 모두 사라진 바다 한가운데서 구명부표로 사용되었던 관이 부력에 의해 수면 위로 튀어 올라 이슈메일을 구원했듯이 멜빌은 그렇게 부활했다. 현재 《모비 딕》은 미국 문학의 최고 걸작으로 꼽힐 뿐만 아니라, 《리어왕》, 《폭풍의 언덕》과 함께 영어로 쓰인 3대 비극으로 평가받고 있다.[118]

　세계적인 커피 체인점인 '스타벅스'는 피쿼드호의 일등항해사인 '스타벅'에서 따온 이름이었다. 제리 볼드윈은 영어교사였는데, 동료 두 명과 함께 커피 체인점을 창업했다. 그는 《모비 딕》에 심취했고, 등장인물 중 이성적인 스타벅에 매료되어 창업자 세 명을 스타벅에 비유해서 체인점을 '스타벅스'라고 명명했다.[119] 미국인들은 《모비 딕》을 높이 평가했고, 그것은 그들의 자존심이나 마찬가지였다.

　최근 오래전 상영되었던 영화 〈백경〉을 시청했다. 그 영화는 소설 《백경》을 소재로 제작된 영화였다. 당시 우리나라에는 《모비 딕》을 《백경》으로 번역한 소설이 널리 읽혔다. 몇 년 전 《모비 딕》을 처음 읽었다. 모비 딕(Moby Dick)은 '거대한 녀석'이란 뜻이고, 백경白鯨은 '흰고래'란 뜻이었다.

　에이해브의 다리를 앗아간 흰색 향유고래는 지구상에서 가장 큰 동물로서 그 몸체는 엄청난 힘을 응축하고 있었다. 향유고래의 특징은 거대

---

117) 나무 위키, 허먼 멜빌
118) 허먼 멜빌(김석희 옮김), 모비딕(해설), 작가정신(2019), p709)
119) 네이버 블로그, 커피 체인점 '스타벅스와 모비딕'

한 몸집과 거기서 뿜어져 나오는 상상을 초월하는 힘이었다. 작가는 고래의 커다란 몸집과 힘에 초점을 맞추어 '모비 딕'이라 불렀다. 에이해브는 복수심에 불타 '새하얀 향유고래'를 포획하기 위해 혈안이 되었다.

번역자도 아무런 이유 없이 '모비 딕'을 '흰고래'로 번역한 것은 아니었다. 멜빌은 흰색에 상당한 의미를 부여했다. 흰색은 향유고래의 고유한 색깔이 아니었다. 진화론에 의하면, 흰고래는 백호처럼 돌연변이였다. 작가는 다양한 민족들이 '백마'나 '백의' 등과 같이 흰색에 어떤 고귀한 자질을 부여한다고 주장했다. 따라서 번역자도 '흰색에 대한 의미부여'에 동조해서 '백경'이라 번역했다.

소설의 첫 줄인 'Call me Ishmael'은 매력적인 문장으로 평가받았다. 김석희는 이를 '내 이름을 이슈메일이라고 해두자'라고 번역하여, 주인공이 퍽 인상적이고 도발적으로 다가왔다. 멜빌의 의도를 살려 적절하게 번역한 것으로 여겨졌다. 소설은 시작부터 도발적이고, 상징적이고 운명적인 무언가를 꼭꼭 감추어 둔 듯 무겁고 어두운 분위기가 전체를 지배했다.

이슈메일은 '교사에서 선원으로 전업한다는 것은 결코 쉬운 일이 아니며'라거나 '상선 선원으로서 여러 번 바다 냄새를 맡아본 내가 이제 와서 고래잡이배를 타기로 마음먹은 것은 무엇 때문일까?'라고 독백했다. 이는 멜빌이 살아온 삶의 이력이었다. 이슈메일은 작가의 또 다른 이름으로 다가왔다.

《모비 딕》에는 등장인물이나 포경선의 이름에 감추어진 비유가 무언가에 대한 궁금증으로 감각을 예민하게 일깨우는 마력이 있었다. 문장하나하나의 표현에 힘이 넘쳐났고, 그것을 음미할수록 그 감칠맛에 매료되었다. 김석희의 지적대로 소설 전체의 맥락에는 다층적이고 복합적인 알레고리가 숨겨져, 그 의미가 팽창하는 듯[120] 온갖 상상의 나래를 펼치게 했다.

포경선의 선원이란 세상으로부터 외톨이처럼 따돌림을 당하지 않으면 선뜻 나서기 어려웠고, 거칠고 낯선 이방인끼리 목숨 바쳐 서로 돕지 않으면 살아남기 어려웠다. 오랜 기간 냉혹한 바다에서 거친 풍파에 단련된 기념비가 에이해브였다. 그는 무모하게도 신과 같은 모비 딕에 도전했다.

소설의 구성

소설 《모비 딕》은 135개의 소제목을 단 작은 글들과 에필로그로 이루어졌다.

첫 번째 글에서 20번 글까지는 포경선이 출항을 준비하는 과정을 묘사했다. 포경선을 타기 위해 세계 각지에서 이방인들이 뉴욕 맨해튼을 거쳐 뉴베드퍼드 섬에 모여들었다. 화자인 이슈메일도 뉴베드퍼드로 흘러들었다.

이슈메일은 밤이 되어 아는 사람이라곤 하나도 없는 황량한 거리로 나섰다. 작가는 '밤이 되자 무척 캄캄하고 음산했으며, 살을 에는 듯 춥고 쓸쓸한 밤이었다. 여기저기 드문드문 보이는 촛불은 무덤 주위를 돌아다니는 혼불 같았다.'라고 밤거리를 묘사했다. 또한 '도벳 연회'를 소환하여 삶과 죽음을 교차시켜 죽음을 예감케 했다. 이런 무거운 분위기는 소설의 처음부터 끝까지 이어졌다.

---

[120] 허먼 멜빌, 앞의 책(해설), p711

이슈메일은 뉴베드퍼드 섬에서 포경업의 발상지인 낸터컷 섬으로 건너가 퀴퀘그와 함께 피쿼드호 선주와 승선을 계약했다. 선주인 빌대드와 펠레그는 선구와 삭구 등을 손질하고, 3년 동안 바다에서 지낼 수 있도록 여러 가지 준비물을 배로 옮겼다.

피쿼드호에는 에이해브 선장을 비롯해, 일등항해사 스타벅, 이등항해사 스터브, 삼등항해사 플래스크와 함께 삼십 명의 선원들이 승선했다. 당시 미국은 30개 주㎜로 이루어져 있었는데, 선원 '30명'은 30개 주를 상징하는 숫자인지 궁금했다.

에이해브는 열왕기의 포악한 군주인 야합에서 따온 이름이었다. 스타벅은 일등항해사로 키가 크고, 근육질의 깡마른 체격이었다. 이등항해사인 스터브는 미식가로 낙천적이었으며, 삼등항해사인 플래스크는 땅딸막하고 다부진 체격으로 매우 호전적이며 대담했다. 이들이 피쿼드호의 중추적인 인물이었다. 멜빌은 이들의 캐릭터를 뚜렷하게 묘사했다.

피쿼드호는 선주와 채리티 부인의 환송을 받으며, 포경업의 발상지인 낸터컷에서 출항했다. 그들은 고래를 추적하기 위해 아프리카 서쪽의 카나리아 제도를 거쳐, 남아메리카의 동쪽 끝자락인 혼곶과 아프리카의 희망봉을 돌아 동남아의 순다해협을 지나고, 일본 연해 어장을 거쳐 적도 근처 남태평양의 중앙에 있는 길버트 제도 가까이에서 고래 추적을 멈추었다.

고래 추적은 48번 글에서 처음 이루어졌으나 고래를 놓쳤고, 61번 글에서 스터브가 작살을 던져 처음으로 향유고래를 포획했다. 81번 글에서는 고래 등에 작살을 꽂았으나, 고래가 물속으로 가라앉아서 사체를 포기했고, 87번 글에서는 작살에 맞은 고래에 끌려 보트가 고래 떼의 한복판에 들어선 광경이, 93장에서는 고래를 추적하다 소년 핍이 바다에 빠져 본선에 의해 구조되는 장면이 묘사되었다. 작가는 고래와 사투를 벌이는 거칠고 위험한 상황들을 예시적으로 묘사했다.

그 후 소설의 끝부분인 133번, 134번, 135번 글에서 에이해브는 사흘에 걸쳐 모비 딕을 추적하며 사투를 벌였다. 작살에 맞은 향유고래의 발작적인 공격으로 피쿼드호가 침몰하면서, 선원들과 선구들이 피쿼드호와 함께 소용돌이치는 바닷물 속으로 모두 빨려 들어가는 장면이 장엄하게 묘사되었다.

이런 글들의 사이마다 해도, 나침반, 사분의 등과 같은 항해 관련 도구와 선원들의 안전을 위한 구명부표, 밧줄이나 돛과 같은 선구와 삭구들, 작살이나 창과 같은 고래잡이 도구들, 그 외에도 고래기름을 담을 수 있는 기름통, 들통 등에 대해 설명했다. 이러한 선구나 도구를 수선하기 위해 목수나 대장장이의 역할에 대해서도 묘사했다. 또한 '고래학'을 통해서 고래의 종류와 생김새, 움직임, 생태, 먹이 활동 등에 대해 상세히 설명했다.

이러한 설명들이 이야기의 흐름을 끊을 수도 있는데, 고래를 추적하거나 포획하는 글들 사이에 소제목 형식으로 적당한 위치에 삽입되어 그 흐름이 끊어지지 않았다. 오히려 그런 설명들이 고래를 추적하고, 포획하여 해체하는 과정과 선상생활을 이해하는 데 도움이 되었다. 이를 통해 예상을 뛰어넘는 경이로운 사실들을 확인하고, 경탄하지 않을 수 없었다.

피쿼드호는 망망대해를 항해하는 중에 알바트로스호, 타운호, 제로보암호, 융프라우호, 로즈버드호, 새무엘 앤더비호, 배칠러호, 레이첼호, 딜라이트호를 만났다. 이런 포경선들은 각각 나름대로 독특한 사연을 그 이름에 담고 있었다. 그 사연들은 하나하나가 액자소설이었다. 작가는 그 의미를 피쿼드호에 관련지어 소설의 내용이 더욱 심오해졌고, 짜임이 더욱 탄탄해졌다.

가령 레이첼호의 '레이첼'은 마태복음의 라첼에서 따온 이름이었다. 마태복음은 해롯왕의 명령에 따라 자식을 잃은 라첼이 비탄에 빠진 모습을 그렸는데, 레이첼호의 선장은 항해 중 자식을 잃어버려 아들을 찾기 위해 이리저리 돌아다니고 있었다.

이슈메일은 피쿼드호가 침몰해 관으로 만든 구명부표에 의지해 망망대해를 떠돌다 레이첼호 선장에 의해 구출되었다. 선장은 아들 대신 엉뚱한 방랑자를 구했다. 이같이 포경선의 이름에 성경의 깊은 의미를 새겨두고 있었다.

이슈메일이 승선하는 날 아침 일라이저가 이슈메일에게 "심판의 날이 오기 전에는"이라는 아리송한 말을 남기고 사라지기도 했다. 이러한 예언이나 징조들이 운명의 덫처럼 곳곳에 놓여 고래잡이의 비극적 종말을 예고하는 듯했다. 이런 불길한 예언들이 긴장의 끈을 당겨주었다.

스타벅이 "에이해브는 에이해브를 경계해야 합니다."라고 한 경고와 "집으로 돌아갑시다."라고 한 간청에도 불구하고, 번갯불이 돛대 끝에 옮겨붙은 신의 경고에도 불구하고, 피쿼드호는 역풍을 헤치며 파멸의 바다로 나아갔다. 스타벅의 두려움과 간청, 불길한 징조들, 신의 경고도 에이해브의 저주와 광기라는 용광로에서 녹아내려 농축된 에너지의 추진력에 의해 피쿼드호는 마지막 분수령인 비극의 소용돌이를 향해 나아가고 있었다.

이교도와 이방인들, 선장과의 갈등

허먼 멜빌은 포경선 선원들의 거친 삶의 역정이나 독특한 성격을 매우 특징적으로 묘사했다. 그 특징을 성경에서 빌려온 이름에 함축적으로 나타내기도 했다. 이슈메일이나 에이해브 등이 대표적이었다. 그리고 이교도들을 등장시켜 청교도와 대비시켰다. 그 대표적인 인물이 퀴퀘그, 스타벅 등이었다.

이슈메일은 구약성서에 나오는 이브라함의 서자인 이스마엘에서 따온 이름이었다. 이스마엘은 아버지로부터 추방당해 '방랑자'라는 의미가 운명처럼 새겨졌다. 성경에 의하면 '하느님께서 돌보다.'는 의미도 내포되어 있었다. 그는 방랑자였지만, 하느님의 보살핌을 받을 운명이었다. 작가는 이슈메일을 고래잡이의 관찰자로, 비극의 증언자로 내세웠다.

이슈메일은 지갑이 바닥나고 입 언저리가 일그러질 정도로 좌절감에 빠져, 뭍에서 벗어나 불쾌한 것들을 떨쳐버리려, 멀리 떨어져 있는 망망대해에 대한 갈망에 사로잡혔다. 그는 포경선을 타기 위해 맨해튼을 거쳐 뉴베드퍼드로 흘러들었다. 거리엔 아는 사람이라곤 하나도 없었다.

이곳에는 세계 각지에서 거친 사내들이 모여들었다. 이슈메일은 물보라 여인숙에서 낯선 퀴퀘그와 같은 침대를 사용하기까지 한바탕 소동을 벌였다. 그는 근육질의 몸으로 단련되어 있었고, 얼굴과 온몸이 네모꼴 문신으로 뒤덮여 있었다. 게다가 뉴질랜드 원주민들의 두개골을 팔러 다니는 식인종이었다. 이 사람도 인간인데, 술에 취한 기독교도보다 나을지도 모른다며 자신을 달랬다.

처음엔 그가 두렵고 혐오스러웠지만, 하루 뒤 그가 예의도 바르고, 친절하고 너그럽기까지 하다는 것을 알게 되었다. 그는 순박하고 정직해 보였으며, 불타는 듯한 눈 속에는 기백이 드러났고, 고결한 데가 있었다. 그의 무심한 태도는 문명의 위선과 허위 따위는 전혀 숨어 있지 않았다고 묘사했다.

퀴퀘그와 이슈메일은 담배를 교대로 나누어 피우고, 서로 이마를 비비는 등 진정한 친구가 되었다. 그는 식인종 대추장의 아들로 몽매한 동족을 계몽시킬 능력을 얻기 위해 기독교도한테 배우고 싶은 열망으로 이곳으로 왔다. 이슈메일은 그와 함께 낸터킷으로 가서 같은 포경선을 타기로 했다.

낸터킷으로 갈 모스호에서 아딧줄이 끊어져 바람에 이리저리 날아다니는 활대에 휩쓸려 어느 촌뜨기가 뱃전 너머로 떨어지고 말았다. 퀴퀘그가 웃통을 벗어부치고 뱃전에서 기다란 포물선을 그리며 바다로 뛰어들었다. 그는 물속으로 잠수하여 축 늘어진 촌뜨기를 한쪽 팔로 끌어안고 나왔다. 모두 그를 대단한 사람이라고 칭찬해도 그는 태연했다. 그 후로 이슈메일은 퀴퀘그한테 따개비처럼 찰싹 달라붙었다.

피쿼드호가 침몰할 때 선원들과 보트, 선구 등이 모두 바닷물의 소용돌이 속으로 빨려 들어가 물속으로 가라앉았다. 잠시 후 구명부표로 사용했던 관棺이 부력에 의해 물속에서 수면 위로 솟구쳐 올라 이슈메일 근처로 밀려왔다. 그 관에 의지해 바다 위를 떠돌다 레이첼호에 의해 구출되었다. 퀴퀘그가 죽음에 대비해서 만들어 두었던 관을 구명부표로 개조해 사용했었다. 퀴퀘그는 이슈메일의 구세주였다.

에이해브 선장의 한쪽 다리는 고래 뼈를 갈아서 만든 의족이었다. 단호하고 무한한 고집과 함께 강력한 슬픔이 당당하고 압도적인 위엄으로 드러나는 인물로 묘사되었다. 그의 카리스마는 피쿼드호와 소설 전체를 압도했다.

스타벅은 퀘이커 교도로서 "고래를 두려워하지 않는 자는 내 보트에 절대로 태우지 않겠다."고 할 정도로 자연계에 대한 경외심을 가졌다. 선장의 무모함에 이의를 제기할 수 있는 유일한 사람으로 뱃사람치고는 이성적이며 양심적이었다. 그는 모비 딕에게 복수하려는 선장에게 이의를 제기하면서 갈등을 유발했다.

그가 선창에서 기름이 새는 것을 발견하고, 기름통을 끌어내야 한다고 선장에게 보고했다. 선장이 그걸 수리하느라고 일주일이나 배를 멈춰 설 수 없다고 하자, 스타벅은 힘들게 얻은 기름이 하루 만에 다 없어질 것이라고 했다. 선장은 기름이 새든지 말든지 내버려 두라고 했다. 스타벅이 선주들의 입장을 걱정하자, 선장은 자신이 상관할 일이 아니며, 자신의 양심은 이 배의 용골에 있다며 거절했다.

스타벅이 이에 고분고분 따르지 않고 선장에게 더 가까이 다가가자, 선장은 머스킷 총을 집어 들어 그에게 겨누며 피쿼드호의 선장은 하나뿐이라며, 갑판으로 나가라고 명령했다. 항해사는 불같은 격정을 억누르고 선실을 나서며, "에이해브는 에이해브를 경계해야 합니다."라는 말을 남겼다.

선장은 스타벅이 나가면서 던진 말을 음미하며, 총을 선반 위에 올려놓고 갑판으로 올라갔다. 그는 항해사에게 낮은 소리로 "자네는 정말 훌륭한 사나이야. 스타벅"이라고 말하고, 선원들에게 목청을 높여 외쳤다. "고패를 감아라. 선창에서 기름통을 꺼내라."라고 명령했다.

에이해브는 신앙이 없지만, 스타벅을 비롯한 낸터컷 사람들은 대부분 퀘이커교도였다. 퀘이커교는 구원 예정설과 원죄를 부인하고, 인간은 자기 안에 신성神性을 지니고 있으므로 신성만 기르면 구원받을 수 있다는 믿음을 가졌다.[121] 이는 불교에서 말하는 불성佛性과 같은 맥락이었다. 모든 인간은 불성을 가지고 있어서, 불성을 기르면 누구나 부처가 될 수 있다는 것이 불교의 가르침이었다.

작가가 퀘이커교도들을 등장시킨 것은 당시 퀘이커교가 사회적으로 상당한 호응을 얻고 있었다는 방증이기도 했다. 그들은 퀘이커 교리에 따라 원주민과의 우호적인 관계를 주장하면서 인디언 배척을 반대했다. 정통 개신교는 퀘이커 교리를 받아들일 수 없었고, 퀘이커교도들을 격렬히 비판했다.

피쿼드호가 항해 도중 만난 포경선들

피쿼드호는 항해 도중 제로보암호, 새뮤엘 엔더비호, 레이첼호 등을 만났다. 이 포경선들은 저마다의 특징과 사연을 담고 있었다. 멜빌은 배의 특징과 사연을 배 이름에 새겨 넣었다.

피쿼드호는 인디언 부족인 피쿼드족에서 따왔다. 피쿼드족은 매사추세츠의 인디언 부족으로 백인들에 의해 최초로 절멸되었다. 피쿼드족이 백인에 의해 절멸되었듯이 피쿼드호 선원들도 모두 수장될 운명이 그 이름에 새겨져 있었다. 피쿼드호는 흰색 향유고래에 의해 바다에 수장되고 말았다. 작가는 백인들에 의해 최초로 절멸된 피쿼드족을 피쿼드호로 소환했다. 이는 원주민들의 비극적인 최후를, 백인들의 만행을 강력하게 지적한 것으로 보였다.

---

121) . 위키 백과, 퀘이커교

피쿼드호가 멀리서 다가오는 낯선 배를 발견하고 고유한 신호기를 올리자 저쪽에서도 신호기를 올렸다. 그 배는 제로보암호였다. 제로보암은 구약성서에 나오는 여로보암에서 따온 이름으로, 그는 이스라엘의 초대 왕으로 사악한 인물이었다.

포경선이 수년째 바다 위를 떠돌다 다른 포경선을 만나면 반갑기도 하고, 고향 소식이나 고래 이동 정보를 교환할 수 있어서 사교 방문을 하는 경우가 많았다. 하지만 제로보암호에 악성 전염병이 퍼져 메이휴 선장은 육지에서의 격리 규정을 양심적으로 준수하여 피쿼드호와의 접촉을 거절했다. 제로보암호 보트는 피쿼드호와 몇 미터 거리를 유지하면서 대화를 나누었다.

그 보트를 젓고 있는 땅딸막하고 노랑머리에 주근깨투성이인 젊은 사내는 손을 덮은 긴 소매를 손목까지 걷어 올리고 있어서 눈에 들어왔다. 스터브가 그자를 가리키며 타운호 선원들이 말한 긴 옷 입은 건달이 바로 저놈이라고 말했다.

그자는 광신적인 셰이커교도로 선원들 사이에서 불가사의한 영향력을 휘두르고 있었다. 그는 예언의 대천사 가브리엘을 참칭하며, 선장에게 바다로 뛰어들라고 명령하기도 했다. 무지한 선원들은 이 가브리엘에게서 성스러운 분위기를 느끼고, 가브리엘을 두려워했다. 그는 전염병을 천벌이라고 부르면서, 그 재앙을 통제할 수 있는 것은 자기뿐이라고 했다.

가브리엘은 선원들로부터 모비 딕의 만행을 알게 되었다. 그는 그 괴물을 만나도 절대 공격하면 안 된다고 선장에게 경고했다. 모비 딕이야말로 셰이커교도가 믿는 신의 화신이라고 선언했다.

일등항해사 메이시는 가브리엘의 경고에도 불구하고, 선원 다섯 명을 설득하여 보트에 태웠다. 모비 딕에게 작살 하나를 꽂는 데 성공했다. 메이시가 뱃머리에서 두 번째 작살을 꽂을 기회를 보고 있을 때, 바다에서 거대한 형체가 솟아오르더니 빠른 속도로 움직이기 시작했다. 괴물의 괴력에 항해사는 공중으로 휙 내던져졌다가 기다란 포물선을 그리며 50미터쯤 떨어진 물속으로 추락했다. 보트도 노잡이들도 머리털 하나 다치지 않았는데, 항해사는 물속에 가라앉고 말았다.

가브리엘은 천벌이라며 고래 쫓는 것을 중지하라고 명령했다. 그를 믿는 신봉자들은 실제로 일어난 재난을 구체적으로 특정하여 예고했다고 믿었기 때문에, 그는 선원들에게 형언할 수 없는 공포의 대상이 되었다.

에이해브는 우편낭 속의 편지가 생각나서 스타벅에게 편지를 가져오라고 했다. 이런 편지들은 임자에게 제대로 전달되지 못하는 경우가 많고, 2년 이상 지나서 전달되기도 했다.

스타벅이 찾은 편지는 아내가 메이시에게 보내는 것이었다. 제로보암호의 메이시는 이미 죽었다. 가브리엘이 에이해브에게 당신이 가지라며, 당신도 곧 메이시가 있는 곳으로 가게 될 거라고 쏘아붙였다. 에이해브는 벼락 맞을 놈이라고 되받아쳤다.

그가 편지를 삽자루 끝에 끼워 메이휴 선장에게 전달하려 하자 가브리엘이 낚아채서 편지를 칼에 매어서 배 위로 던졌다. 편지는 에이해브의 발치에 떨어졌다. 에이해브가 편지의 운명을 되받은 셈이 되었다.

피쿼드호는 망망대해에서 영국 국적의 새뮤얼 엔더비호를 만났다. 에이해브는 엔더비호에 흰고래를 보았느냐고 물으며 자신의 고래 뼈 다리를 보여주자, 저쪽에서 빈 소매를 걷어 올리며 뼈로 만든 하얀 팔을 보여주었다. 이에 흥분한 에이해브는 엔더비호로 건너갔다.

그는 엔더비호의 선장인 부머와 인사를 나누었다. 에이해브는 고래 뼈 다리를 내밀어 부머의 고래 뼈 팔과 교차시키면서 바다코끼리 같은 소리로 외쳤다. "정말 반갑소. 손대신 뼈로 악수를 나눕시다." 오므릴 수 없는 팔과 뛰지 못하는 다리는 서로 동병상련의 아픔을 간직하고 있었다.

부머는 하느님의 은총으로 작살의 미늘이 살을 찢고 어깨부터 손목까지 팔 전체를 통과한 다음 손목 가까이에서 빠져나온 덕분에 몸이 수면 위로 떠올라 목숨을 건졌다고 했다. 의사가 부머에게 "왼팔을 미끼로 내주고 오른팔을 되찾으세요."라고 하자, 부머는 남은 이 팔은 절대로 주지 않겠다고 거절했다. 부머는 팔을 잃은 후 신에 대한 두려움을 받아들였고, 에이해브는 다리를 앗아간 모비 딕에게 복수심을 불태웠다.

부머는 불행한 사건도 모든 경사와 마찬가지로 자손을 낳는다는 것을 분명히 깨달았다. '경사보다 불행이 더 하겠지.' 슬픔의 조상과 자손은 기쁨의 조상과 자손보다 훨씬 더 지속하기 때문이었다. 죄 많은 인간의 불행은 내세에서도 영속하는 슬픔의 자손을 낳아서 번성한다고 했다.

작가는 부머의 고래 뼈 팔과 에이해브의 고래 뼈 다리를 대비시켜 두 사람의 동병상련을 공유하게 했다. 그 아픔에 대해 부머는 한쪽 팔을 남겨준 신의 은총에 감사했고, 에이해브는 잃어버린 다리에 대한 분노로 광포함을 드러냈다. 에이해브와 부머는 동병상련의 아픔인데도, 그에 대한 해석이나 대처 방법이 서로 달랐다.

그리고 작가는 메이시 아내의 편지를 연결고리로 가브리엘의 언행을 에이해브의 운명에 연결시켰다. 이러한 소설 구성으로 액자소설은 전체 소설과 단절된 외딴섬이 아니라, 에이해브의 성격과 운명을 더욱 선명하게 비춰주는 거울로 활용되었다.

새하얗고 거대한 모비딕

린네의 분류에 의하면 고래는 온혈 심장을 가졌고, 허파로 호흡하고, 속이 비어 있는 귀를 가졌으며, 젖꼭지로 새끼에게 젖을 먹이는 포유동물이었다. 하지만 작가는 고래가 물고기라는 구식의견을 따르기로 한다고 전제했다. 일반 물고기는 모두 수직에 가까운 꼬리를 갖고 있는데, 고래는 수평 꼬리를 가졌고, 물을 내뿜는다고 했다.

작가는 초대형 향유고래는 몸길이가 25m 정도이고, 무게는 적어도 90t 정도 된다고 했다. 오늘날의 기록에 의하면, 향유고래는 지구에서 가장 몸집이 큰 고래로, 수컷의 경우 길이가 16m, 몸무게는 45t에 이른다고 했다. 작가의 기록에는 고래의 크기가 부풀려진 감이 있어 보였다. 이같이 향유고래는 거대하고 당당한 풍채를 가졌고, 가장 사납다고 했다.

향유고래만이 머리 부분에 있는 머리통에 경뇌유를 저장하고 있는데, 경뇌유는 투명하고 향기로운 상태로 저장되어 있고, 살아 있을 때는 완전한 액체로 있지만, 죽은 뒤에 공기와 접촉하면 곧 굳어지기 시작해서 물속에 막 생겨나기 시작한 얇고 깨지기 쉬운 얼음처럼 아름답고 투명한 결정체가 된다고 했다. 고래의 머리는 전체 길이의 3분의 1을 차지하는데, 큰 고래의 기름통에는 500갤런(1,892L)의 경뇌유가 추출된다고 했다. 경뇌유는 연고와 의약품 원료로 사용되어 상업적으로 가치가 높고, 약방에서만 구할 수 있다고 했다.

그리고 고래의 장(腸)에서 생성되는 용연향은 부드럽고, 납빛이며 매우 향기로워 향료나 값진 양초, 머리 분이나 머릿기름에 사용되었다. 더없이 향기로운 용연향이 그렇게 지독히 부패한 물질 속에서 발견되는 것은 성 바울의 가르침을 뒷받침하는 것 같다고 했다. 성 바울은 고린도서에서 '우리는 오욕 속에 심어졌지만, 영광 속에 되살아난다.'라고 했다.

모비 딕은 일반 향유고래와 달리 눈처럼 새하얗고 주름이 잡혀 있는 이마와 피라미드처럼 높이 솟은 하얀 혹이 있었다. 그 고래가 공포의 대상이 된 것은 거대한 체구보다 비할 데 없이 교활한 지성과 악의 때문이었다. 무엇보다도 그의 기만적인 도주 작전은 경악을 불러일으켰다. 에이해브에게 흰고래는 인생의 바다를 헤엄치는 거대한 악마처럼 보였다.

여러 민족이 백마나 알바트로스처럼 흰색에 고귀한 자질을 인정했듯이, 그 속에는 포착하기 어려운 무언가가 숨어 있어서 공포를 불러일으킨다고 했다. 하얀색은 초자연적인 색깔로 숭배의 대상이지만, 형언할 수 없는 공포도 자아낸다고 했다. 이 모든 상징이 모비 딕이었다. 모비 딕은 몸집이 거대하기도 했지만, 새하얀 색깔로 인해 더욱 공포를 불러일으켰다.

고래의 몸통은 전체가 씨줄과 날줄 같은 근육섬유로 촘촘하게 짜여 있고, 고래 전체의 강력한 힘은 한 점인 꼬리에 응결되었다. 꼬리의 유연한 움직임은 그 놀라운 힘에서 가장 섬뜩한 아름다움을 끌어냈다. 고래의 모든 촉각은 꼬리에 집중된 듯하고, 꼬리는 고래가 추진력을 낼 수 있는 유일한 수단이라고 했다. 고래가 물속 깊이 잠수하려 할 때는 거대한 몸통과 함께 꼬리 전체가 공중으로 높이 치켜 올려진 뒤, 가늘게 떨면서 잠시 그대로 있다가 아래로 쑥 내려가 시야에서 사라졌다.

고래 무리는 대부분 암컷으로 구성되는데, 젊고 힘센 수컷 한 마리가 기사처럼 이들을 수행했다. 젊은 기사는 침실만 좋아할 뿐 육아에는 전혀 관심이 없다고 했다. 그 녀석은 나이 들어 정력이 감퇴하면 고독한 은둔 생활에 들어가는데, 외톨이 고래는 대부분 늙은 고래였다. 늙은 고래는 자연 외에는 아무도 가까이하지 않고 황량한 바다에서 자연을 아내 삼아 살아가는데, 자연은 우울한 비밀을 많이 갖고 있지만, 세상에서 제일 좋은 아내라고 했다. 작가는 수컷 고래의 삶을 통해 인간의 삶을 조명하는 듯했다.

고래 해체와 기름통

작가는 이미 알려진 고래의 그림들은 고래의 전체 모습을 보지 못하고 그렸거나, 죽은 고래를 보고 그린 그림으로 엉터리가 많다고 했다. 그는 고래를 직접 포획해서 해체해 보아야 고래의 진정한 모습과 힘을 그림에 나타낼 수 있다고 주장했다.

작가는 향유고래를 포획해서 숨통을 끊는 장면을, 고래가 단말마의 고통 속에서 처절하게 죽어가는 장면을 묘사했다. 우리가 미처 상상하지 못한 피비린내 나는, 도살장 같은 장면을 엄숙하고 장엄하게 묘사했다.

그리고 하룻밤 동안 어떻게 고래의 사체를 뱃전에 매달아 두어야만 하는지, 고래를 해체하는 작업이 얼마나 힘들고 위험한 작업인지, 고래의 기름층을 어떻게 벗겨내서 보관하는지에 대해 묘사했다. 이러한 작업은 우리가 미처 예상하기 어려운 경이로운 것이었다.

포획한 향유고래를 고생 끝에 밤늦게야 본선까지 끌고 오면, 그 고래를 즉시 처리하지 않았다. 그것은 힘든 일이어서 금방 끝낼 수도 없을뿐

더러 모든 선원이 그 작업에 매달려야 했기 때문이었다. 몸뚱이를 바닷물에 잠긴 채 고래를 뱃전에 묶어두면 상어들이 게걸스레 달려들었다. 선원들은 기다란 고래 삽으로 상어를 후려쳐 고래에서 떼어놓는 전쟁이 시작되었다. 놈들은 터져 나온 창자를 서로 물어뜯는 잔인한 본성을 드러냈다.

이튿날 고래 몸뚱이에 구멍을 뚫어 갈고리를 걸고, 선원들이 모여들어 양묘기로 감아올렸다. 배 전체가 한쪽으로 기울어지고, 배에 박혀 있는 모든 나사는 혹한기 낡은 집의 못대가리처럼 빠져나왔다. 배는 진동하고 흔들리며, 겁에 질린 돛대 꼭대기는 바들바들 떨면서 하늘을 향해 고갯짓했다.

마침내 도르래가 떼어낸 첫 번째 기름 덩어리를 매달아 올리자, 배는 요란한 물소리와 함께 고래한테서 물러나 위로 올라왔다. 항해사들이 삽으로 고래 피부에 칼집을 내면 기름층이 칼집을 따라 귤껍질처럼 한 조각으로 균일하게 벗겨졌다. 그렇게 기름층이 빠르게 벗겨지면, 거대한 고깃덩어리는 마치 하늘에 매달린 것처럼 앞뒤로 흔들거렸다. 담요라고 불리는 기름층을 지육실로 내려보내면, 길쭉한 담요를 돌돌 말아서 보관했다.

고래의 몸집은 엄청나게 커서 당시 포경선의 갑판 위로 온전히 끌어올릴 수 없었다. 부력을 이용해서 고래 사체의 일부를 물에 담가둔 채로 뱃전에 묶어둘 수밖에 없었고, 그것만으로도 배가 묶인 쪽으로 기울어졌다. 거기에 상어 떼들이 사체에 달려들기 때문에 고래 삽으로 상어 떼를 쫓아야 한다는 것을 상상할 수 있었겠는가?

포경선에는 벽돌 가마와 같은 정유 장치가 갑판의 앞 돛대와 주 돛대 사이에 자리 잡았다. 벽돌 구조물이 화덕의 무게를 떠받치고, 그 위에 커다란 기름 솥 두 개가 설치되었다. 기름 솥 밑에 쇠로 만든 아궁이 입구 두 개가 뚫려있다. 처음엔 대팻밥과 장작으로 불을 지피고, 그 후에는 기름층에서 기름을 추출하고 남은 찌꺼기를 말려두었다가 연료로 사용했다.

　기름층은 육질이 단단하고 조직이 치밀한 쇠고기처럼 밀도가 높지만, 그보다 더 질기고 탄력이 있고 치밀하며 두께는 20cm에서 40cm에 이른다고 했다. 향유고래는 지방층에서 기름을 100통이나 생산하는데, 그렇게 산출된 기름은 가죽의 전량이 아니라 가죽의 4분의 3에 불과하다. 10통을 1t으로 계산하면, 고래 가죽의 4분의 3이 가진 기름이 10t의 중량을 갖는 셈이었다. 이 기름으로 신전을 밝히고, 거실을 환하게 밝혔다. 이 기름을 얻기 위해 고래를 사냥했다.

　고래의 지방층은 머리 위로 덮어써서 발밑까지 내리덮는 인디언의 외투와 같다고 표현했다. 고래가 어떤 날씨, 어떤 바다, 어떤 시기, 어떤 조류 속에서도 기분 좋게 지낼 수 있는 것은 이 아늑한 담요를 덮어쓰고 있기 때문이었다. '사람처럼 체온이 필요한 이 거대한 괴물이 북극해에 입술까지 잠겨 있는데도 편안해 보이는 것이 얼마나 놀라운 일인가?'라며, 경탄했다.

　향유고래의 참수야말로 과학적이고 해부학적인 묘기였다. 고래에게는 목이라 부를 만한 곳이 없었다. 머리와 몸통이 연결된 듯한 바로 그 부분이 고래의 몸에서 가장 굵은 부분이었다. 고래의 머리를 자르는 사람은 1m가 넘는 깊이까지 고래의 살을 잘라야 하고, 다치지 말아야 하는 부위를 모두 교묘하게 피하여 척추가 두개골과 맞붙어 있는 바로 그 부위를 찾아서 정확하게 척추를 분리해야 했다.

　고래는 목이 잘리고 가죽이 벗겨진 채 바다에 떠내려 보내졌다. 고래 주위로 상어들이 모여들어 탐욕스러운 잔치를 벌이느라 바닷물을 튀기고, 하늘은 날카로운 소리를 내는 새들의 비행으로 소란해졌다. 시체는 모독당했지만, 복수심에 불타는 유령은 살아남아 그 시체 위를 떠돌면서 사람들에게 공포감을 불러일으켰다. '이렇게 쓸쓸한 장례식이 있을까?'라고 묘사했다.

작가는 이처럼 고래 해체와 기름 추출 과정을 실감 나게 묘사하면서, 독자들에게 의미심장한 질문이나 철학적인 깨달음을 툭툭 던졌다. '그대들도 얼음 속에서 따뜻한 체온을 유지해라. 이 세상의 일부가 되지 말고 이 세상 속에서 살아라.' 고래 사체에 달려드는 상어 떼의 잔인성을 보고, 인간들의 끔찍한 탐욕을 떠올렸다. 그 탐욕에 사로잡힌 인간은 그만큼 잔인해질 수 있었다. '고래도 그 탐욕에서 벗어날 수는 없구나!'라고 독백했다.

광기가 빚어낸 기념비적인 영혼

에이해브는 열왕기에 나오는 폭군 야합에서 따온 이름이었는데, 그의 어머니는 출산 후 열두 달 만에 세상을 떠났다. 인디언 노파는 그 이름이 에이해브의 운명을 예언해 준다고 했다. 그 이름이 비극을 잉태하고 있었다.

에이해브는 얼굴에 납빛 흉터를 지닌 섬뜩한 풍모로 한쪽 다리는 고래 뼈로 의족을 하고 있었다. 그는 앞만 뚫어지게 바라보는 불굴의 정신과 단호하고 양보할 수 없는 고집으로 슬픔이 지닌 위엄이 드러났다. 그가 고래 뼈로 만든 삼각의자에 앉아 있는 모습은 갑판의 칸이고 바다의 왕이며, 고래들의 위대한 지배자였다. 이슈메일은 그에게 연민과 함께 야릇한 경외감을 느꼈다.

어느 날 에이해브는 모든 선원을 고물 쪽에 집합시키라고 스타벅에게 지시했다. 모두 호기심과 불안감이 뒤섞인 얼굴로 선장을 바라보았다.

그는 고개를 숙이고 모자를 눌러 쓴 채 갑판 위를 계속 걷기만 했다. 이윽고 그는 갑자기 걸음을 멈추고 소리쳤다.

"고래를 보면 어떻게 하나?"
"소리를 지릅니다!"

그 예기치 않은 질문이 자석 같은 효과를 발휘하여 선원들에게 생기를 불어넣었다. "보라! 여기 스페인 금화가 있다!" "흰고래를 발견하는 자에게 이 금화를 주겠다!"라고 외쳤다. 망치로 돛대에 금화를 박는 선장에게 선원들은 "야호! 야호!"하며 방수모를 휘둘러 갈채를 보냈다. 그는 사냥의 목표물인 흰고래를 금화 한 닢으로 표상화해 선원들의 목표물로 내재화시켰다. 이슈메일에게 격렬하고 불가사의한 공감이 일어, 에이해브의 원한이 자신의 것처럼 느껴졌다.

선장은 그 흰고래가 '모비 딕'이라고 했다. 스타벅이 물었다. "선장님 다리를 빼앗아 간 게 혹시 그 녀석 아닌가요?" "그래!" 지옥의 불길을 돌아서라도 놈을 추적하여 그 녀석의 목숨을 앗아내는 것이 우리가 항해하는 목적이라고 했다.

스타벅은 고래를 잡으러 왔지, 선장의 원수를 갚으러 온 것이 아니라며 항의했다. 말 못 하는 짐승한테 복수라니! 천벌을 받게 될 거라고 거칠게 항의했다. 선장은 자신을 모욕한다면 태양이라도 공격할 것이라며, 으름장을 놓았다.

에이해브는 항해사들에게 외쳤다. "나의 자랑스러운 추기경들이여! 겸손한 마음으로 몸을 굽혀주길 바란다. 내 명령에 따르지 말고, 자네들이 자진해서 행하라." 그의 지시에 따라 항해사들이 작살에서 빼낸

쇠붙이의 구멍에다 술을 가득 따라주었다. 항해사들에게 필살의 성배인 술잔을 비우게 하고, 작살잡이들에게 넘겨주라고 말했다. 작살잡이들에게 모디 빅의 죽음을 위해서 마시라고 지시했다. 선원들에게도 술잔을 돌렸다. 모비 딕을 사냥하지 못하면, 하느님이 우리를 사냥할 것이라 했다.

이 순간 에이해브는 교황과 같은 존재였으며, 선원들의 혼란스러운 마음을 일순간에 휘어잡았다. '금화 한 닢'과 '작살 술잔 돌리기'는 에이해브의 카리스마를 드러낸 리더십의 상징이었다. 그의 카리스마는 질병인 광기에서 비롯된 듯 보였다. 스타벅은 얼굴이 창백해져서 고개를 돌리고 몸을 떨었다.

어느 해 에이해브가 모비 딕을 공격하자 고래의 아래턱이 갑자기 밑을 휙 스치고 지나가는가 싶더니, 예초기가 풀을 베듯 그의 다리를 싹둑 잘라버렸다. 그는 육신이 끊어지는 극심한 통증으로 광란 상태가 되었다. 그 후 몇 달 동안 한겨울의 삭막한 바다를 떠돌아야 했는데, 동료들은 항해하는 동안 그물침대에서 사납게 날뛰는 그를 끈으로 단단히 묶어놓을 수밖에 없었다. 그의 찢긴 몸에서 나온 피는 영혼으로 흘러 들어갔고, 깊은 상처를 입은 영혼에서 나온 피는 그의 육신으로 흘러 들어갔다. 그렇게 섞인 피가 에이해브를 미치게 했다.

그의 광기는 겉보기에 사라진 것 같았지만, 훨씬 더 포착하기 어려운 형태로 변형되어 은밀한 자아를 이루어 수면 아래 깊이 가라앉았다. 그는 모든 악을 모비 딕이라는 형태로 가시화했고, 모든 인류가 느낀 분노와 증오의 총량인 복수심이라는 작살은 고래의 눈을 겨누었다. 자신의 온갖 상념을 오직 한 가지의 숭고한 목적에 바친 선장의 영혼은 피쿼드호와 물질적으로 한 쌍을 이룬 것 같았다고 묘사했다.

이 미친 늙은이가 선원을 몽땅 자신과 함께 파멸로 끌고 가도록 내버려 두어야 하나? 내가 그를 죽이면 나도 살인자인가? 내가 노인네를 죽이지 않고, 깨운다면 이 몸은 일주일 뒤에는 다른 선원들과 함께 끝없이 깊은 바닷물 속으로 가라앉을지도 모른다. 스타벅은 선장의 편집광적인 집착과 광기를 느끼며, 혼돈과 번민에 휩싸였다.

모비 딕과의 마지막 결전을 앞두고 에이해브는 스타벅에게 인간의 눈을 볼 수 있게 해달라고 요청했다. 그는 스타벅의 눈 속에서 아내와 자식, 고향 집을 본다고 말했다. 짐승 같은 그에게도 아내와 아이를 그리워하는 마음은 가슴 한구석에 묻혀 있었다. 그는 18세 소년 작살잡이를 시작으로, 냉혹한 바다의 공포와 싸운 40년은 황량한 고독이었다고 고백했다. 에이해브는 깊이 눌러 쓴 모자 밑에서 바다로 눈물 한 방울을 떨어뜨렸다.

그는 고향 집을 위험에 빠뜨릴 수는 없다며, 스타벅에게 보트를 내리지 말고, 모선에 머물러 있으라고 명령했다. 그는 스타벅을 위험에 빠뜨리고 싶지 않았고, 선장의 유고 시 선원들을 안전하게 귀향시키길 바라는 마지막 배려였다. 에이해브는 마지막 순간 선원들의 안전을 배려하는 인간애를 보였다.

그는 "스타벅, 나는 이상하게도 자네한테 마음이 끌리는 걸 느꼈어. 우리가 서로 눈을 들여다본 그때부터지. 하지만 이 고래 문제에서는 나한테 자네 얼굴은 이 손바닥이나 마찬가지야. 입술도 눈도 코도 없는 공백이지. 에이해브는 에이해브야."라며, 자신의 고집을 꺾지 않았다.

추적 셋째 날 에이해브는 "스타벅, 내 영혼의 배는 세 번째로 항해를 떠난다네. 어떤 배는 항구를 떠난 뒤 영영 행방불명이 된다네."라며, 자신의 운명을 예감하고 있었다. "자, 우리 악수하세." 그것이 에이해브와 스타벅의 마지막 악수였다.

마지막 순간 피쿼드호는 그들의 주재자이며 용골인 에이해브가 가리키는 대로 그 비극적인 바다로 향해 나아가고 있었다. 스타벅도 선장의 지시에 따랐다. "신이여, 우리를 지켜주소서." 그는 선장의 명령에 따르는 것이 신에게 반항하는 결과가 되는 것은 아닌지 걱정스러웠다.

에이해브는 날카로운 작살과 작살보다 훨씬 더 날카로운 저주를 밉살스러운 고래에게 던졌다. 빌대드가 '눈을 조심하라'고 경고했는데, 그 작살과 저주가 늪에 빨려들 듯 고래의 그 '눈구멍'에 꽂혔다. 모비 딕은 몸을 옆으로 비틀고 옆구리를 발작적으로 회전시키면서 보트 뱃머리를 들이받았다. 박해에 대한 보복, 즉각적인 복수, 영원한 악의가 고래의 온몸에 가득 차 있었다.

작살에 찔린 고래는 앞으로 달아났고, 밧줄은 엉클어졌다. 에이해브는 허리를 구부려 그것을 풀었지만, 밧줄의 고리가 허공을 날아와 그의 목을 감았기 때문에, 그는 터키의 벙어리들이 희생자를 교살할 때처럼 소리 없이 보트 밖으로 날아갔다. 선원들은 그가 없어진 것을 알아차리지도 못했다.

본선도 악의에 찬 모비 딕에 받쳐 구멍이 뚫렸고, 물이 세차게 새어 들어왔다. 피쿼드호는 비스듬히 기울어진 채 환영처럼 사라져갔다. 카립디스가 바닷물을 빨아 들이키듯 소용돌이가 동심원을 그리며 주변에 떠도는 보트와 선원들, 노와 작살 등 생물과 무생물을 가리지 않고, 모조리 그 안으로 끌어들여 뱅글뱅글 돌면서 작은 나뭇가지 하나까지도 남김없이 삼켜버렸다.

그 순간 영화의 최고조에 다다른 비극적인 장면을 본 것처럼 넋을 잃은 멍한 상태에 빠졌다. 바다라는 거대한 수의는 5천 년 동안 굽이치던 것과 마찬가지로 물결쳤다.

소설의 전체 맥락을 이룬 알레고리

이슈메일이 뉴베드퍼드에서 물보라 여인숙을 찾았을 때 거대한 참고래의 머리 모양을 본떠 만든 카운터가 있었다. 작가는 '아치 모양의 턱뼈 안에는 요나처럼 깡마르고 작달막한 노인이 선원들에게 광란과 죽음을 기꺼이 팔고 있었다.'라고 묘사했다. 사람들은 그 노인을 요나라고 불렀고, 아치 모양의 턱뼈는 고래의 아가리를 상징했다.

다음 날 아침 '고래잡이 예배당'에 들어섰다. 거기에는 선원들, 그들의 아내와 과부들이 앉아 있었다. 매플 목사는 〈요나서〉 1장을 강독했다. "주께서 이미 큰 물고기를 예비하사 요나를 삼키게 하셨느니라." "요나의 죄는 하느님의 명령에 고의로 따르지 않은 데 있었습니다. 하느님에게 복종하려면 우리 자신을 거역해야 합니다." 자신을 거역하는 것이 큰 고통인데, 신은 고통을 포장지에 싸서 준다고 했다.

요나는 야훼로부터 니네베로 가서 말씀을 전하라는 명령을 받았다. 그런데 니네베는 조국 이스라엘을 괴롭히는 아시리아의 수도였다. 그는 야훼의 명령에 불만을 품고 니네베와는 정반대 방향으로 도망치려 했다. 요나는 도망자 신세가 되었고, 양심의 가책으로 늘 불안과 두려움에 휩싸여 고통의 소용돌이에 빠져들었다. 양심은 상처이고, 그 상처를 지혈할 방법은 없었다.

야훼는 폭풍을 일으켜 요나가 탄 배가 가라앉을 위기를 만들었고, 이에 배에 탄 사람들은 누구 때문에 일이 이렇게 되었는지 따져보자면서 제비뽑기를 했는데 요나가 걸렸다. 결국 요나는 "제가 야훼의 명령을 따르지 않아서 야훼가 재앙을 내린 것입니다. 저를 바다에 던지면 폭풍이 멈출 것입니다."라고 말했다. 사람들은 요나를 던지지 않고 폭풍에서 벗어나 보려고 안간힘을 써 보았지만, 소용이 없었다.

그들은 어쩔 수 없이 요나를 바다에 던졌다. 야훼가 미리 준비한 큰 물고기가 나타나 바다에 던져진 요나를 집어삼켰다. 요나는 3일 동안 물고기 배 속에 있으면서 잘못을 뉘우쳤다. 그러자 이 물고기가 야훼의 명령을 받아 요나를 뱉어냈다.[122]

'하느님의 명령을 거역하면 반드시 벌을 받게 되어있다. 그 벌을 달게 받고 회개하면 용서받을 수 있다.' 요나 이야기에는 이런 교훈이 담겨있었다. 목사는 요나를 회개의 본보기로 내세우며, 모든 고통의 우현에는 확실한 기쁨이 있다고 설교했다.

에이해브가 던진 작살과 저주가 고래의 눈구멍에 꽂히자 모비 딕은 몸을 발작적으로 회전시키면서 보트 뱃머리를 들이받았다. 노잡이 셋이 바다에 내동댕이쳐졌다. 고래가 방향을 돌려 다가오는 본선의 뱃머리를 향해 돌진했다. 선체가 비틀거리며 터진 구멍으로 바닷물이 쏟아져 들어갔다.

이슈메일은 멀찍이 떨어져 모선이 비스듬히 기울어진 채 환영처럼 사라져가는 것을 보았다. 고래가 휘젓고 모선이 가라앉으면서 일으킨 소용돌이는 뱅글뱅글 돌면서 보트와 선원들, 나뭇조각 하나까지도 삼켜버렸다.

이슈메일은 익시온처럼 빙글빙글 도는 동그라미 축으로 끌려 들어갔다. 그가 중심점에 도달했을 때 퀴퀘그의 관으로 만든 구명부표가 부력

---

[122] 나무 위키, 요나

에 의해 공중으로 솟구쳐 오른 다음 다시 바다에 떨어져 이슈메일 가까이 떠 내려왔다. 그는 관에 의지해 망망대해를 떠돌다 이튿날 레이첼호에 의해 구조되었다.

작가는 '나만 홀로 피한 고로 주인께 고하러 왔나이다.'라며, 욥기의 성경 말씀을 인용했다. 이슈메일은 피쿼드호를 탔던 요나였다. 구약성서 욥기에 나오는 요나 이야기가 《모비 딕》의 전체 맥락을 이루었다.

소설 《모비 딕》의 침몰

멜빌이 32세에 《모비 딕》을 썼고, 1891년 그가 심장병으로 세상을 떠날 때까지 40여 년 동안 《모비 딕》은 아무런 관심을 받지 못했다. 마치 피쿼드호가 침몰하여 바닷물 속으로 사라졌듯이 《모비 딕》도 물속에 잠겨버리고 말았다. 그의 사후 30년을 포함하여 70년 동안 《모비 딕》이 대중의 관심에서 멀어진 까닭은 무엇일까?

《모비 딕》을 읽으면서 종교적 색채를 강하게 느꼈다. 등장인물이나 포경선의 이름을 성경에서 많이 따왔고, 작가는 성경 말씀을 여러 곳에서 인용했다. 가장 이성적인 인물로 묘사된 항해사 스타벅을 비롯한 낸터컷 사람들 대부분이 퀘이커 교도였다. 작가는 아무래도 퀘이커교에 관심이 많은 듯이 느껴졌다.

당시 영국 성공회와 갈등을 빚던 청교도가 중심이 되어 영국을 떠나 북아메리카로 이주했다. 청교도는 칼빈주의를 표방하는 정통 개신교로 퀘이커교와 갈등을 빚을 만했다. 퀘이커교는 구원 예정설과 원죄 개념을 부인했다.[123] 이는 정통 개신교 교리의 근간을 허무는 것이었다. 정통 개신교는 퀘이커교를 강하게 비판했다.

이러한 종교적인 문제로 《모비 딕》이 '미국의 주류층들로부터 외면당했던 것이 아닐까' 하고 짐작했다. 정통 개신교에서 보면 작가의 종교적 지향이 위태로워 보였을 것으로 짐작되었다.

식인종인 퀴퀘그가 예의 바르며, 친절하고 너그러울 뿐만 아니라 물에 빠진 사람을 보자 즉각 바닷물에 뛰어들어 구해내는 의협심을 보여주었다. 순박하고 정직하며, 기백이 드러나면서 고결한 데가 있고, 또한 문명의 위선과 간사한 허위 따위는 전혀 숨어 있지 않은 천성을 지녔다고 묘사했다.

작가는 기독교 안에서 사는 문명인을 야만인과 대비시켜 문명인의 위선과 간사함을 고발했다. 성경 속에서 살아가는 문명인에게서 그런 의협심과 고결한 품성을 발견하지 못하고, 야만인이라 불리는 식인종에게서 발견했다는 점이 의미심장한 지적이었다. 작가는 기독교적 우애란 허울뿐인 예의에 불과하다며, 기독교 세계에 만연한 위선을 간접적으로 질타했다.

그런 고결한 성품은 지체 높은 자들이나 문명인들에게만 있는 게 아니었다. 작가가 언급한 앤드루 잭슨은 불우한 어린 시절을 보내고 자수성가했지만, 민중의 수호자인 신의 보살핌으로 고귀한 미국의 대통령이 되었다. 작가는 왕처럼 당당한 평민들에게서 인간애, 정의, 평등과 같은 보편적인 미덕을 찾았다.

1637년 백인 전투부대는 처음으로 인디언 부족을 습격해서 피쿼드

---

[123] 나무 위키, 퀘이커교

족을 전멸시켰다. 그것은 여자와 아이들까지 몰살시킨 민족 섬멸 전쟁이었다. 피쿼드호가 하얀 모비 딕에 의해 침몰해서 선원들이 전멸했듯이, 피쿼드족은 백인들에 의해 전멸했다. 김석희는 고래사냥을 종족 말살에 비유했다.[124] 작가는 백인들에게 몰살당한 피쿼드족을 염두에 두고 포경선 이름을 피쿼드호라고 명명했다. 퀘이커교의 기본 입장은 원주민과 우호적인 관계를 유지하는 것이었다.

고래는 인간의 탐욕을 채워주기 위해 죽어야 했다. 인간은 고래 사체에서 기름을 짜내고, 그 기름은 그들의 화려한 결혼식과 흥겨운 잔치를 밝혀주기 위해, 또한 만물은 만물에 대해 절대로 해를 끼치면 안 된다고 설교하는 엄숙한 교회를 밝히기 위해 죽어야 했다. 인간의 탐욕에 의해 고래가 죽었듯이 인디언도 그렇게 죽었다. 이 얼마나 모순된 위선인가! '죄인들은 가장 신성한 교회 부근에 가장 많이 있는 법'이라며, 의미심장한 말을 남겼다.

이러한 지적들은 청교도들에게 매우 불편했을 것으로 짐작되었다. 정통 종교의 교리에 어긋나는 종교는 사이비 종교로 매도되었던 것이 서양 역사였다. 이런 이교를 막기 위해 종교경찰들이 도서를 검열해서 불온서적을 지정하고, 책을 불사르고, 저자를 처벌했던 것이 유럽의 중세 역사였다.

19세기 미국에서 정부가 제도적으로 이교도를 탄압하지는 않았지만, 청교도들은 이교의 교리를 못마땅하게 여겼을 것으로 짐작되었다. 당시 미국은 청교도들이 주류를 형성했던 사회였다. 주류층으로부터 배척당하는 작품이 햇빛을 받기 어려웠을 것으로 추측되었다.

---

124) 허먼 멜빌(김석희 옮김), 앞의 책(해설), p711

《모비 딕》의 부활

1920년 위버 교수의 학문적 연구로 《모비 딕》은 세상에 널리 알려졌다. 대중의 관심 밖에 있었던 《모비 딕》이 발표된 지 70년이 지나 갑자기 부활한 이유는 무엇일까?

그때는 이미 종교 교리에 대한 갈등이 많이 유연해진 이후일 것으로 추측했다. 종교 문제로 《모비 딕》이 수면 아래 가라앉아 있다가, 70년 후 '예술성'이라는 부력에 의해 수면 위로 부상했다고 보는 것이 타당할 것 같았다. 그 '예술성' 혹은 '문학성'이란 것이 무엇일까?

멜빌은 고래잡이라는 생생한 경험의 현장을 박진감 넘치게 소설로 구성했다. 운명을 예언하는 듯한 복선이 곳곳에 깔려 소설의 긴장도를 이어갔다. 에이해브의 편집광적인 집념은 스타벅의 이성적인 인간성과 부딪혀 큰 마찰을 일으켰다. 이런 갈등도 선장의 집념과 광기라는 용광로에 녹아 자체의 추진력을 형성하여, 피쿼드호는 역풍을 헤치고 비극적 종말을 향해 나아갔다.

에이해브는 살아 있는 다리와 고래 뼈로 만든 죽은 다리로 절뚝거리며, 갑판 위를 걸을 때마다 고래 뼈로 만든 다리는 관을 탕탕 두드리는 소리를 냈다. 에이해브의 두 다리는 삶과 죽음을 상징하는 것 같았다. 에이해브가 걸을 때마다 내는 소리는 삶과 죽음이 수시로 교차하는 '삶과 죽음'의 변주곡 같았다. 그 소리는 다가오는 운명적인 순간을 절감케 했다.

멜빌은 에이해브의 고래 뼈 다리와 부머 선장의 고래 뼈 팔을 대비시켜, 두 사람의 성격 차이를 명료하게 드러냈다. 에이해브가 부머에게 모비 딕을 잡아 복수하자고 제안했을 때, 부머는 남은 팔마저 잃을 수는 없다며 거절했다. 인간의 성격은 언행을 만들어 내고, 그 언행은 운명을 만든다는 생각이 들었다. 인간은 양묘기처럼 세상에서 빙글빙글 돌려지고, 신이 쳐놓은 밧줄을 벗어날 수 없는 숙명을 각인시켰다.

멜빌은 인간과 고래, 에이해브와 스타벅, 에이해브와 부머를 대비시켜 인간 본성을 선명히 부각시켰다. 이러한 이원대립은 독창적인 사유를 가능케 하고, 이성과 탐욕, 선악이나 생사에 대한 사유를 통해 인간 본성과 삶에 대한 철학적인 깨달음에 이르게 했다. 선은 선의 자식을 낳고, 악은 악의 자식을 낳는다는 심오한 말을 남겼다.

132번 글 '교향곡'에서 에이해브가 모처럼 폭군에서 선장으로, 짐승에서 인간으로 돌아온 '인간적인 모습'을 보였다. 그는 그동안 냉혹한 바다에서 고래를 맹렬히 추격한 악마였다고 스타벅에게 고백했다. 젊은 아내를 생과부로 만들어 놓고, 오직 광기로 버텨온 어리석은 40년이었다며 회한에 휩싸였다. 짐승처럼 냉혹한 그에게도 아내와 아이가 사는 고향에 대한 그리움은 가슴에 묻혀 있었다. 인간은 인간이기도 하지만, 그 속에 동물적 본성을 지닌 이중적인 존재로 여겨졌다.

멜빌은 문명인과 야만인을 대비시켰는데, '문명인과 야만인을 가르는 기준이 무언가?'라는 의문을 내게 던졌다. 이른바 '문명인'의 야만성을 수없이 확인했고, 퀴퀘그와 같은 야만인에게서 문명인의 도덕성을 초월하는 고결함을 확인했다.

인간의 본성에는 문명과 야만의 속성이 뒤섞여 존재한다. 스타벅이 선장에게 "에이해브는 에이해브를 경계해야 합니다."라고 한 경고가, 자신 안에 똬리를 틀고 있는 야만성을 경고한 것으로 파악했다. 이는 나에 대한 경고처럼 무겁게 다가왔다. 인간의 운명은 예정된 것이 아니라, 하느님이 내 안에 심어놓은 '이성의 작은 씨앗'을 어떻게 기르느냐에 따라 운명이 달라진다는 것을 깨닫게 했다.

《모비 딕》은 고래잡이에 얽힌 경험을 씨실로, 성경 말씀의 필연을 날실로 엮어서 짠 품격 높은 양탄자 같았다. 성경 말씀 가운데 고래 이야기가 이어지고, 고래 이야기 속에서 성경 말씀을 발견했다. 단순한 고래 이야기도 아니고, 성경 말씀만 모은 설교집도 아니었다. 작가가 숨겨놓은 은유나 알레고리로 이야기의 내용이 더욱 의미심장하게 다가왔다.

※ 텍스트
■ 허먼 멜빌(김석희 옮김), 모비 딕, 작가정신, 2019

인간과 삶의 대서사大敍事, 《전쟁과 평화》

레프 톨스토이의 삶과 글쓰기

톨스토이는 1828년 러시아에서 니콜라이 톨스토이 백작의 넷째 아들로 태어났다. 그가 두 살 때 어머니 마리야 톨스타야가 막내딸 마리야를 낳고 곧 사망했다. 아홉 살에 아버지마저 여의고 고모가 톨스토이의 후견인이 되었다.

톨스토이는 16세에 카잔대학 동양학부 문학과에 입학했으나 방탕한 생활에 빠져 지내다, 이듬해 진급 시험에 떨어져 법학과로 전과했다. 그 무렵 일기를 쓰기 시작했고, 루소, 고골, 괴테 등을 읽었다.

고향으로 돌아가 농장을 경영하면서 농민들을 계몽하고자 했으나 뜻대로 되지 않았다. 1849년 교육에 뜻을 두고, 사유지에 농민 자녀들을 위한 학교를 열기도 했다. 그는 루소의 자연주의 교육론에 영향을 많이 받았던 것으로 보였다.

그는 모스크바로 가서도 방탕하게 지냈는데, 도박으로 많은 빚을 져 저택을 날리기도 했다. 젊은 시절 3년에 걸쳐 방탕하게 지내고, 신앙 없이 지낸 생활에 대해 회개한 참회록을 남기기도 했다.

1851년 맏형이 있는 캅카스로 가서 군대에 복무하다, 이듬해 포병 하사관으로 현역에 편입되었다. 체첸인 토벌의 공으로 소위보로 임관되었다. 그는 6년간 군대에 복무하면서도 글쓰기를 멈추지 않았다. 그때 군대 생활에서 체험했던 것을 토대로 쓴 소설이 《습격》《카자크들》이었다.

톨스토이는 34세에 내과 의사의 딸인 소피야(소냐)와 결혼했으며, 13명의 자녀를 두었다. 이 무렵 5년간 프랑스와 러시아의 전쟁에 관한 자료를 수집했고, 이어서 모든 역량을 《전쟁과 평화》의 집필에 쏟았다. 아내는 작품을 정서하면서 남편의 집필을 도왔다.

1865년 《전쟁과 평화》의 첫 부분을 《천팔백오년》이란 제목으로 발표했다. 1867년 소설을 탈고하면서 《전쟁과 평화》란 제목으로 발표했다. 1878년 《안나 카레니나》를 단행본으로 출간했고, 1899년 《부활》을 썼다. 이런 대작을 쓰기 전부터 혹은 그 사이사이에 중편과 단편 소설, 희곡, 논문, 에세이 등 다양한 글을 썼다. 그는 23세부터 1910년 82세로 영면하기 전까지 글쓰기를 멈추지 않았다.

그 중 《전쟁과 평화》는 톨스토이의 대표작으로 뉴스위크가 선정한 100대 도서에서 1위를 차지했으며, 그 외 여러 조사에서도 상위를 놓치지 않는 세계적인 명작으로 평가되었다.

톨스토이의 귀족 생활, 방탕한 생활과 여성 편력, 도박, 군 복무, 결혼 생활, 농장 경영과 가문의 에피소드는 《전쟁과 평화》에서 다양하게 투영되었다. 작가도 자신의 시대와 경험을 뛰어넘기 어려운 것이 아니겠는가? 동식물이 자신을 닮은 자손을 퍼뜨리듯이 톨스토이도 이런 자연법칙에서 예외일 수는 없었다고 여겨졌다.

고등학교 시절 국어 선생님이 러시아 문호인 톨스토이가 쓴 《전쟁과 평화》를 소개했다. 그 후 수십 년이 지나 오십 대 후반이 되어 《전쟁과 평화》를 처음 읽었다. 이 소설을 손에 잡았을 때 말로만 들었던 명작을 읽게 된다는 데 설레었다. 이 명작을 너무 늦게 읽는다는 자책보다, 늦었지만 읽게 되어 다행스러웠고 뿌듯함마저 느꼈다.

이 명작은 전체 4권으로 구성되어 있었는데, 그 분량이 2,250쪽으로 방대하여 읽는 데 부담이 느껴졌다. 박형규에 의하면 등장인물이 559명이나 되고, 러시아식 이름이 낯설고 길뿐만 아니라 애칭이나 약칭까지 등장하니, 이름이 헷갈려 등장인물들을 수시로 확인해야 하는 것도 번거로웠다.

처음엔 등장인물의 이름이 누구인지 자주 챙겨가며 읽다 보니, 그 이름들이 오히려 정겹게 다가왔고 읽는 속도도 조금씩 빨라졌다. 소설이 주는 재미와 감동에 비하면, 분량이 많다는 생각도 들지 않았다. 다 읽고 난 후 좀 더 이른 나이에 읽었더라면, 그 감동의 물결이 더 컸을 것 같았다는 아쉬움은 남았다.

소설의 구성

《전쟁과 평화》는 전체 4권 15부 361장과 에필로그 2부 28장으로 구성되어 있었다. 프랑스와 러시아의 전쟁과 이를 배경으로 한 러시아 상류층 사회와 민중의 삶을 그린 대서사다운 장편소설이었다.

소설은 1805년에서 1820년까지 나폴레옹의 러시아 침공을 저지하기 위해 15년간 벌어졌던 러시아의 조국 전쟁을 배경으로 하고 있었다. 그 틈바구니에서 귀족 가문인 볼콘스키家, 베주호프가, 로스토프가, 쿠라긴가를 중심으로 그 가족들이 서로 얽혀서 살아가는 모습과 자녀들의 성장, 가문의 변천을 감동적으로 그려낸 작품이었다.

소설은 사교계의 거물인 안나 파블로브나의 저택에서 열린 야회와 뒤이어 열린 로스토프家의 본명 축일 야회의 풍경으로 시작되었다. 이를 통해 러시아 상류층의 사교 모임과 귀족들의 화려한 생활 단면을 읽을 수 있었다.

당시 러시아 귀족들은 대체로 모스크바와 페테르부르크에 각각 저택을 소유하고 있어서, 두 수도를 오가면서 사교모임이 이루어졌다. 상류층의 남녀노소가 초대되었던 야회, 만찬회, 무도회와 같은 사교모임은 하나의 상황 설정이었다. 여기서 여러 가지 에피소드나 전쟁 소식, 가문의 이야기들이 화제에 오르기도 하고, 혼담이 오가면서 사건의 인과관계를 확인할 수 있었다. 야회나 만찬회는 여러 가지 정보가 유입되고, 이를 퍼 나르는 허브 역할을 했다.

몰락한 귀족 집안의 안나 미하일로브나 공작부인은 로스토프 백작부인과 소꿉동무로 로스토프가의 저택에서 식객으로 기거했다. 그녀는 백작 부인에게 아들 보리스의 제복 비용을 걱정하면서, 아들의 대부인 베주호프 백작에게 기대를 걸고 있다고 털어놓았다. 이어서 소설의 장면은 러시아의 부호인 베주호프 백작의 임종을 대비한 도유식으로 자연스럽게 이어졌다.

이같이 작가는 한 장면에서 다른 장면으로, 하나의 사건에서 다른 사건으로 전환할 때, '베주호프 백작에게 기대를 걸고 있다.'와 같은 징검다리를 놓았다. 이로써 축일 야회 풍경과 베주호프 백작의 도유식이라는 상반된 두 장면이 단절되지 않고, 자연스럽게 연결되었다. 작가는 이러한 징검다리를 소설의 곳곳에 배치했다.

러시아의 부호인 베주호프 백작에겐 적자가 없어서 재산이 누구에게 승계될지 모든 사람에게 초미의 관심사였다. 그의 조카딸인 카테리나 공작 영애를 앞세운 바실리 쿠라긴 공작과 백작의 서자인 피예르를 앞세운 안나 미하일로브나는 막대한 유산을 두고 암투를 벌이고 있었다. 그들은 서류 가방을 뺏으려고 아귀다툼을 벌이는 촌극을 빚기도 했다.

소설은 축일과 야회라는 밝고 빛나는 환희로 시작해 임종을 앞두고, 유산을 상속받기 위해 아귀다툼을 벌이는 어둠 속으로 급속하게 반전되었다. 이같이 소설은 삶과 죽음이라는 명암이 적절하게 채색된 명화名畫처럼 시작되었다.

이어서 육군 대장 출신의 볼콘스키 공작의 저택으로 옮겨갔다. 그는 시골로 추방된 이래 사교계에 나가지 않고, 영지에서 규칙적으로 생활했다. 그는 괴팍하고 가부장적인 인물로 애국심이 강했다.

안드레이가 입대하기 전날 노 공작은 아들에게 "네가 만약 전사한다면, 늘그막의 나는 몹시 가슴 아플 것이다. 그러나 네가 만약 볼콘스키의 아들답지 않은 행동을 했다는 것을 알게 된다면 나는 수치스러울 것이다."라고 말했다.

볼콘스키 공작이 안드레이에게 당부한 말을 통해 그의 애국심을 느끼기도 했지만, 안드레이 공작이 전사할 것 같다는 예감이 들었다. 그는 아우스터리츠 전투에서 중상을 입고 회복되었으나, 재입대하여 보로디노 전투에서 중상을 입고 투병하다 사망했다. 볼콘스키의 장성 출신다운 당부는 안드레이의 불운을 암시한 복선으로 여겨졌다. 이러한 복선으로 사건과 사건을 자연스럽게 연결시키는 효과를 거둘 수 있었다. 이런 복선들을 소설 곳곳에서 찾을 수 있었다.

베주호프 백작이 누구에게 유산을 물려줄 것인가가 귀족들과 그 주변 인물들의 초미의 관심사였는데, 이에 대한 결말이 바로 서술되지 않아 궁금증을 자아냈다. 베주호프 백작의 장례 후 줄리 카라기나가 볼콘스키 공작의 영애인 마리야에게 보낸 편지에서 베주호프 백작의 유산을 서자인 피예르가 모두 물려받았다고 알려줌으로써 궁금증이 해소되었다.

이같이 사건의 결말을 즉각 서술하지 않고, 다른 이야기에서 그 결과를 밝힘으로써 독자들의 궁금증을 한껏 끌어올리는 효과를 거두었고, 이로써 이야기의 연결이 끊어지지 않고 사건과 사건이 유기적으로 밀착되는 효과를 거둘 수 있었다. 톨스토이는 몇 군데에서 이런 구성 방법을 활용했다.

작가는 소설의 중간중간에 전쟁 상황과 전투 장면을 묘사함으로써 전쟁이 지속되고 있음을 각인시켜 주었다. 후반부로 가면서 러시아군의 퇴각과 피난민들의 필사적인 대이동을 묘사했다. 아우스터리츠 전투, 보로디노 전투 상황을 안드레이와 니콜라이의 눈으로 생생하게 묘사했다. 보로디노 전투 후 모스크바까지 프랑스군에 점령당하자 러시아인들은 큰 충격과 혼란에 휩싸였다.

러시아인들의 피난 행렬은 모스크바까지 줄을 이었고, 이어서 모스크바를 탈출하여 더 멀리 달아났다. 모스크바에는 큰 화재가 발생하여 거의 잿더미가 되다시피 했다. 멀게만 느껴졌던 전쟁이 수도의 참화로 이어지자 러시아인들은 공황 상태에 빠졌다.

프랑스군이 점령한 모스크바에 남아있었던 피예르는 나폴레옹을 사살할 목적으로 권총을 휴대하고 길거리로 나섰다. 작가는 모스크바 곳곳에 불길이 치솟은 아비규환의 화재 현장을 피예르의 눈으로 묘사했다. 피예르는 방화범으로 몰려 프랑스군에 체포되어 수용소에서 헐벗고

굶주리며 비참하게 지냈다.

안드레이 공작과 나타샤의 사랑이 결혼에 이르지 못하는 과정, 니콜라이가 사촌 소냐를 사랑했으나, 볼콘스키 공작의 영애 마리야와 결혼하기까지의 이야기, 피예르가 바실리 공작의 책략에 말려 엘렌과 결혼한 후 둘의 관계가 파국으로 치닫는 불행한 과정, 엘렌의 죽음으로 홀몸이 된 피예르가 나타샤와 결혼하는 이야기가 흥미진진하게 펼쳐졌다. 이들의 삶과 사랑 이야기가 소설의 주된 테마였다.

이들 이야기는 각각 흥미진진하게 이어졌지만, 스토리 간의 인과관계가 서로 유기적으로 연결되어 전체가 하나의 이야기처럼 느껴졌다. 이에 대해 박형규는 이야기들이 적재적소에 배치되었고, 모든 것이 명확하고, 모든 것이 독립되어 있으며, 모든 것이 서로서로 그리고 전체와 조화를 이루었다[125] 고 지적했다. 이는 톨스토이가 고백한 대로 가능한 결합을 수없이 검토한 후에 이루어진 플롯 구성이라 여겨졌다.

안드레이는 아우스터리츠 전투와 보로디노 전투에서 각각 중상을 입었으나, 두 번째 부상을 극복하지 못하고 죽었고, 니콜라이는 부상을 입었으나 회복되었고, 그의 동생 페챠는 전사했다. 이들의 부상과 죽음은 평화지대인 가족에게 전달되어 가족들의 비탄을 자아내게 했다. 누군가의 죽음은 삶의 지대로 이어져, 삶과 죽음이 눈물로써 하나로 연결되는 필연적인 모습을 감동적으로 묘사했다.

톨스토이는 전쟁과 관련한 자신의 역사철학에 대해 자신의 견해를 밝히는 데 많은 지면을 할애했다. 작가는 일반적으로 자신의 견해를 등장인물의 입을 통해 간접적으로 역설하는 경우가 많은데, 작가가 직접 자

---

[125] 레프 톨스토이(박형규 옮김), 전쟁과 평화(해설), 문학동네(2020), p564

신의 견해를 서술했다는 점에서 소설의 일반적인 형식을 벗어났다고 여겨졌다. 이러한 점에서 톨스토이는 《전쟁과 평화》가 장편소설이 아니라고 했던 게 아닌지 궁금했다.

등장인물의 캐릭터와 심리묘사

톨스토이는 소설의 끝부분에 자신의 작품에 대한 소회를 밝혔다. 등장인물의 이름은 러시아인의 귀에 익숙한 성을 무작위로 가져와 몇 글자를 바꾸는 방법으로 이름을 결정했는데, 실제 인물을 연상했다면 유감스럽다고 했다.

하지만 비평가나 독자들에게 등장인물의 원형이 누구인지 궁금증을 자아내게 했다. 이를 알아보기 위해서 톨스토이의 가계를 살펴보았다.

나무 위키에 의하면, 톨스토이의 외증조부인 볼콘스키 공작은 육군 소장을 지냈고, 외조부는 고관을 지내다 좌천되어 영지에 정착했다. 외조부는 딸 마리야가 두 살 때 아내가 사망했지만, 평생 재혼하지 않고 딸을 열심히 교육하며 길렀다. 마리야는 외조부가 죽고 얼마 후에 니콜라이 톨스토이를 만나 결혼했고, 작가인 톨스토이를 낳았다. 톨스토이 가문은 외가 재산을 몽땅 물려받아서 부유하게 되었다.[126]

소설 속의 볼콘스키 공작은 육군 대장 출신으로 시골로 추방된 이후 영지인 리시예 고리에 정착했고, 재혼하지 않고 아들 안드레이와 딸 마리야를 키웠다. 볼콘스키 공작은 작가의 외증조부와 외조부를 합성해 놓은 인물처럼 여겨졌다.

---

126) 나무 위키, 레프 톨스토이

작가의 어머니인 마리야도 볼콘스키 공작의 딸로 소환되었다. 소설 속의 마리야는 독실한 기독교 신자로서 아버지에게 순종적이었고, 배려심이 많은 여인이었다. 마리야도 아버지와 오빠가 모두 죽은 후 니콜라이 로스토프 백작과 결혼하여, 볼콘스키 가문의 막대한 재산을 로스토프 가문에 안겼다. 작가의 아버지 이름도 니콜라이라는 게 흥미로웠다.

소설 속의 볼콘스키 공작이나 마리야를 작가의 외조부나 어머니를 원형 그대로 가져오지는 않았다 할지라도, 실제 인물의 삶의 궤적 중 특징적인 모습을 발췌해서 등장인물로 소환하고 묘사했다고 보지 않을 수 없었다. 이러한 인물 구성이 오히려 플롯을 구성하는데 자연스러운 효과를 거두었을 것으로 짐작되었다.

주요 등장인물은 볼콘스키가의 안드레이와 마리야, 로스토프가의 니콜라이와 나타샤, 베주호프가의 피예르, 쿠라긴가의 옐렌과 아나톨이었다. 작가는 이들의 외모와 성격 등을 특징적으로 묘사했다.

나타샤는 십 대의 사랑스러운 아가씨로 로스토프 家의 막내딸이었다. 그녀는 눈이 까맣고 입이 크고, 칠흑 같은 곱슬머리에 두 팔은 가늘고 발은 조그마했다. 다정다감하고 영리하며, 활달했다. 자기 스스로 자신이 총명하고, 춤도 잘 추고, 목소리가 아름답다고 여기고 있었다. 그런 만큼 자신에 대한 사랑으로, 환희로, 자신이 좋아하는 그 감정 상태를 유지하며, 타인에 대한 배려심도 많았다. 하지만 백작 부인은 딸이 무언가가 너무 많아서 행복하지 못할까 봐 노심초사했다.

이에 비해서 볼콘스키 공작 영애인 마리야는 못생겼으나, 눈이 아름다웠다. 아버지의 괴팍한 성정에도 순종하고, 항상 기도하며 하느님의 참사랑을 실천하려고 노력하는 전형적인 기독교인으로 남을 배려하는 마음씨가 아름다웠다. 그녀는 사교계에 나가 본 적도 없고, 남자로부터 프로포즈를 받아본 적도 없었다.

쿠라긴가의 옐렌은 캐릭터로 볼 때 마리야와 대척점에 있는 인물이었다. 옐렌은 고혹적인 외모로 사교술이 뛰어났으나, 외부로 드러난 것과는 달리 사고방식은 거칠고 말투는 저속했다. 옐렌은 쾌락을 추구하는 음탕한 여성으로 주변엔 항상 남자들이 줄을 이었다. 옐렌은 피예르와 결혼한 후 베주호바 백작 부인이 된 뒤에도 돌로호프나 보리스를 집으로 불러들여 남편에게 모욕감을 주었다.

피예르는 베주호프 백작의 서자로 태어났지만, 아버지가 피예르에게 유학을 권하여 열 살 때 파리로 가서 스무 살 때까지 공부하다 귀국해 프랑스어를 유창하게 구사했다. 그는 강건하고 몸집이 커서 둔해 보였을 뿐만 아니라, 사교모임에서 처세의 요령이 부족해 서툴렀지만, 선량하고 소박하고 겸손했다.

안드레이 볼콘스키 공작은 이목구비가 뚜렷하고 단호해 보이는 명석한 미남으로 오만하게 보이는 까칠한 성격이었다. 그는 임신한 아내를 두고, 장교로 입대했다. 그는 전쟁터에서 나폴레옹처럼 전공을 세울 수 있는 장소가 어디일지에 대해 마음속에 새겨볼 정도로 야망이 컸고, 명예를 갈망했다.

그는 아우스터리츠 전투에서 군기를 쥔 채 피를 흘리며 쓰러져있었다. 나폴레옹이 전장을 둘러보다가 안드레이를 내려다보며, 참으로 훌륭한 죽음이라며 칭찬했다. 그는 신음소리를 듣고 젊은이를 붕대소로 데려가라고 지시했다.

그 후 안드레이는 행방불명된 전사자로 처리되었으나, 고향으로 돌아와 영지에서 농장을 경영하며 건강을 회복하고 있었다. 그는 재입대하여 연대장으로 보로디노 전투에서 부대를 지휘하던 중 복부가 포탄의 파편에 맞아 중상을 입었다. 그는 붕대소에서 수술을 받고, 마차에 실려 다른 부상병들과 함께 퇴각하던 중 우연히 로스토프가의 거처에 들어가게 되었다.

나타샤는 한때 약혼자였던 안드레이 공작이 죽음에 이르기까지 간병했는데, 그 과정에서 둘의 회한과 애틋한 사랑에 대한 작가의 탁월한 심리묘사는 감동의 물결로 다가왔다. 둘의 심리에 대한 묘사는 다양한 각도에서 양파 껍질을 한 겹씩 벗겨내듯이 수없이 이어졌다. 이를 통해 인간 본성에 대한 작가의 사유가 남다르게 깊다는 것을 짐작할 수 있었다. 둘의 이루어지지 못한 사랑의 아픔이 피부를 찌르는 듯했다.

니콜라이를 통해 안드레이의 투병을 알게 된 마리야가 로스토프네로 달려와 나타샤와 함께 오빠를 간병하고 임종을 지켰다. 이를 통해 둘은 정신적으로 자매가 된 것처럼 가까워졌다.

안드레이의 장례 후 그 죽음을 애도하며 언제까지나 슬퍼할 것만 같았던 나타샤와 마리야에게 심리적 반전이 일어났다. 마리야는 오빠도 아버지도 없는 상황에서 조카를 돌보아야 했고, 집안의 회계도 관리해야 되는 현실로 돌아와, 지배인인 알파티치에게 모스크바로 떠날 수 있도록 준비하라고 일렀다. 마리야는 나타샤와 함께 가게 해달라고 백작부인에게 요청했다.

나타샤는 내버려달라며 분함과 노여움을 띤 눈물을 간신히 참으며 방에서 뛰쳐나갔다. 나타샤는 마리야에게 버림받고 홀로 슬픔 속에 남겨졌다고 느낀 후로 대부분의 시간을 자기 방에서 보냈다.

나타샤는 안드레이가 죽기 사흘 전 밤에 그에게 '당신이 없다면 내 삶에는 아무것도 없고, 당신과 함께 고통받는 것은 내게 가장 행복한 일이에요.'라고 했던 말을 떠올렸다. 그러자 그가 나타샤의 손을 꼭 쥐었다.

안드레이의 장례를 치른 후 미래의 가능성을 인정하는 것은 그의 기억을 모욕하는 것처럼 여겨졌었다.

그즈음 페탸가 전사했다는 비보가 로스토프가에 전달되었다. 노 백작은 아이처럼 흐느꼈고, 어머니의 서러운 외침 소리를 듣자, 나타샤도 전류 같은 것이 온몸을 스치더니 극심한 아픔을 느꼈다. 그 아픔에 그녀는 자신에게 가해졌던 삶의 금제에서 즉시 해방되는 기분을 느꼈다. 나타샤는 곧바로 안드레이에 대한 슬픔을 잊어버렸다. 마리야도 아래턱을 떨며 나타샤의 손을 잡았다.

작가는 나타샤가 '안드레이 공작의 죽음'이라는 금제의 수렁에 빠져 있었는데, 여기서 벗어나는 심리적 반전을 절묘하게 묘사했다. 새로운 슬픔이 지나간 슬픔을 묻어버렸다. 안드레이 공작의 마지막 날들은 나타샤와 마리야를 결속시켰다. 새로운 불행은 둘을 더욱 가깝게 만들어 우정보다 더욱 특별한 유대감을 형성시켰다. 페탸의 전사 소식을 이러한 심리적 반전의 계기로 엮어낸 플롯 구성이 탁월했다.

가족 구성원의 성장과 가족의 변천

《전쟁과 평화》에서 전쟁 이야기를 빼면 가족 이야기만 남았다. 그 가족 이야기는 톨스토이가 《전쟁과 평화》 이후에 쓴 《안나 카레니나》와 너무나 닮았다. 그 주요 인물들을 서로 연결시킬 수 있을 만큼 그 캐릭터들이 비슷하게 구성되어 있었다.

톨스토이는 《안나 카레니나》의 첫머리에서 '행복한 가정은 모두 모습이 비슷하고, 불행한 가정은 모두 제각각의 불행을 안고 있다.'[127]라고

---

127) 레프 톨스토이(연진희 옮김), 안나 카레니나(1권), 민음사(2020), p13

썼다. 이러한 지적은 《안나 카레니나》뿐만 아니라, 《전쟁과 평화》에서도 적용될 수 있었다.

소설을 읽으면서 '왜 이 가정이 행복하게 되었는지', '왜 그 가정이 불행하게 되었는지'를 확연히 분별할 수 있었다. 이것이 톨스토이가 말하고 싶었던 게 아닐까 하는 생각이 들기도 했다. 사회학자들은 이를 '안나 카레니나 법칙'이라고 명명했다.

《전쟁과 평화》는 전쟁 소설이기도 하지만, 가족 구성원들이 각자의 성격이나 소질, 이상에 따라 자신의 가치관과 정체성을 형성하는 과정에 실수와 실패를 거듭하면서 훌륭한 인물로 성장하는 모습을 다룬 성장소설이었다.

이러한 가운데 일부는 전쟁터에서 전사하기도 하고, 구세대인 부모가 사망하고, 결혼하여 새로운 자녀가 태어나고, 이로써 가족 구성에 커다란 변화가 일어나는 가문의 변천 과정을 엮어냈다.

소설의 시작 부분에 로스토프가의 본명 축일 야회에서 젊은이들이 객기로 무모한 장난질을 한 사건이 화제로 떠올랐다. 돌로호프를 비롯한 피예르, 아나톨이 술 마시기 내기를 하다 술에 취해 경찰 서장을 곰의 등에 붙잡아 맨 사건이었다. 이는 자칫 형사범으로 처벌받을 뻔한 사건이었다. 이로 인해 돌로호프는 강등되었고, 피예르와 아나톨은 페테르부르크에서 모스크바로 추방되었다.

피예르는 베주호프 백작의 서자로 야회에 처음 참석해서 처세의 요령이 부족하고 인간관계에 서툴렀다. 그는 자신이 무얼 시작해야 될지 모르겠다고 안드레이 공작에게 털어놓았다. 안드레이는 아나톨과 어울리지 말라고 충고했으나, 피예르는 서자로 정체성의 혼란을 겪으며 방황했고, 아나톨의 방탕한 생활에 끼어들었다.

피예르는 아버지가 사망하자 엄청난 재산을 물려받고, 백작의 신분도 물려받아 표트르 키릴로비치 베주호프 백작이 되었다. 그는 젊은 부호이자 백작으로서 어디를 가든 사교계의 총아로 떠올랐다. 주변 사람들은 엄청난 재산을 보고 달려드는 유혹을 젊은이가 어떻게 감당할지 걱정스러워했다.

바실리 공작은 딸 옐렌을 부호인 피예르와 혼인시키기 위해, 그에게 시종보의 지위를 알선하는 등 온갖 수단을 강구했다. 옐렌은 고혹적일 만큼 아름다웠고 사교적이었다. 피예르는 옐렌과의 결혼으로 불행해질 거라는 막연한 예감이 들었지만, 바실리 공작의 간교한 공세에 우물쭈물하다 결혼하고 말았다.

피예르는 결혼 후에 술친구인 돌로호프가 아내와 염문을 뿌린다는 풍문에 시달렸다. 그는 자신이 모욕받았다고 생각하고 돌로호프와 결투를 벌이기도 했다. 그는 자기 재산의 태반을 이루는 대러시아의 영지 관리를 아내에게 위임하고, 홀로 페테르부르크로 떠났다.

피예르는 페테르부르크로 떠나는 역마차에서 프리메이슨 오시프를 만났다. 그의 안내로 형제단에 가입하고 프리메이슨의 새길을 걷기로 결심했다. 피예르는 근행하면서 페테르부르크 프리메이슨의 중심인물이 되었다. 그는 자비로 빈민원을 유지하고, 프리메이슨 회식이나 장례 행사를 주도했다.

그즈음 피예르는 장모의 눈물어린 호소에 '자신의 십자가를 져야 한다.'는 마음으로 다시 옐렌과 한 지붕 아래서 살게 되었다. 거기서도 옐렌이 대공과 친해지고, 보리스를 자신의 시동이라며 집으로 불러들였다. 피예르는 이에 우울해지고, 수치심마저 느꼈다. 그에게 보리스에 대한 강렬한 적개심이 일었다. 그는 아내의 명예를 손상하지 않기 위해 다시 모스크바로 떠났다.

피예르는 연대에 피복을 제공하기로 약속하고, 모자이스크 군대로 가서 베니히센 백작을 따라 전선을 둘러보았다. 피예르가 보로디노 전장에 있을 때 삼각관계에 처해있던 엘렌으로부터 이혼에 필요한 일체의 수속을 이행해 주길 바란다는 연락을 받았다. 그는 모든 것이 엉망이 되었고, 이혼으로 모든 일이 끝났음을 깨달았다.

프랑스군이 모스크바를 점령하고 있을 때 피예르는 불타고 있는 모스크바 거리를 돌아다니다 방화범으로 몰려 체포되었다. 바라크에서 몇 주 동안 포로 생활을 하면서 머리털에는 이가 득실거리고, 맨발로 지내는 등 극단의 궁핍을 경험했지만, 자신의 강한 체력과 건강 덕분에 잘 견뎌냈다. 죽음의 공포와 궁핍을 통해 평안과 자기 조화를 얻었다.

그와 포로들은 데니소프와 돌로호프가 이끄는 유격대에 의해 구출되었다. 피예르는 아내로 인해 결투까지 벌였던 돌로호프에게서 구원받은 셈이었다. 그날 피예르는 전사한 페탸의 시체를 보았고, 안드레이 공작이 보로디노 전투에서 중상을 입었고, 그가 치료 중 로스토프가에서 죽었다는 것도 알았다. 그리고 데니소프를 통해 엘렌의 죽음을 알게 되었다. 그를 늘 괴롭히던 아내에 대한 상념도 사라졌다.

피예르는 젊은 시절 엘렌과의 결혼으로 모욕감과 수치감을 느끼면서 방황했고, 자신의 어리석은 선택에 고뇌했다. 한때 프리메이슨 형제단에 가입해서 정신적인 안정을 찾아보려 안간힘을 썼다. 여기에도 회의를 느껴 독신자들과 어울려 방탕한 생활에 빠지기도 했다. 이런 모습은 한때 방탕한 생활에 빠졌던 작가의 자화상을 그린 것 같기도 했다.

피예르는 마리야가 모스크바에 와 전화戰禍를 피한 집에 살고 있다는

3부 소설 333

소식을 듣자, 그날 밤 그녀를 찾아갔다. 마리야 곁에는 나타샤가 있었는데, 그녀는 피예르를 보자 미소를 지었다. 피예르는 무도회에서 처음으로 나타샤와 춤을 추었는데, 그때의 나타샤를 잊은 적이 없었다. 그는 마리야를 통해 나타샤에게 자신의 의사를 전달했다.

피예르는 자유의 몸이 되어 나타샤와 결혼했다. 나타샤는 딸 셋, 아들 하나를 낳았고, 살이 찌고 몸집도 커졌다. 이 튼튼한 어머니에게서 예전의 가녀리고 민첩한 나타샤의 모습은 찾아보기 어려웠다. 이제는 얼굴과 몸이 보일 뿐이고, 마음은 전혀 보이지 않았다. 강하고 아름다운 다산의 암컷이 보였다.

피예르는 아이들의 웃는 소리와 떠드는 소리를 좋아했다. 좋은 음악처럼, 희망의 소리로 들렸다. 나타샤는 피예르의 머리를 가슴에 껴안으며 말했다. "이제 당신은 완전히 내 거야. 도망칠 수 없어!" 이렇게 말하는 순간부터 모든 논리의 법칙에 어긋나는 대화가 시작되었다.

나타샤도 명랑하고 쾌활한 소녀였으나, 안드레이와 약혼한 상태에서 아나톨의 꾐에 빠져 도망치려는 계획이 들통나 자살을 기도하기까지 했다. 이 사실을 알게 된 피예르는 처남인 아나톨의 멱살을 거칠게 움켜잡으며, 모스크바를 떠나라고 위협했었다.

나타샤는 결국 안드레이와의 약혼을 파혼하고 말았다. 전쟁으로 피난하던 중 로스토프 가족이 머무는 저택으로 부상병들이 들이닥치면서, 중상으로 신음하는 안드레이를 간병하게 되었다. 나타샤는 안드레이가 사망한 후 피예르와 재회하여 결혼했다.

니콜라이는 츠나임 전투에서 입은 부상에서 회복되어, 휴가차 들뜬 마음으로 모스크바 집에 도착했다. 그는 소냐, 나타샤, 페탸, 베라, 노

백작, 어머니로부터 포옹과 키스 세례를 받고, 모두 기쁨의 눈물을 흘렸다. 니콜라이는 경기병 중위가 되어 어엿하게 게오르기 십자 훈장을 달고 있었다.

그는 휴가 중 돌로호프의 송별연에 가서 카드놀이로 4만 3천 루블이라는 거금을 잃었다. 돌로호프의 빚 독촉으로 니콜라이는 자신의 파멸을 예감하고 자살 충동을 일으켰다. 니콜라이는 뻔뻔스럽게 누구나 다 있는 일이라면서 아버지에게 빚을 갚아달라고 요구했다. 로스토프 백작은 괴로웠으나 잔소리 없이 빚을 갚아주겠다고 하자 아들은 아버지에게 용서해달라며 흐느꼈다.

가정을 파탄 낼 수도 있는 아들의 잘못을 나무라지 않고 용서한 아버지의 마음이 가정의 평화를 지키는 비결이었다는 생각이 들었다. 작가가 도박으로 큰돈을 잃은 경험이 니콜라이에게 투영된 것 같았다.

니콜라이 로스토프는 귀대하여 군무에 열중했다. 카드놀이 빚으로 가족 모두가 위태로워졌고, 빚을 오 년 안에 갚기로 마음먹었다. 연봉으로 1만 루블을 받았는데, 2천 루블만 받고 나머지는 양친에게 맡기기로 했다. 그는 훌륭한 인간이 되어야겠다고 다짐했다.

니콜라이는 기병 중대장으로 모스크바 근교로 퇴각했을 때 보구차로보에 남아 있는 식량을 프랑스군보다 먼저 이용하려고 생각했다. 그곳이 볼콘스키 공작의 영지라는 걸 전혀 몰랐다. 니콜라이는 지배인 알파티치의 보고를 통해, 무례한 농민들이 아가씨(마리야)를 영지에서 내보내지 않으려고 마차에서 말을 떼겠다고 위협해서, 짐을 다 싣고도 출발하지 못한다는 것을 알았다.

니콜라이는 마리야를 처음 보고 이 만남에 불현듯 소설 같은 뭔가를 연상했다. 아버지를 여의고 오빠는 출타 중이고, 의지할 사람 하나 없는 슬픔에 젖은 처녀가, 홀로 난폭한 농민들의 반란 속에 남겨져 있었다. 그리고 불가사의한 운명이 자신을 이곳으로 이끌었다고 느꼈다. 그녀의 용모와 표정에는 뭐라 형언할 수 없는 온화함과 기품이 있었다. 그는 마리야에게 누구도 당신에게 무례한 짓을 하지 못하도록 하겠다고 약속했다.

니콜라이는 아군이 점령 중인 가도까지 배웅하고, 그녀의 손에 키스했다. 마리야는 그가 자신을 구출해 주었고, 자신의 상황과 슬픔을 이해해 주는 고결하고 숭고한 영혼의 인간이라는 사실을 알게 되었다. 그는 보구차로보에 와야만 했던 거야. 그것도 그런 순간에! 그리고 그의 누이는 안드레이를 거절해야 했던 것이고! 마리야는 이 모든 것이 하느님의 의지로 여겨졌다. 니콜라이와 마리야의 만남은 하느님의 조화로 이루어진 기적이었다.

니콜라이는 마리야에게서 유쾌한 인상을 받았다. 동료들이 러시아 제일의 부잣집 딸 중 하나를 낚았다고 놀리면 화를 냈다. 온화한 데다 막대한 재산을 가진 공작 영애와 결혼한다면 어머니를 행복하게 해줄 수 있고, 아버지의 재정 문제를 해결할 수 있으며, 마리야까지도 행복하게 해줄 수 있을 거란 생각에 이르자, 소냐가 떠올랐다.

니콜라이는 군마를 보충하기 위해 보로네시에 출장 갔다가 야회에 참석했는데, 말빈체바를 만나게 되었다. 말빈체바는 자식이 없는 부유한 미망인으로 마리야의 이모였다. 그녀는 니콜라이에게 집에 들려 달라고 부탁했다. 안드레이는 피난 중인 마리야에게 편지로 보로네시의 이모 댁에 가라고 일러두었었다.

니콜라이가 마리야의 이모 댁을 방문해서 마리야를 만났을 때, 그녀는 품위와 우아함이 넘치는 동작으로 기쁜 미소를 지으며 가늘고 화사한 손을 내밀고 처음으로 가슴 깊은 곳에서 나오는 듯한 여성스러운 목소리로 이야기하기 시작했다. 지금까지 살아온 순결하고 영적인 그녀의 정신 활동이 비로소 표면에 드러난 것이었다. 즉 고뇌, 선에 대한 갈망, 순종, 사랑, 자기희생 같은 모든 것이 지금 반짝이는 눈에 섬세한 모습에, 부드러운 이목구비 하나에서 빛나고 있었다.

니콜라이는 마리야를 만난 뒤 자주 그녀를 생각하게 되었다. 스몰렌스크 교외에서 특별한 상황에서 만났다는 것도, 어머니가 신붓감으로 지목한 사람이 그녀였다는 것도, 그녀에게 받은 인상은 유쾌할 뿐만 아니라 강렬했다. 그녀에게서 특별한 정신적 아름다움을 발견하고 깊이 감동했다. 온 영혼을 쏟아 기도하던 모습! 내게 필요한 것은 무얼까? 자유다. 소냐와 이별하는 것이다.

그즈음 소냐가 편지를 보냈다. 내가 큰 은혜를 입고 있는 가정의 슬픔과 불화의 원인이 될지도 모른다고 생각하는 것이 너무도 고통스럽습니다. 내 사랑의 목적도 내가 사랑하는 사람들의 행복뿐이라며, 부디 당신 자신을 자유로운 몸이라 생각하라고 적혀있었다.

사실 니콜라이의 어머니인 백작 부인이 소냐에게 니콜라이와의 관계를 끊어달라고 눈물지으며 애원했었다. 타인의 행복을 위한 희생은 소냐에게 습관 같은 일이어서, 소냐는 이를 허락하고 말았다.

니콜라이는 어머니의 편지도 받았다. 거기엔 안드레이 공작이 부상자 무리에 끼여 그의 가족과 함께 이동 중이고, 소냐와 나타샤가 간병인처럼 그를 돌보고 있다고 쓰여 있었다. 니콜라이는 이 편지를 공작 영애에게 보여주었다. 이 편지 덕분에 니콜라이와 마리야는 갑자기 거의 친척처럼 가까워졌다. 다음날 니콜라이 로스토프는 마리야를 야로슬라블까지 바래다주고, 연대로 복귀했다.

마리야는 오빠가 로스토프가 사람들과 함께 야로슬라블에 있다는 소식을 듣자, 조카를 데려갈 채비를 했다. 마리야는 인생 최고의 행복을 맛보았다. 니콜라이 로스토프에 대한 사랑은 이제 그녀를 괴롭히지도 동요시키지도 않았다. 그녀는 자신이 사랑하고 있고 사랑받고 있다고 확신하게 되었다. 자기 인생에서 처음이자 마지막 사랑을 하고 있다는 것을 느꼈고, 마음이 차분해지고 행복했다.

니콜라이는 아버지의 부고를 받고, 제대원을 냈으나 허가를 기다리지 않고 휴가를 얻어 모스크바로 왔다. 친척들과 친구들은 니콜라이에게 상속을 포기하라고 권했다. 상속 포기는 신성한 아버지의 기억을 비난하는 것으로 생각했으므로, 그 권유를 뿌리치고 부채 상환의 의무와 함께 유산을 상속받았다. 채권자들이 갑자기 일제히 변제를 요구하자, 그는 작은 셋집으로 이사했다.

마리야는 모스크바로 왔을 때, 로스토프가의 사정과 아들이 어머니를 위해 희생한다는 것을 알게 되었다. 그녀는 니콜라이의 그런 모습에 대해 "그라면 틀림없이 그럴 거라고 생각했어." 마리야는 그에 대한 자신의 사랑을 기쁜 듯이 확신하며 속으로 중얼거렸다.

니콜라이는 공작 영애 마리야와 결혼했고, 아내와 어머니와 소냐와 함께 리시예 고리로 이사했다. 그는 삼 년 만에 아내의 영지를 팔지 않고도 남은 부채를 갚았고, 사촌누이가 죽자 약간의 유산을 상속받게 되어 피예르에게 빌렸던 돈도 갚았다. 삼 년 후에는 집안의 재정이 완전히 정비되어 리시예 고리 근처의 작은 영지를 사들였다.

그는 농촌 경영을 무엇보다 좋아하게 되었다. 그에게 노동자, 농민은 도구일 뿐만 아니라 목적이고 재판관이었다. 자신이 이미 그들과 동지가 되었다고 느꼈을 때 그는 대담하게 그들을 지배하기 시작했는데,

니콜라이의 경영은 아주 훌륭한 결과를 가져왔다. 니콜라이의 영지만큼 빠르고 훌륭하게 파종과 수확을 끝내고 많은 수입을 올린 곳이 드물었다.

아내와는 더욱 친밀해졌고, 날마다 그녀 안에서 새로운 정신적인 보물을 발견하고 있었다. 로스토프가와 볼콘스키가 친척들이 열여섯 마리 말을 끌고 오거나, 수십 명의 하인을 데리고 리시예 고리에 손님으로 와 몇 달씩 묵곤 했다. 본명 축일이나 생일에는 하루나 이틀 예정으로 백 명이나 되는 손님들이 모여들었다.

'아름다워서 좋아하는 게 아니라 좋아하니까 아름다운 거야. 전혀 꿈에도 생각지 못했어. 이렇게 행복해질 거라고는.' 마리야는 행복감에 겨워 중얼거렸다.

모든 착실한 가정이 그렇듯 리시예 고리의 집에서도 몇 개의 전혀 다른 세계가 저마다 고유의 개성을 지키고 서로 양보하며 조화된 전체에 융합되어 함께 살아가고 있었다. 집안에서 일어나는 사건은 이 모든 세계의 각자에게 전부 중요했지만, 개개의 세계는 하나의 사건에 대해 기뻐하고 슬퍼하는 데 다른 사람들로부터 독립된 이유를 가지고 있었다.

쿠라긴가의 아나톨은 돈을 물 쓰듯 하며, 누구에게나 돈을 빌리고 아무한테도 갚지 않았다. 그는 여자와의 순간적인 쾌락을 추구하면서 사기한이나 망나니처럼 무계획적이고, 무책임하게 살았다.

그는 마리야와의 구혼을 위해 아버지 바실리 공작과 함께 볼콘스키가를 찾은 적이 있었다. 그는 구혼 당사자인 못생긴 마리야에게는 관심도 없고, 공작의 말동무인 부리엔에게 수작을 걸어 포옹하는 장면을 마리야에게 들켜 퇴짜를 맞았다.

그리고 아나톨은 안드레이의 약혼녀인 나타샤를 꾀어 도망치려다 미수에 그쳐 주변 사람들의 비난을 받았다. 그가 추구하는 것은 오직 재미와 여자였다. 그는 자신의 언행으로 주변 사람들에게 얼마나 큰 피해와 상처를 입히는지에 무감각한 인간이었다. 그는 입대하여 전쟁터에서 중상을 입고, 한쪽 다리를 절단하는 수술을 받았으나 사망했다.

아나톨의 누이인 옐렌은 피예르와 결혼한 후에도 온갖 염문으로 남편을 모욕하고, 방황하게 했다. 그녀는 남편에게서 엄청난 영지를 물려받았으면서도 사후 큰 빚을 남길 정도로 재산을 탕진했다.

그녀는 대공의 총애를 받는 상태에서 젊은 왕자와 연인이 되어 위태로운 삼각관계를 유지하면서 피예르와 이혼했다. 옐렌은 이런 관계 속에서 갑작스럽게 죽었다. 작가는 옐렌의 죽음에 대해 자세하게 서술하지 않고, 그녀의 죽음에 대해서는 독자들의 상상에 맡겼다.

간교하고 술수에 능한 바실리 공작이 가문의 재정 상태를 회복시키기 위해 딸을 부호인 피예르와 결혼시켰으나 이혼했고, 아들을 공작 영애 마리야와 결혼시키려다 실패했다.

바실리 공작의 아들과 딸은 자신들의 육체 외에는 누구도 사랑한 적이 없었고, 쾌락만을 추구하면서 재산을 탕진했다. 그들은 돈을 물 쓰듯 쓰면서도 그 책임은 지지 않고, 자신들의 몰지각한 행동으로 가까운 사람들에게 큰 피해를 주었다. 이들이 큰 빚을 남기고, 젊은 나이에 죽어 쿠라긴가는 몰락의 길을 걸었다. 쿠라긴家의 사람들은 쾌락 추구, 낭비, 무책임, 도덕 불감증이라는 불행의 씨앗을 안고 있었다.

사회 저류에 흐르는 민심

피예르는 모스크바의 저택을 아내에게 맡기고, 페테르부르크로 떠나는 역마차에서 프리메이슨 지도자인 오시프를 만났다. 피예르는 오시프의 권유로 프리메이슨 형제단에 가입했다.

위키 백과에 의하면, 16세기 말 인도주의적 박애주의를 지향하는 우애 단체가 나타났다. 이 단체에 소속된 일원을 프리메이슨(freemason)이라고 불렀다. 영국에서 계몽주의적 경향으로 철학적인 성격이 부여되었다. 프리메이슨의 특징은 비밀결사로서, 입당 절차가 비밀스러웠다.[128]

당시 유럽에서 프리메이슨은 사회를 크게 위협하는 존재로 인식되어 국가와 교회로부터 탄압을 받았다.

프리메이슨의 지시에 따라 피예르는 지배인에게 농노적 종속관계에서 농민들을 해방시키는 방법을 강구하고, 지나친 노동을 근절하고, 아이가 있는 부녀자에게 일을 시키지 말고, 체형을 금지하고, 병원과 고아원, 학교를 설립하라고 지시했다.

프리메이슨의 이러한 요구는 톨스토이의 신념이기도 했다. 그는 자신이 직접 진보적으로 농장을 경영하면서, 학교를 설립하고 농민들의 자녀를 가르치기도 했다.

그는 소설 속에서 안드레이를 통해 영지를 개혁함으로써, 300명의 농노를 자유농으로 해방시켰다. 개혁파들은 안드레이를 자유주의자로 평가하면서 열렬히 환영했다. 니콜라이가 결혼 후 영지에 정착하여 농민들의 자발적인 참여를 끌어내어서 농장을 성공적으로 경영하는 모범 사례를 제시했다.

이러한 프리메이슨 활동이 암암리에 이루어지고 있었다는 것은 러시아 사회의 밑바닥에서 민심의 흐름이 변하고 있다는 것을 반영한 것으

---

128) 위키 백과, 프리메이슨

로 보였다. 피예르는 보구차로보에 있는 안드레이를 방문해서 나눈 토론에서 '농노 해방을 바란다.'는 생각에 공감했다. 당시 러시아의 귀족 출신의 신세대 사이에서도 농노를 실질적으로 해방해야 한다는 움직임이 싹트고 있었던 것으로 보였다.

전쟁은 모든 면에서 사람들에게 육체적 정신적으로 광범위한 영향을 미쳤다. 가족이 전쟁터에 나가서 중상을 입거나 전사하고, 러시아군이 후퇴하면서 주민들이 피난길에 나서고, 집이 불타거나 약탈당하고, 포격을 받아 죽기도 했다. 이러한 아비규환 속에서 살아남은 사람들의 민심이 크게 동요한 것은 당연한 일이었다. 오히려 기존 질서가 그대로 유지되기를 기대한다는 것이 불가능한 일일 것이다. 전쟁의 상흔은 사람들에게 외상후스트레스 장애로 남을 것이다.

모스크바가 함락되자 귀족들과 고관들, 상인들이 모두 피난을 떠나자, 남은 사람들은 피난을 떠날 수도 없었던 하층민들이었다. 라스톱친 백작은 모스크바를 평온하게 유지하기 위해 주민들에게 모스크바가 함락되지 않는다고 말했었다. 그는 성난 군중을 달래기 위해 베레샤긴을 희생양으로 던져주고 허둥지둥 도망쳤다.

"왜 나리와 상인은 다 도망치고 우리가 대신 죽어야 하는데? 대체 왜, 우리가 개새끼냐!" 이런 목소리가 군중 속에서 더 빈번하게 들렸다.

마리야는 아버지의 장례를 치른 후 자신이 아버지와 오빠의 대리자라고 느꼈다. 마리야는 알파티치에게 농민들에게 곡식을 충분히 나누어 주고, 피란 준비를 하라고 지시했다. 농민들은 짐 마차도 내주지 않고, 식량도 받지 않겠다고 하며, 함께 이주하기를 거부했다. 그들은 곡식도 거부하고, 마리야의 지시에도 따르지 않았다. 그들은 적의에 찬 표정으로 마리야가 자신들을 노예로 끌고 가려고 한다고 여겼다.

러시아군이 퇴각하면서 식량을 구하러 리시예 고리에 우연히 들른 기병 장교 니콜라이가 마리야를 구출하지 않았다면, 마리야는 농민들에게 어떤 봉변을 당했을지 몰랐다. 이 사건은 전쟁과 피란으로 농민들의 민심이 급격히 이반한 대표적인 사례였다.

당시 부와 권력을 독점하고 있었던 귀족들의 화려한 생활은 러시아 민중들의 희생 위에서 세워진 바벨탑 같은 것으로 여겨졌다. 농노나 소작인들이 귀족들에게 억눌려 살았는데, 전쟁 중에 귀족들이 모두 피난 떠나고 자신들만 위험에 노출되었다. 그러자 그들은 버림을 받았다고 여기며, 귀족들에게 격한 반감을 가졌다. 이러한 하층민들의 분노는 러시아 사회의 저류에 응축되어 가고 있었다.

톨스토이의 역사철학

역사에 대한 톨스토이의 통찰은 우리가 새겨둘 만한 가치가 있는 것이라 여겨졌다. 역사에 대한 그의 통찰을 정리했다. 톨스토이는 역사가들이 역사를 서술하면서 범하는 오류는 몇 가지 관점에서 비롯된다고 역설했다. 그는 이에 대해 사례를 들어가며 고찰했다.

고대 역사가들이 《일리아스》와 같은 영웅 서사시의 전형을 남겨주었는데, 현대 역사가들도 그 틀에서 벗어나지 못했다고 지적했다. 나폴레옹을 영웅이라고 추앙하는 것은 영웅 중심의 역사관에서 벗어나지 못한 것이라 질타했다. 그들은 나폴레옹의 선견지명이나 천재성을 입증하기 위해 증거를 교묘하게 지어내 이미 알려진 사실에 끼워 맞춘다고 질타했다.

　전쟁과 같은 큰 사건은 그 사건에 참가한 사람 전체 의지의 총화에 의해 좌우되는 것으로 나폴레옹 같은 개인의 영향은 표면적이고 가상적인 것에 불과하다고 역설했다. 전쟁이 총사령관의 계획에 따라 진행되고, 병사들이 사령관의 명령에 따라 움직이는 것처럼 여기는 것은 사실과 다르다는 견해를 밝혔다.

　전투의 열화 속에 있는 병사들에게 가장 중요한 것은 자신의 목숨을 지키는 일이었다. 따라서 격렬한 전쟁터에서 상관의 명령에 따라 움직이는 것보다 자신의 생존 본능에 따라 움직이는 경우가 더 많다고 밝혔다.

　러시아의 측면 행진이 프랑스군을 궤멸시키고, 러시아군을 승리로 이끌었다는 평가는 이해할 수 없다고 주장했다. 러시아 병사들은 매 순간 식량에 근접할수록 생존에 유리하다는 생각으로 남쪽으로 이동했을 뿐이었다. 그것이 실현되고 과거의 일이 되었을 때 비로소 측면 행진이 과도하게 포장되어 서술되었다.

　모든 전투는 지휘관의 예상대로 수행되지 않는다. 자유로운 힘들이 전쟁의 방향에 영향을 미치고, 그 방향은 미리 알 수 없으며, 또 어떤 하나의 힘과 방향이 절대 합치하지도 않는다. 온갖 방향을 가진 힘이 동시에 어떤 물체에 작용한다면, 이 물체에의 운동 방향은 이 힘들 중 어떤 것에도 합치하지 않고 항상 중간의 가장 짧은 방향, 즉 역학에서 힘의 평행사변형의 대각선으로 표시된다고 주장했다.

　따라서, 모든 전투는 인간 자의의 총화로서 관찰하는 것인데, 인간 자의의 총화는 절대 역사적 인물의 개인 활동 속에 나타나는 게 아니라고 했다. 어떠한 순간에도 총사령관은 현재 일어나고 있는 사건 전체를 고려할 수 없고, 사건은 눈에 보이지 않게 시시각각 자체의 의미로 조각되어 간다고 주장했다. 오히려 인간 자의의 총화가 혁명과 나폴레옹을 낳았고, 그를 파멸시킨 것도 자의의 총화였다고 역설했다.

다른 하나는 운동의 절대적 연속성이란 인간의 이성으로는 이해할 수 없다. 하나의 사건은 항상 다른 사건에서부터 연속해서 파생된 것으로 어떠한 사건이든 시작이란 것은 없다. 역사가들이 이런 일련의 연속된 사건 중 몇 개를 임의로 선택해 그것을 별도로 관찰하는 것에서 오류가 발생한다고 보았다.

군사학은 힘을 질량과의 관계로만 고찰하기 쉬우나, 질량의 크기에 따라 힘의 우열을 비교하려는 역학과 비슷하다. 군대의 질량이 힘과 일치하지 않는 경우가 많은데, 이는 역학상의 힘이 질량에 속도를 곱한 승수이기 때문이다. 이런 사례로 미지의 승수가 존재한다는 것을 인정하고, 미지의 승수를 영웅들에게 맞추는 잘못된 고정관념을 버려야 한다고 했다. 그 승수는 병사들이 싸우려는 의지와 열망 같은 사기士氣라 할 수 있다. 군의 질량에 그 지수를 곱해야 군사력이라는 전체 힘을 가늠할 수 있다.

군사력 즉 힘이 질량에 사기라는 승수를 고려해야만 한다는 주장에 공감했다. 다만 병사들의 사기를 고양시키는 요인은 훈련 상태, 군율, 보급, 지휘관에 대한 신뢰 등이라고 여겨졌다. 평소 병사들을 훈련시키고, 군율을 확립하고, 전쟁의 승리를 위해 진정으로 모든 역량을 동원한다는 지휘관에 대한 믿음이야말로 병사들의 사기를 충전시키는 요인이라고 여겨졌다. 이러한 점을 고려할 때 군사력의 요인에서 총사령관의 역량을 배제하는 듯한 톨스토이의 주장에는 동의하기 어려운 점도 있었다.

《전쟁과 평화》의 미학적 요소

이어령은 자신의 창조공간은 흑과 백이 뒤섞인 회색지대라고 밝혔다.[129] 박지향은 버나드 쇼 등과 같이 영국인이면서 아일랜드에서 태어나 정체성의 혼란을 겪은 경계인에게 형성된 경계성이 문학적인 가치를 끌어올리는 원동력이 되었다고[130] 주장했다. 토인비도 '외부 충격(도전)에 대한 응전이라는' 이원 대립으로 창조적인 변화가 수반된다고 주장했다.[131] 이들의 주장은 모두 일맥상통하는 점이 있었다.

톨스토이의 '전쟁과 평화'도 토인비가 밝힌 이원 대립으로 여겨졌다. 관악기와 현악기가 어울려 삶의 기쁨과 슬픔을 토해내듯이 《전쟁과 평화》도 환희와 슬픔, 사랑과 증오, 삶과 죽음을 우수가 넘치는 아름다운 선율로 빚어낸 이중주곡처럼 여겨졌다.

평화라는 X축과 전쟁이라는 Y축의 좌표 평면에서 시간이라는 필연을 T축이라고 가정한다면, 인간은 3차원 공간에서 시간 진행에 따라 자유의지와 필연에 의해 입체적으로 궤적을 그리면서 삶을 이어간다고 여겨졌다.

평화지대에는 야회와 무도회, 축일이 이어지면서, 기쁨, 웃음, 포옹, 사랑, 춤, 음악 등으로 삶의 빛을 누리고, 전쟁터나 장례식에서는 슬픔, 굶주림, 어둠, 피난, 포로, 질병, 부상, 공포, 죽음 등으로 검은 그림자를 느낄 것이다. 우리는 평화만을 누릴 수도 없고, 전쟁만으로 일관하지도

---

129) 이어령·강창래, 유쾌한 창조, 알마(2010), p165
130) 박지향, 슬픈 아일랜드, 기파랑(2019), 102
131) 아놀드 토인비(홍사중 옮김), 역사의 연구, 동서문화사(2013), p92

않는 회색지대에 살고 있다고 여겨졌다. 인간은 살아있는 이상 전쟁과 평화에서 모두 벗어날 수 없다.

관악기와 현악기가 끊임없이 교차하면서 아름다운 선율을 빚어내듯이 전쟁과 평화는 인간의 삶에서 늘 교차할 것이다. 고향에 있는 가족들은 전장에 나간 아들의 안위를 위해 하느님께 기도하며 애태우고, 병사들은 집중포화로 찰나에 쓰러져 의식을 잃어가면서도 가족이나 연인을 떠올리고, 삶의 아름다웠던 순간을 회상했다.

전쟁 지대와 평화지대는 경계로 분리되는 영역이 아니며, 한 인간의 내면에도 전쟁이나 평화 상태가 공존해서, 외부의 자극에 따라 죽음과 같은 분노와 증오를 느낄 수도 있고, 삶의 환희를 맛볼 수도 있을 것이다. 두 지대를 연결하는 것은 결국 사랑일 것이다.

작가는 긴박한 전투 상황에서 병사들이 부상을 당하는 장면, 부상병들이 극심한 통증을 느끼며 퇴각하는 장면, 붕대소의 처참한 장면들을 실감 나게 표현했다. 그리고 나타샤가 안드레이와의 영원한 이별을 준비하는 과정에서 두 사람이 느끼는 회한과 사랑, 죽음, 장례에 이르기까지의 심리묘사는 인간 내면에 대한 작가의 사유가 얼마나 깊은가를 깨닫게 했다.

로스토프 백작은 퇴각하던 부상병들을 실은 짐 마차가 저택으로 들어올 수 있도록 허락했다. 한 장교가 부상자들을 위해 짐 마차 몇 대만 내달라고 사정하자 백작은 피난을 위해 실었던 모든 짐을 마차에서 내려놓고 부상자들을 태우고 있었다.

누군지도 모르는 부상자들을 위해 자신의 욕심을 버린다는 것은 숭고한 사랑에서 비롯된 조치라 여겨졌다. 가족이나 연인에 대한 사랑은 개인적이라 할 수 있지만, 낯선 타인에게 연민을 느끼고 사랑을 베푼다는 것은 보편적인 사랑으로 개별적인 사랑보다 실천하기가 더 어려워 숭고하다고 여겨졌다.

작가는 랑발을 통해 '가족의 역사, 성장 과정, 가족관계 등 모든 게 인생의 무대장치에 지나지 않고, 본질은 사랑'이라고 말했다. 가족 행사, 야회, 무도회, 도유식, 장례식이나 전쟁터까지도 인생의 무대장치라 여겨졌다. 모든 인간관계의 본질은 사랑이라고 보았다.

작가는 '사랑은 생명이다. 내가 사랑하기 때문에 모든 것이 있고, 모든 것이 존재하는 것이다. 모든 것이 사랑 하나로 연결되어 있다. 사랑은 신이고, 죽음은 사랑의 일부인 내가 보편적이고 영원한 근원으로 돌아가는 것을 의미한다.'고 서술했다. 어둠이 빛을 더 빛나게 하듯이 죽음이 사랑을 더욱 아름답게 하고, 사랑이 죽음을 존엄하게 한다는 생각이 들었다.

톨스토이는 우리에게 사랑을 가르쳤다. 그는 '삶을 사랑하는 것은 신을 사랑하는 것이다. 세상의 고통 속에서, 죄 없이 받는 고통 속에서 이 삶을 사랑하는 것이야말로 가장 어렵고, 가장 커다란 기쁨이다. 선을 사랑하는 자는 모두 손을 잡아라. 실천적인 선을 유일한 기치로 세워라.'고 권했다.

안드레이 공작은 군무에서 벗어났을 때 농노를 해방하는 등 진보적으로 농장을 경영했다. 니콜라이 로스토프 부부가 볼콘스키 영지였던 리시예 고리에 정착했다. 니콜라이는 농민들에게 동지애를 베풀자 생산성을 높일 수 있었고 큰 수익을 올렸다. 그 혜택을 농민들에게도 골고루 나누어 농민들의 큰 호응을 얻었다.

이는 톨스토이가 평소 염두에 두었던 이상적인 농장 경영이었던 것으로 보였다. 두 사례는 작가가 젊은 시절 농장을 경영하면서 농민들의 자녀들을 교육한 경험에서 우러난 신념이었던 것으로 보였다.

아내를 존중하고 자녀들을 사랑하는 니콜라이의 가정적인 모습에 마리야는 행복감에 젖었다. 나타샤는 건강한 다산의 암컷이 되어 자녀 양육에 헌신적이었으며, 피예르를 지극히 사랑했다. 톨스토이는 두 가정을 통해 행복의 근원이 가족들 간의 사랑이고, 농민들의 어려움을 연민으로 살피고 배려하는 농장 경영이 생산성을 높일 수 있음을 표현하고 싶었던 것 같았다.

《전쟁과 평화》는 인간의 총체적 서사가 선별적으로 소환된 삶의 파편들로 이루어진 작품으로, 전쟁터와 평화지대가 뒤섞이는 회색지대를 조명하며 인간의 본성을 파헤치고, 고결한 인간애를 주제로 쓴 이중주곡처럼 여겨졌다.

※ 텍스트
- 레프 톨스토이(박형규 옮김), 전쟁과 평화, 문학동네, 2020

※ 참고도서
- 레프 톨스토이(연진희 옮김), 안나 카레니나, 민음사, 2020
- 박지향, 슬픈 아일랜드, 기파랑, 2019
- 아놀드 토인비(홍사중 옮김), 역사의 연구, 동서문화사, 2013
- 이어령·강창래, 유쾌한 창조, 알마, 2010

[추천의 글]

서양고전문학에 대한 본격적인 비평문

유한근
문학평론가 · SCAU대 교수 역임

    권해성 작가의 '에세이로 읽는 서양고전'인 《호메로스부터 톨스토이까지》는 3년 동안 종합문예지 계간 《인간과문학》에 '에세이로 읽는 고전'이라는 테마로 연재된 글이다. 이 글의 성격을 굳이 문학장르로 정의하라면 에세이라 할 수 있을 것이다. 그러나 이 글들은 고전 문학과 역사서를 담론적으로 쓴 글이기 때문에 책에 대한 실용문으로서는 감상문이지만, 문학적 영역으로 보면 고전적인 책을 비평적 시각으로 바라보고 쓴 서평 혹은 고전 서적에 대한 비평적 에세이라 할 수 있을 것이다. 그러나 필자의 섣부른 판단이지만 권해성 작가의 《호메로스부터 톨스토이까지》는 비평서적이다. 서양고전의 서평 혹은 문학비평문이다.
    권해성 작가는 본격적인 수필을 쓰기 전에 오랫동안 교편을 잡아오다가 정년 퇴임하면서 수필집 《글 숲에서 길을 찾다》 펴냈고, 수필 〈쑥버무리〉로 종합문예지 《인간과문학》에 수필로 등단하였다. 그 과정에서 필자는 권해성 교장 선생님이 지인들과 독서토론회의 해왔던 것을 알고 일반 독자에게 필요한 고전문학을 소개하는 연재를 부탁했다. 그 결과 3년동안 권해성 작가는 서양고전문학 중 호메로스의 서사시《일리아스》와《오디세이아》, 베르길리우스의《아이네이스》, 아이스킬로스의 비극《오레스테이아》, 역사 도서인 헤로도토스의《역사》, 투키디데스의《펠로폰네소스 전쟁사》, 카이사르의《갈리아 전쟁기》, 에드워드 기번의《로마 제국 쇠망사》를, 그리고 세르반테스의 소설《돈키호테》, 조나단 스위프트의《걸리버 여행기》, 허먼 멜빌의《모비 딕》, 톨스토이의《전쟁과 평화》등 12편을 선정하여, 수필가로서 그 고전작품에 대한 비평적 에세이를 연재하였다.

이를 작가는 '작가의 말'에서 이렇게 토로한다. "서양 고전을 읽으면서 비로소 독서의 맛과 멋을 새로 깨닫게 되었다. 서사시와 비극을 읽으면서 잔상처럼 남겨진 신과 영웅, 그리고 죄와 죽음을 통해 신과 인간에 대한 철학에 관심을 가지게 되었고, 역사가가 들려준 역사 이야기와 청량한 통찰에서 비롯된 용기와 지혜로 고무되기도 했다. 그리고 소설가들이 파헤친 인간 본성의 양면성을 깨닫고, 그들이 좌절했던 삶의 아픔을 공유하면서 커다란 위안을 얻었다. 이제 고전을 읽고, 그 소감을 글로 옮겨보는 것이 삶의 의미로 정착되어 가고 있다"가 그것이다. 우리가 고전을 읽어야 하는 이유를 새삼스럽게 환기해준다. 따라서 이점을 주목하며 이제 이 책을 망설임 없이 추천한다.

1. 소설의 원류인 서사시 환기

서사시敍事詩는 서정시와 극시와 함께 문학의 원류이다. 이 서사시가 발전하여 근대 소설로 발전한다. 이런 맥락에서 서사시는 자연이나 사물의 창조나 신의 업적, 그리고 영웅의 전기 등을 테마로 하는 이야기 시이다. 이 서사시의 양식은 인류의 역사 속에서 존재하게 되는 모든 문화의 원천이 된다. 서양문학의 고대 서사시는 호메로스의《일리아스》·《오디세이아》, 단테의《신곡》이다. 그리고 우리나라의 최초의 서사시는 이규보의《동명왕편》이다 그리고 고대 인도 문학의 최초의 서사시는《라마야나》·《마하바라타》등이다.

권해성 작가는 호메로스의《일리아스》·《오디세이아》를 2회에 걸쳐 연재하여 고전의 면모를 환시기시켜 준다. 고전이라는 개념은 ①오랫동안 많은 사람에게 널리 읽히고 모범이 될 만한 문학이나 예술 작품을 의미하지만, 그보다는 ②2세기 이래의 그리스와 로마의 대표적 저술을 의미한다. 이런 점에서 호메로스의《일리아스》·《오디세이아》는 사양 고전의 효시이다.

아이스킬로스의 비극《오레스테이아》는 최초의 비극 작가인 아이스킬로스의 작품이다. 이 서사시는 트로이 전쟁을 일으켰던 아가멤논 집안의 복수극을 다룬 작품이다. 대대로 권력을 차지하기 위해 가족끼리 살인과 복수를 일삼았던 아트레우스 가문의 이야기를 비극적으로 그린 작품이다. 딸까지 제물로 바치고 트로이 전쟁을 감행한 아가멤논. 어머니를 살해한 죄로 도피하며 아비를 복수하여는 그의 아들 오레스테스. 그리스 신화에서 오레스테스는 클리타임네스트라와 아가멤논의 아들로 필라테스와 동성애적이 우정을 나누던 인물로 비극적인 인물이지만 오이디푸스처럼 독자들에게 많이 알려지지 않은 인물이기도 하다.

또한 베르길리우스의《아이네이스》의 아이네이스라는 인물도 우리에게 많이 알려지지 않는 인물이지만 로마 건국의 시조로서 앙키세스와 아프로디테(베누스) 여신의 아들로, 트로이 전쟁의 영웅 중 한 명이다. 그래서 베르길리우스는 이 작품에서 아이네이아스를 찬미하다. 이 작품에 의하면, 그는 트로이를 떠난 뒤 카르타고에 닿아 그곳의 여왕 디도와 사랑을 나누며, 7년 동안의 유랑 끝에 이탈리아의 라티움에 상륙한다. 그러나 그는 여왕 디도를 잊고 그곳의 왕 라티누스의 딸인 라비니아와 결혼한다. 그리고 새로운 도시 라비니움을 건설하게 되는데, 이후 로마 제국의 건국 시조로 묘사된다. 이러한 신화의 서사를 시로 형상화한 《아이네이스》를 권해성 작가는 시학적으로 탐색한다.

〈아이네이스의 시학적 의미〉에서는 "베르길리우스의 《아이네이스》도 플롯 구성에 있어서 호메로스의 작품인 《일리아스》와 《오디세이아》를 모방한 작품이라 할 수 있다. 베르길리우스의 서사시에서 플롯뿐만 아니라, 표현에서도 호메로스를 모방한 사례들이 많이 발견되었다"고 서두에 밝히면서 그 구성 미학적인 측면에서 혹은 등장하는 인물 창조에서 모방 혹은 유사함에 대해 구체적으로 파악하려고 하고 있다는 점에서 주목된다. 그뿐만이 아니라, 디테일한 스토리의 상황 전개에서의 회상과 전조, 반전과 발견, 연민과 수난 등 표현 방법의 다양화까지 혼성모방했음을 지적하기도 한다. 구체적으로는 ①은유적인 표현, ②유추에 의한 전용, ③동어(同語)의 반복적인 표현, ④의인화된 표현, ⑤인물을 인물에 비유, ⑥기타의 비유적인 표현까지도 수사학적인 특성을 정리하고 있어 다분히 문학연구문 혹은 문학비평문적인 특성을 지니고 있어 비평적 에세이로서의 면모를 지니게 된다. 또한 건국신화를 모티프로 한 서사시 창작방법론을 구체적으로 분석해주고 있어 서사시의 창작적 특성을 정리해준다.

이 책 《호메로스부터 톨스토이까지》의 2부는 역사 도서인 헤로도토스의《역사》를 비평한 〈최초의 역사 이야기, "역사"〉, 투키디데스의《펠로폰네소스 전쟁사》을 〈헬라스의 비극 "펠로폰네소스 전쟁사"〉라는 제목으로, 카이사르의《갈리아 전쟁기》을 〈카이사르, 루비콘 강을 건너다!〉라는 제목으로, 그리고 에드워드 기번의《로마 제국 쇠망사》를 보고 〈도전과 응전의 역사〉라는 제목으로 쓴 에세이를 한 곳으로 묶는다. 역사적 사실을 문학이라는 장르를 차용하여 쓴 역사 서사 혹은 역사소설인 셈이다.

역사와 문학은 별개의 영역이다. 《근대문학의 이해》이라는 역저를 낸 몰톤에 의하면, 역사와 문학은 다른 성질의 글이다. 그에 의하면, 문학의 정의는 '글로 쓰여진 모든 것'을 의미하는데, '협의의 문학'과 '광의의 문학'으로 나눌 수 있다. 전자의 문학은 '창작문학'으로 기존의 총계에 하나를 보탤 수 있는 문학, 무에서 유를 창조하는 문학으로 오늘날의 모든 문학장르인 시, 시조, 소설, 희곡, 평론 등등을 말한다. 그리고 후자의 문학인 토의문학(산문문학)은 '기존의 것을 설명 부가하는 문학'을 의미한다. 그 대표적인 예가 역사와 철학과 웅변이라고 몰톤은 제시한다. 그러니까 문학은 창작문학으로서 창의적인데 반해, 역사는 창의성이 없는 토의문학인 셈이다. 이렇게 문학과 역사는 다른 영역의 것이다.

그러나 권해성이 네 편의 에세이에서 다루고 있는 고전은 문학과 문학이 미분화된 시대에 정착된 장르의 글이기 때문에 이러한 몰톤의 이론에 대입할 수 없다. 서사시가 신화나 역사의 인물을 대한 이야기시인 것처럼, 역사서인 네 편의 고전도 작가의 상상력이 이입된 것으로 인정할 때 이 서적들도 어떤 측면에서는 역사소설적인 성격의 픽션물이라는 점을 간과해서 안될 것으로 보인다.

2. 서양고전문학에 대한 개로운 시각

이 책《호메로스부터 톨스토이까지》의 3부로 묶인 글들은 근대 소설를 대상으로하여 쓴 비평적 에세이다. 〈세르반테스의 자화상,《돈키호테》〉,〈정치 풍자의 백미,《걸리버 여행기》〉,〈인간과 고래의 사투,《모비딕》〉, 그리고 마지막으로〈인간과 삶의 대서사,《전쟁과 평화》〉의 제목이 그러하다.

《돈키호테》는 세르반테스가 1605년에 출판한 최초의 서양 근대 소설이다.《걸리버 여행기》는 조너선 스위프트(Jonathan Swift)의 1726년 작 소설이다.《모비딕》은 허먼 멜빌의 장편 소설로 1851년 런던에서《고래》(The Whale)으로 처음 출판된다. 그리고《전쟁과 평화》는 레프 톨스토이의 대하소설로 1869년 출판된다. 그러니까 이 네 권의 소설은 18세기부터 19세기에 걸쳐 출판된 세계문학사에서 빠질 수 없는 근대소설이다. 그리고 우리 모두가 읽어본 고전작품들이다.

비평적 에세이〈세르반테스의 자화상,《돈키호테》〉에서 다루어진《돈키호테》는 주인공 돈키호테 데라만차와 애마 로시난테, 그리고 산초 판사의 모험을 그린 동화적인 소설이다. 시골 지주인 알론소 키하노가 기사도 소설에 너무 심취해 망상으로 자신을 진짜 기사 돈키호테로 생각하고, 가상의 레이디인 둘시네아 공주를 그리며 세상의 악을 무찌르기 위해 여행을 떠나면서 겪는 이야기를 재미있고 그린 소설이다. 스페인의 국민 문학이지만 세계 최초의 근대 소설로 인정받는 이 소설은 세계문학사를 대표하는 걸작으로 소설의 고전들 중 하나이다.

권해성 작가는 이 비평적 에세이의 결말 부분에서 "시데 아메떼 베넹헬리는 '돈키호테는 오직 나만을 위해 태어났고 나는 그를 위해 태어났다. 그는 행동할 줄 알았고, 나는 그것을 적을 줄 알았다.'고 썼"음을 밝히면서 "세르반테스는 돈키호테가 자신의 분신임을 밝혔다./돈키호테는 광기로 사회악과 좌충우돌 싸웠으며, 세르반테스는 그걸 용기 있게 적었다. 그는 미쳐서 온 세상의 웃음거리가 되었던 허수아비였지만, 인간애와 용기로 사회악에 맞선 당랑거철螳螂拒轍의 기사였고, 무서운 도깨비였다"고 마무리한다.

〈정치 풍자의 백미,《걸리버 여행기》〉에서 다루어진《걸리버 여행기》는 영국계 아일랜드인 작가 조너선 스위프트의 판타지적인 작품이다. 의사 걸리버가 선박의 전용 의사로 취직해 세계를 돌아다니다가 새끼손가락 만한 난장이들이 사는 나라 '릴리퍼트'와 거인이 사는 '브로브딩내그', 그리고 날아다니는 섬의 나라인 '라퓨타', 말 모양을 한 지성체 후이넘이 지배하는 나라를 방문하게 되어 겪게 되는 여행 모티프의 판타지 소설로 아이들이 선호하는 고전이기도 하다.

권해성 작가는 이 비평적 에세이에서 제목이 시사하는 바 이 소설을 정치 풍자소설로 보고 있다. 특히 작가 "스위프트는 제3부에서 라퓨타와 발니바비를 등장시켰다. 라퓨타는 공중에 떠다니는 섬으로 그 아래 있었던 발니바비 사람들을 복종시키기 위해 두 가지 방법을 사용했다. 하나는 그 도시의 상공에 떠서 햇빛과 비가 내리는 혜택을 박탈해서 기근과 질병으로 벌할 수 있었다. 다른 하나는 큰 돌을 위에서 투하할 수 있었다"라고 말하면서, "스위프트는 영국이 식민지인 아일랜드 사람들을 착취하여, 그들이 비참하게 살아가는 모습에 분노한다고 고백한 것으로 볼 때, 라퓨타가 영국을, 발니바비는 영국의 식민지였던 아일랜드를 풍자한 것으로 보였다. 스위프트가 제국주의의 만행을 풍자한 것이라 해석한 것으로"보았다. 그리고 결말 부분에서는 "스위프트는 대인국 국왕의 입을 빌려 통치에 관한 소신을 밝혔다. 통치에 관한 복잡한 이론보다 이에 대한 지식을 극히 좁은 범위, 즉 상식과 이성, 정의와 관용, 민사 및 형사 소송의 신속한 판결 등에 한정시켰다. 그는 자유와 진실을 추구하며, 이성이 지배하는 나라를 꿈꾸었다"고 마무리한다.

〈인간과 고래의 사투, 《모비 딕》〉의 《모비 딕》(Moby-Dick)은 이 소설의 주인공인 고래의 이름이며 허먼 멜빌의 장편 소설이다. 태평양 한 가운데에서 커다란 향유고래에 받혀 침몰한 포경선 사건에서 영감을 얻어 창작되었다는 일화가 전해져 내려오는 소설로, 에이허브 선장이 다리 한 쪽을 잃어 이에 대해 복수를 하기 위해 선원들을 이끌고 모비 딕을 집요하게 쫓는 이야기이다. 인간이 한계 상황 속에서 자연과의 투쟁을 파격적으로 그린 점, 그리고 고래라는 특정한 동물과의 싸움을 처절하게 그린 이 소설은 그 당시 파격적인 소설로 주목받았으며, "고래에 대한 백과사전적 요소로 채워져 있어서 소설보다는 서사시로 불리우기도"했다는 점이 주목되는 알레고리 소설이기도 하다.

이 비평적 에세이에서 권해성 작가는 이 소설의 저자인 "멜빌은 문명인과 야만인을 대비시켰는데, '문명인과 야만인을 가르는 기준이 무엇인가?'라는 의문을 내게 던졌다. 이른바 '문명인'의 야만성을 수없이 확인했고, 퀴퀘그와 같은 야만인에게서 문명인의 도덕성을 초월하는 고결함을 확인했다"고 전제하면서, "인간의 본성에는 문명과 야만의 속성이 뒤섞여 존재한다. 스타벅이 선장에게 '에이해브는 에이해브를 경계해야 합니다.'라고 한 경고가, 자신 안에 똬리를 틀고 있는 야만성을 경고한 것으로 파악했다. 이는 나에 대한 경고처럼 무겁게 다가왔다. 인간의 운명은 예정된 것이 아니라, 하느님이 내 안에 심어놓은 '이성의 작은 씨앗'을 어떻게 기르느냐에 따라 운명이 달라진다는 것을 깨닫게 했다"고

종교적인 신앙적 토로를 진솔하게 하면서, 소설 "《모비 딕》은 고래잡이에 얽힌 경험을 씨실로, 성경 말씀의 필연을 날실로 엮어서 짠 품격 높은 양탄자 같았다. 성경 말씀 가운데 고래 이야기가 이어지고, 고래 이야기 속에서 성경 말씀을 발견했다. 단순한 고래 이야기도 아니고, 성경 말씀만 모은 설교집도 아니었다. 작가가 숨겨놓은 은유나 알레고리로 이야기의 내용이 더욱 의미심장하게 다가왔다"고 토로하기도 한다.

〈인간과 삶의 대서사, 《전쟁과 평화》〉의 텍스트인 〈전쟁과 평화〉는 레프 톨스토이의 대하소설이다. 전해지는 이야기로는 이 소설을 쓰기 위해 톨스토이는 보로디노 전투의 옛 싸움터를 직접 견학했다고 한다. 따라서 이 소설을 러시아 원정을 기록한 역사 소설이라 규정하고, 전쟁 상황을 통해 삶의 의미와 사랑을 깨닫는 일련의 사랑소설로 러시아 문학을 대표하는 작품으로 가장 많이 팔린 소설로도 인정하기도 한다.

권해성의 이 비평적 에세이는 서두에 ①'레프 톨스토이의 삶과 글쓰기'로 시작해서 ②소설의 구성 미학, ③등장인물의 캐릭터와 심리묘사까지 소설의 성격창조론도 살펴보고, ④'가족 구성원의 성장과 가족의 변천'이라는 소제목에서는 작품론만 하지 않고 작가론까지 하고 있다는 점에서 명실공히 문학연구논문적 성격은 물론이고 문학비평적인 성격을 가미하고 있다는 점에서 주목된다. 특히 ⑤'사회 저류에 흐르는 민심'에서는 소설작품을 전지적인 시각과 사회학적 관점에서 당시의 독자와 작품의 관계를 고려했다는 점에서 독자수용미학까지도 고려하고 있어 더욱 주목된다. 그리고 ⑥'톨스토이의 역사철학'에서는 역사에 대한 톨스토이의 몇 가지 관점에서 정리했고, 그리고 마지막 결말부분에서 ⑦'《전쟁과 평화》의 미학적 요소'에서는 "톨스토이는 우리에게 사랑을 가르쳤다. 그는 '삶을 사랑하는 것은 신을 사랑하는 것이다. 세상의 고통

속에서, 죄 없이 받는 고통 속에서 이 삶을 사랑하는 것이야말로 가장 어렵고, 가장 커다란 기쁨이다. 선을 사랑하는 자는 모두 손을 잡아라. 실천적인 선을 유일한 기치로 세워라.'고 권했다"라고 말하면서 톨스토이의 〈전쟁과 평화〉 소설적 가치를 정리하면 세부적으로 담론한다. "안드레이 공작은 군무에서 벗어났을 때 농노를 해방하는 등 진보적으로 농장을 경영했다. 니콜라이 로스토프 부부가 볼콘스키 영지였던 리시예고리에 정착했다. 니콜라이는 농민들에게 동지애를 베풀자 생산성을 높일 수 있었고 큰 수익을 올렸다. 그 혜택을 농민들에게도 골고루 나누어 농민들의 큰 호응을 얻었다./이는 톨스토이가 평소 염두에 두었던 이상적인 농장 경영이었던 것으로 보였다. 두 사례는 작가가 젊은 시절 농장을 경영하면서 농민들의 자녀들을 교육한 경험에서 우러난 신념이었던 것으로 보였다./아내를 존중하고 자녀들을 사랑하는 니콜라이의 가정적인 모습에 마리야는 행복감에 젖었다. 나타샤는 건강한 다산의 암컷이 되어 자녀 양육에 헌신적이었으며, 피예르를 지극히 사랑했다. 톨스토이는 두 가정을 통해 행복의 근원이 가족들 간의 사랑이고, 농민들의 어려움을 연민으로 살피고 배려하는 농장 경영이 생산성을 높일 수 있음을 표현하고 싶었던 것 같았다"고 구체적으로 설명한다. 그리고 마지막 단락에서는 "《전쟁과 평화》는 인간의 총체적 서사가 선별적으로 소환된 삶의 파편들로 이루어진 작품으로, 전쟁터와 평화지대가 뒤섞이는 회색지대를 조명하며 인간의 본성을 파헤치고, 고결한 인간애를 주제로 쓴 이중주곡처럼 여겨졌다"고 이 소설에 대한 총평으로 마무리한다.

이렇듯 권해성 작가는 《호메로스부터 톨스토이까지》에서 '에세이로 읽는 서양고전'작품에 대한 감상에 그치지 않고, 문학평론의 교과서적인 기능인 감상, 해석, 그리고 비평의 기능까지 다하고 있다. 다시 말하면, 그 작품들에 대한 문학적 비평의 잣대로 평가하고 있다. 따라서 이 비평적 에세이는 서평으로 그치지 않고 서양고전문학에 대한 본격적인 비평문으로 보아도 좋을 것이다. 그런 점에서 필자는 이 작품집을 추천하는 한편 작가에게 한국의 고전작품에 대한 비평적 에세이를 집필하도록 권고하고 싶다. 그리고 독자에게는 고전읽기의 지침을 주고 있는 이 책을 주저없이 추천한다.